JACQUES DE MAHIEU · DES
SONNENGOTTES GROSSE REISE

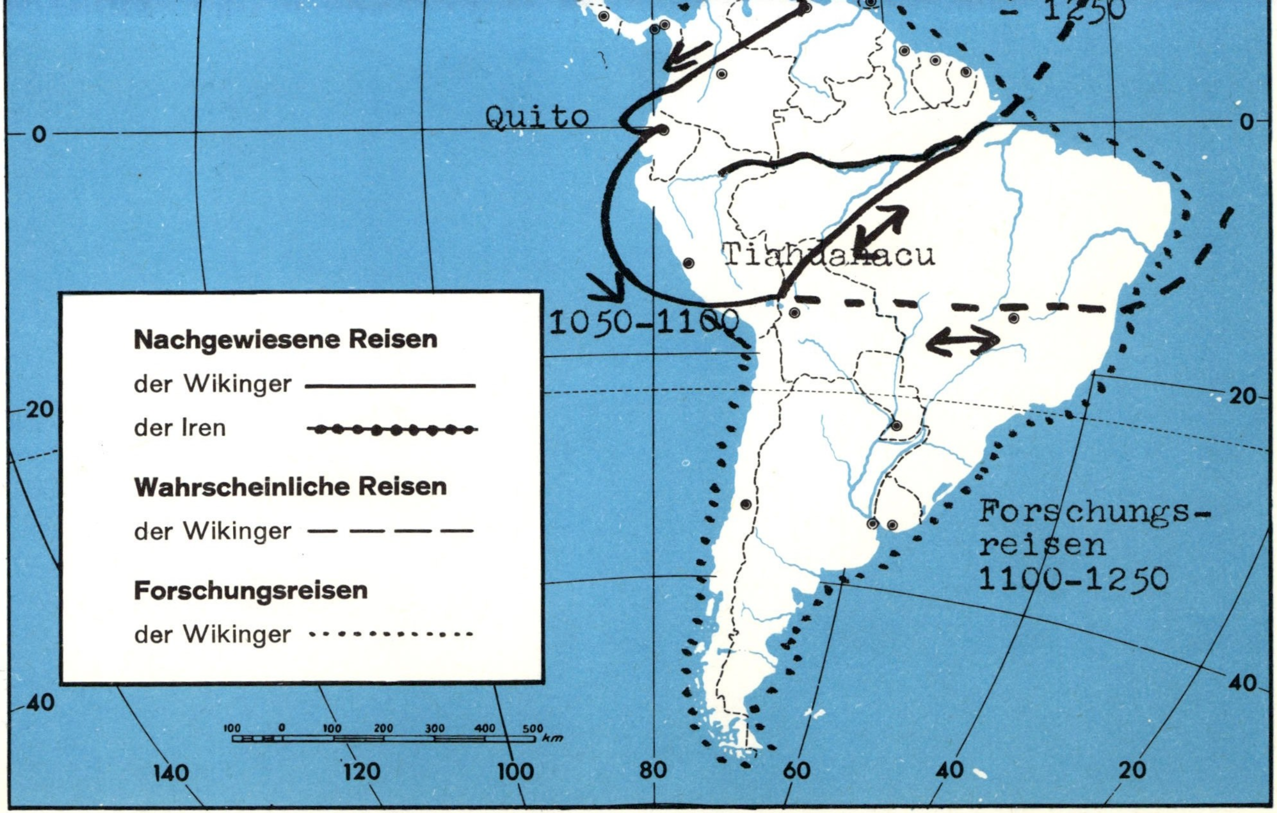

Quito
Tiahuanacu
1050-1100
- 1250
Forschungs-
reisen
1100-1250
Nachgewiesene Reisen
der Wikinger
der Iren
Wahrscheinliche Reisen
der Wikinger
Forschungsreisen
der Wikinger
100 0 100 200 300 400 500 km
140
120
100
80
60
40
20
0
20
40

Abbildung Nr. 39
Übersichtskarte der skandinavischen und irischen Reisen.

Jacques de Mahieu

Des Sonnengottes
große Reise

Die Wikinger in Mexiko und Peru
967–1532

Aus dem Französischen übersetzt von
Wilfred von Oven

1972

VERLAG DER DEUTSCHEN
HOCHSCHULLEHRER-ZEITUNG
GRABERT-VERLAG · TÜBINGEN

Übertragen aus dem Französischen
Titel der im Verlag Édition Spéciale, Paris
erschienenen Originalausgabe:
»Le Grand Voyage du Dieu-Soleil«
Copyright © 1971 by Édition Spéciale

Internationale Standard-Buchnummer
ISBN 3 87847 025 8

© 1972 by Verlag der Deutschen Hochschullehrer-Zeitung
Grabert-Verlag, 74 Tübingen
Druck: W. Becht u. Co., Tübingen
Buchbindearbeiten: Großbuchbinderei Lachenmaier, Reutlingen
Abbildungen und Bildtafeln:
Graphische Kunstanstalt Künstle, Tübingen
Schutzumschlag: Wigbert Grabert, Tübingen

INHALTSVERZEICHNIS

Kolumbus kam als Letzter

GESCHICHTE
Die wirkliche Entdeckung Amerikas

ANTHROPOLOGIE
Die weißen Indianer

KOLUMBUS KAM ALS LETZTER

Der Verfasser ist sich des Risikos voll bewußt, das er mit der Veröffentlichung dieser Arbeit eingeht. Sowohl die spanischen Chronisten aus der Frühzeit der Konquista als auch spätere Reisende, besonders im vergangenen Jahrhundert, waren von den Spuren der alten indoamerikanischen Zivilisationen geblendet und lehnen es ab, ihre Urheberschaft den Vorfahren jener „Wilden" zuzuschreiben, deren primitive oder grausame Sitten sie beobachten konnten. Das erklärt die allgemeine Neigung, Ähnlichkeiten mit bekannten Zivilisationen anderer Kontinente zu suchen und zu finden, auch wenn diese nicht immer ganz überzeugend sind.

Die diesbezügliche Literatur ist überreich. Die Baudenkmäler Mexikos und Perus wurden schon den Griechen, Ägyptern, Phöniziern, Basken, Römern, Tartaren, Chinesen, Japanern, den hinterindischen Khmer und anderen Völkern mehr zugeschrieben. Nicht nur die Mormonen glaubten in Amerika Spuren der alten Hebräer entdeckt zu haben und erblickten im Amazonas den mysteriösen Ophir, von wo Salomon edle Hölzer und Steine für den Tempel von Jerusalem hergeholt hatte, und Lord Kingsborough widmete sein Leben und sein Vermögen dem Nachweis, daß die Neue Welt das Endziel der verlorenen Stämme Israels gewesen sei. Die von Atlantis und dem Kaiserreich Mu träumten, zeigten sogar, wie leicht europäische oder asiatische Völker, einschließlich des vorgeschichtlichen Cromagnon-Menschen, zu Fuß nach Amerika gelangen konnten.

Diesen gewagten oder unsinnigen Thesen gesellten sich glatte Fälschungen hinzu wie die „verbesserten" Zeichnungen mexikanischer Baudenkmäler, die der angebliche „Graf" Waldeck veröffentlichte, oder unverantwortliche Behauptungen wie die eines bekannten zeitgenössischen Amerikanisten, dessen Namen wir taktvoll verschweigen wollen. Er erwähnt das Vorhandensein von Bernsteinschmuck in Mexiko, weil er spanische Texte wörtlich (und falsch) übersetzte, in denen ein Topas, der nichts mit dem fossilen Harz der Ostsee zu tun hat, als „ambar" (Bernstein) bezeichnet wird.

Der Verfasser leugnet die Möglichkeit nicht, daß europäische und asiatische Seefahrer, die einem der vorher erwähnten Völker angehörten, schon lange vor Iren und Skandinaviern an die Küsten Amerikas gelangten. Vor allem deswegen nicht, weil dies nicht das Thema seiner Forschung ist. Dann aber auch deswegen nicht, weil es Beweise für zufällige oder absichtliche Kontakte zwischen den beiden Welten gibt. Kolumbus selbst fand Reste eines europäischen Schiffes, als er zum ersten Mal an den Strand der Insel Guadalupe gelangte. Im Jahr 1721 wurde ein Schiff, das mit einer Ladung Wein von Teneriffa nach La Gomara unterwegs war, durch einen Sturm an die Küsten von Trinidad verschlagen. 1770 gelangte ein Getreideschiff von Lancelote unfreiwillig nach Venezuela statt nach Teneriffa. Umgekehrt berichten Pomponius Mela und Plinius, wie im Jahr 62 v. Ztwd. ein mit Rothäuten bemanntes Kanu, dessen Insassen dem Prokonsul in Gallien, Metellus Celer, als Sklaven übergeben wurden, an den Küsten Germaniens strandete. Im Jahr 1153 gelangte ein von „Wilden" bemanntes Boot nach Lübeck. Es wäre in der Tat merkwürdig gewesen, wenn im Verlauf der Jahrhunderte, da europäische Schiffe über die Säulen des Herkules hinaus fuhren, keines von ihnen jemals mit seiner Besatzung an irgendeinen Ort der amerikanischen Küste gelangt sein sollte. Und hat nicht außerdem Alonso de Hojeda, der 1501 zum Gouverneur von Venezuela ernannt wurde, darauf hingewiesen, daß sich im westlichen Teil des Landes schon seit einigen Jahren Engländer befanden?

Das Vorerwähnte bezieht sich natürlich auch auf die Pazifikseite des amerikanischen Kontinentes. Als Balboa zum ersten Mal Zentralamerika durchquerte, entdeckte er Spuren früherer Einfälle von „Kapitänen" unbekannter Nationalität. Im Jahre 1725, noch ehe die Nordwestküste Amerikas von Europäern kolonisiert wurde, gelangte der Indianer Montcach-Apé vom französischen Louisiana aus an den Pazifik. Ihm wurde dort von weißen Männern erzählt, die jedes Jahr kämen, um Holz zu schlagen und Indianer als Sklaven zu verschleppen. Er stellte ihnen einen Hinterhalt. Mehrere von den Fremdlingen wurden getötet. Es waren keine Europäer: ihre Bekleidung war höchst sonderbar, ihre Waffen waren schwerer als die westlichen und sie benutzten ein stärkeres Schießpulver. Außerdem wurden im Verlauf des 19. Jhs. Dutzende japanischer Dschunken, teils mit ihren Besatzungen, an die Küsten Kaliforniens verschlagen. Es wird auch berichtet, daß die ersten chinesischen Einwanderer, die sich in der ersten Hälfte des vorigen Jahrhunderts in Peru ansiedelten, mit Erstaunen feststellten, daß sie keinerlei Sprachschwierigkeiten mit den „Indios" von Etén hatten, einem Fischerdorf in der Nähe von Lambayeque, dessen Einwohner andere physische Eigenschaften aufwiesen als die sonstigen Bewohner des Landes.

11

Wir können also den Bericht des chinesischen Historikers Li-Yu, den wir in der Übersetzung von Guignes, einem französischen Orientalisten aus dem 18. Jh., kennen, nicht von vornherein verwerfen. Nach dem fraglichen Text schifften sich fünf buddhistische Mönche aus Samarkand im Jahr 458 zu einer Reise über den Pazifik ein. In einer Entfernung von zwölftausend „li" von China stießen sie auf Nippon, siebentausend „li" weiter nördlich auf Wen Chin, das Land der Ainos, fünftausend „li" weiter östlich auf das auf drei Seiten von Wasser umgebene Ta-Han. Nach nochmals zwanzigtausend „li" in gleicher Richtung erreichten sie ein ungeheures Festland namens Fu Sang. Die Beschreibung, die Li-Yu von diesem Land gibt, besonders was die Haltung von Rindvieh und Tragpferden durch die Bevölkerung betrifft, entspricht in grundsätzlichen Punkten nicht dem, was wir zuverlässig über das Amerika von damals wissen. Aber was möglicherweise das Produkt orientalischer Phantasie gewesen ist, macht das Zeugnis nicht völlig unglaubwürdig. Denn die erwähnten zwanzigtausend „li" entsprechen etwa 11 600 km und damit genau der Entfernung zwischen China und Kalifornien auf dem Weg der Kuro-Sivo-Meeresströmung.

Anderseits deutet alles darauf hin, daß vor vielen Jahrhunderten fruchtbare Beziehungen zwischen Asien und Amerika bestanden. Die Arbeiten von Heine-Geldern [1] lassen kaum einen Zweifel an Einflüssen der Kultur Cheu (Nord-China, 700–500 v.), Dong-Song (Annam, 400 v. bis 100 unserer Zeitrechnung) und Khmer (Kambodscha und Kochinchina, 800–1200). Selbst für den Laien ist die Wiedergabe eindeutig asiatischer Motive, wie etwa der Lotosblume, an prähispanischen Baudenkmälern Mittelamerikas ein schwer widerlegbarer Beweis.

Der Verfasser schließt daher die Möglichkeit von Reisen und Ereignissen, die mit dem Thema seiner Forschungen nichts zu tun haben, keineswegs aus. Er beschränkt sich darauf, in den folgenden Seiten *das weiße Rassenelement im vorkolumbianischen Amerika zu untersuchen und nachzuweisen, das Skandinavier und Iren eine ausschlaggebende Rolle in der Entwicklung der Nahua-, Maya- und Quichua-Kultur gespielt haben.* Die von ihm geführten Beweise lassen ihn jedoch keineswegs den autochthonen Charakter der indoamerikanischen Zivilisation leugnen. Das wäre nichts anderes, als dem Griechenland des fünften vorchristlichen Jahrhunderts seine Originalität absprechen, weil sich seine unvergleichliche Schöpferkraft auf die Überlieferungen der Ägypter und anderer gründete.

Im Verlauf seiner Ermittlungen hat der Verfasser gewissermaßen nur die Arbeit eines Untersuchungsrichters geleistet. In der Tat beschränkte er sich darauf, auf der Grundlage einer schon von Gobineau aufgestellten Hypothese von anderen gesammeltes Material – von den spanischen Chronisten der Konquista bis zu den Forschern der Gegenwart – zu sichten, auszuwerten und zu ordnen, was ihm gestattete, zu Schlüssen zu gelangen, die er für endgültig hält. Gerne hätte er seine Arbeit durch „polizeiliche Ermittlungen am Tatort" ergänzt. Er ist in der Tat davon überzeugt, daß in den Museen und Ruinen viele materielle Beweise mehr für seine These bestehen, insbesondere Runen. Leider fehlten die Mittel, um „Des Sonnengottes große Reise" zu wiederholen. Anderen Forschern wird die Aufgabe zufallen, das vorliegende Werk zu ergänzen, nicht nur auf archäologischem, sondern auch auf linguistischem Gebiet, wo noch viel zu tun bleibt.

Geschichte

DIE WIRKLICHE ENTDECKUNG AMERIKAS

1. Präkolumbianische Landkarten Amerikas

Daß es zwischen den Azoren und Cipango (Japan) Länder gab, die wir einfachheitshalber und unter Verwendung eines topographischen Anachronismus amerikanisch nennen werden, war schon im Mittelalter bekannt. Das beweisen zahlreiche Landkarten, die im 14. und 15. Jh., d. h. also vor Kolumbus, von europäischen Geographen gezeichnet wurden. Fünf von ihnen geben wir auf den folgenden Seiten wieder. Zwei stellen die Inseln des Atlantik dar, zwei die damals bekannten Gebiete Nordamerikas und die letzte Mittel- und Südamerika.

Die erste (Abb. 1) stammt von dem Venezianer Pizigano und aus dem Jahr 1367. Sie ist ihres Datums und eines Namens wegen interessant. Der Name der Insel Bracir – normannischen Ursprungs, wie der Geograph erläutert, findet sich auch in verschiedenen Formen – als Brasil, Brasille und Brasile – auf anderen zeitgenössischen Landkarten, was um so bezeichnender ist, als man weiß, daß das heutige Brasilien seinen Namen nach der Bezeichnung für einen Baum des Landes trägt. Die Insel Brasil finden wir z. B. auch auf der Landkarte des Venezianers Andrea Bianco aus dem Jahr 1463 (Abb. 2). Aber ihr wird weiter westlich, auf dem Meridian von Gibraltar, die Insel Antillia (auf anderen Dokumenten: Antilia oder Antilla) und im Norden die im Mittelalter häufig erwähnte und unter dem Namen „Mano de Sátanas" (Satanshand) bekannte Insel hinzugefügt.

Die dritte Landkarte ist ohne jeden Zweifel die in Bezug auf Nordamerika interessanteste. Sie wurde im Jahr 1957 in einem Manuskript aus dem Jahr 1440 entdeckt, das unter dem Titel „Bericht aus der Tartarei" von einer im 13. Jh. durch Asien gemachten Reise erzählt. Neben den atlantischen Inseln halten wir den Teil für am bedeutsamsten, der Grönland in ungewöhnlich genauer Linienführung darstellt und südwestlich davon eine riesige Vinlanda genannte Insel, zu der wir zwei Bemerkungen in lateinischer Sprache finden: „Von Bjarni und Leif gemeinsam entdeckt" und „Die Reisegefährten Bjarni und Leif Eiriksson entdeckten nach langer Schiffsfahrt von Grönland aus in südlicher Richtung durch die eisigen Gewässer ein neues außerordentlich fruchtbares Land, wo es sogar Weinstöcke gab, und das sie Vinland nannten."

Die fragliche Landkarte zeigt eine genaue Kenntnis der Geographie des nordamerikanischen Ostens und konnte gewiß nicht das Ergebnis der Phantasie oder zufälliger Reisen sein. Wir zeigen auf der Abb. 3 die „Insel Vinland" auf die genauen Umrisse Nordamerikas projiziert. Wir konnten es dank eines Bezugspunktes tun, des St. Lorenz-Stromes, dessen Richtung und Ausdehnung mit äußerster Genauigkeit wiedergegeben sind. Auf dieser Grundlage konnten wir eine südliche Verschiebung der (übrigen schlecht gezeichneten) Hudson-Straße und Hudson Bai feststellen wie auch des Baffin-Landes und des diesem gegenüberliegenden Festlandes, mit dem es sich, wie auf der Karte irrtümlich dargestellt, berührt. Die Halbinsel Labrador wird ohne die Spitze gegenüber Neufundland dargestellt, welch letztere

Insel auf der Karte völlig fehlt. Im Süden des St. Lorenz-Stromes bedeckt Vinland die kanadische Halbinsel Acadia (Neu-Braunschweig und Neu-Schottland) und alle nord-amerikanischen Ost-Staaten von Maine bis Georgia in einer Tiefe von tausend Kilometern landeinwärts.

Die vierte Landkarte, die wir mit den topographischen Anmerkungen von Rudolf Cronau veröffentlichen (Abb. 4), wurde im Jahr 1558 von Nicolás Zeno, einem Nachkom-men der Brüder Antonio und Carlos Zeno, aufgrund von Kartenskizzen und Reisenotizen entworfen, die der Erst-genannte der beiden Brüder dem anderen zwischen den Jahren 1390 und 1405 geschickt hatte. Nicolás berichtet, daß er diese Unterlagen als sehr junger Mensch geerbt und, da er ihnen keinerlei Bedeutung beimaß, teilweise vernich-tet habe. Später versuchte er, ihren Inhalt und besonders die fragliche Landkarte zu rekonstruieren, indem er sich auf erhaltene Teile und sein Gedächtnis stützte. Seinen Be-richt darüber werden wir später wiedergeben.

Was auf der Landkarte von Nicolás Zeno unsere Aufmerk-samkeit erregt, ist der offensichtlich amerikanische Teil, der die Bezeichnung Engronelant trägt. Wir stellen zunächst fest, daß fast alle Bezeichnungen von Flüssen und Landvor-sprüngen nordischen Ursprungs sind: Af, Hoen, Diaver, Hit, Feder, Diuer, Ulia, Neum, Lande und Boer, um die wichtigsten zu nennen. Aber die könnte sich auch ein guter Geschichtenerzähler ausgedacht haben. Am kennzeichnend-sten ist die Ähnlichkeit des von parallel laufenden Flüssen durchschnittenen Westteils von Engronelant mit der Küste Labradors. Es dürfte anzunehmen sein, daß das Gebiet im Osten (dort, wo auf der Karte der Name eingetragen ist) einem vergrößerten und seines insularen Charakters ent-kleideten Neufundland entspricht. Dieser Irrtum würde auch erklären, warum die Flüsse in ihrem umgekehrten Verlauf eingezeichnet sind: da es keine Küste gibt, an der sie in den Ozean einmünden können, wurde diese durch eine Bergkette ersetzt.

Bleibt schließlich noch die fünfte Landkarte (Abb. 5), die für uns das wichtigste kartographische Dokument der ganzen hier wiedergegebenen Serie darstellt, weil sie eine fast vollständige Kenntnis des südamerikanischen Kontinentes zeigt, noch ehe dieser offiziell entdeckt wurde. Martin Waldseemüller zeichnete sie im Kloster von Saint-Dié (Lothringen), wo sie im Jahr 1507 gedruckt wurde. Der vollständige Atlas besteht aus zwölf Blättern von 45,5 mal 67 Zentimeter und stellt ganz Amerika zweimal dar. Der nördliche Teil der westlichen Hemisphäre wird in schematisierter Form auf die aus den vorhergehenden Landkarten bekannten Gebiete reduziert. Dagegen ist Südamerika mit außerordentlicher Genauigkeit dargestellt. Nun, im Jahr 1507 – und die Landkarte ist älter, da diese Jahreszahl sich auf das Datum der Auslieferung einer Arbeit bezieht, die offensichtlich Jahre der Vorbereitung, Ausführung und des Druckes erforderte – hatte Balboa noch nicht den Pazifik erreicht (1513), war Magallanes noch nicht durch die später nach ihm benannte Meerenge von einem Ozean in den anderen gelangt (1520), noch war Pizarro nach Peru gekommen (1532). Ja, man glaubte damals sogar noch, daß „Westindien" einen Teil des asiatischen Kontinentes bilde. Martin Waldseemüller hatte also ohne jeden Zweifel Zugang zu außeramtlichen Unterlagen von hohem wissenschaftlichem Wert und von südamerikanischer Herkunft. Die kartographischen Erhebungen waren an Ort und Stelle selbst, nicht bei einer zufälligen Reise, sondern in langer und harter Arbeit von Geographen oder doch wenigstens außergewöhnlich gut vorbereiteten Seefahrern angestellt worden.

2. Nicht bestätigte Überlieferungen und Berichte

Es ist nicht völlig ausgeschlossen, daß die Landkarten der Insel-Serie aus der Legende von den „Inseln der Seligen" entstanden sind, die im Mittelalter soweit verbreitet war und die auf den durch Platon überlieferten Untergang von Atlantis zurückzuführen ist. Trotzdem ist diese Erklärung weitgehend unwahrscheinlich. Tatsächlich erwähnen die Philosophen der damaligen Zeit – z. B. der Heilige Anselm in *Proslogion* – die *Insulae Fortunatae* als einen typischen Fall von Ideen ohne echte Grundlage, und die Geographen konnten in einer so eng begrenzten und homogenen intellektuellen Welt wie der damaligen nicht leichtgläubiger als jene sein. Nun, sie stellten das Vorhandensein der amerikanischen Gebiete keineswegs in Frage. Im Gegenteil, sie bestätigten es mit absoluter Gewißheit. So schrieb beispielsweise der Florentiner Toscanelli in einem Brief aus dem Jahr 1474, den er zusammen mit einer leider verlorengegangenen Landkarte an den in Lissabon im Dienst des portugiesischen Königs befindlichen Kanonikus Fernando Martinez sandte: „Zwischen der bekannten Insel Antilla und der berühmten Insel Cipango gibt es zehn Räume. Der erste ist sehr reich an Gold, Perlen und Edelsteinen, und die Tempel und Paläste werden dort mit purem Gold gedeckt."
Was hier wichtig ist, ist nicht die Entfernung (40 Grad), sondern die Wahl der Antillen als Bezugspunkt von Seiten eines Geographen von so hohem Ruf. Wenn die amerika-

nischen Inseln bekannt waren, so offensichtlich deshalb, weil europäische Seefahrer sie in glücklich durchgeführten Reisen erreicht hatten. Tatsächlich gibt es auf uns überkommene mittelalterliche Berichte, die sich auf derartige Ereignisse beziehen, wenn sie auch objektiv durch nichts bestätigt worden sind.

Die weitest verbreitete von ihnen findet sich in einem Manuskript aus dem 10. oder 11. Jh., das unter dem Titel *Navigatio Sancti Brandani* (Die Seefahrt des Heiligen Brandan) von zwei Reisen berichtet, die der irische Mönch Brandan, Abt des Klosters Clesainfert, im 6. Jh. über den Atlantik machte. Seine erste Expedition habe er – im Jahr 565 nach dem deutschen Geographen Martin Behaim – mit einer Anzahl Mönchen angetreten, die je nach Bericht schwankt (17 bei den einen, 75 bei den anderen, welch letztere Zahl sich freilich auch auf die zweite Reise beziehen kann), um das Gelobte Land und vielleicht sogar das Himmelreich auf Erden selbst zu suchen. Auf seiner Weltreise, deren Verlauf D'Avezac vor einigen Jahrzehnten aufgrund der in dem Bericht enthaltenen Angaben rekonstruierte, habe Brandan eine Insel entdeckt, auf der er sieben Jahre lang geblieben sei. Die *Insula Sancti Brandani* erscheint in fast der gesamten mittelalterlichen Kartographie des Atlantik, und wir begegnen ihr noch auf Landkarten aus dem 18. Jh. Zur Verbreitung der Geschichte trug zweifellos die Walfischlegende nach Kräften bei: Brandan habe den Rükken eines gewaltigen „Fisches" für eine Insel gehalten, dortselbst eine Messe zelebriert und danach ein Feuer angezündet, um das Essen zuzubereiten, was das Tier in Bewegung und die Mönche dazu brachte, sich schleunigst wieder einzuschiffen.

Die Authentizität der Reisen des Heiligen Brandan ist

nicht bewiesen. Aber man kann sie auch nicht von der Hand weisen. Die Beschreibung, die wir in der *Navigatio* von den Kanarischen Inseln und von der Hölleninsel mit ihrem eindrucksvollen Teide-Vulkan und mehr noch vom Sargazo-Meer finden, gestatten nicht, die Möglichkeit auszuschließen, daß der Abt nach Florida gelangte. Weniger glaubwürdig ist die Legende, die Martin Behaim in seinem berühmten Erdglobus wiedergibt, wonach „die beschriebene Insel *(Insula Antilia,* genannt *Septe Citades)* im Jahr 734, als ganz Spanien von den Heiden aus Afrika erobert war, von einem Erzbischof aus Porto Portugar zusammen mit weiteren sieben Bischöfen und anderen Christen, Männern und Frauen, bewohnt wurde, die mit ihrem Vieh und aller ihrer Habe aus Spanien geflüchtet waren. Im Jahr 1414 fuhr ein aus Spanien kommendes Schiff dicht vorbei." Die Insel erscheint auf verschiedenen Landkarten der Zeit unter dem Namen *Sette Cidades* und *Siete Ciudades* (Sieben Städte).

Sehr verschieden sind die zahlreichen mittelalterlichen Bezugnahmen auf „die Klippfischküste auf dem Meridian Deutschlands", dem – nach dem von Cronau[2] zitierten Text – Ursprungsort der „Wilden", die 1153 nach Lübeck verschlagen wurden. Es besteht keinerlei Zweifel, daß sich die Küstenbewohner des Baskenlandes, der Gascogne, Britanniens und der Normandie seit dem hohen Mittelalter oder vielleicht schon früher dem Fang und dem Einsalzen von Klippfisch widmeten und daß sie dazu oft tief in den Atlantik vordrangen. Wir haben dafür einen ebenso merkwürdigen wie unwiderlegbaren Beweis: auf der Landkarte im Atlas von Bianco (1436) erscheint etwa an der Stelle Neufundlands eine Insel mit dem Namen (oder dem Hinweis) *Stocafixa,* was nichts anderes als eine Verballhornung von *Stockfisch,* d. h. getrocknetem Klippfisch, sein kann.

Die von P. Levesque aus Quebec geleitete Expedition entdeckte im Jahr 1968 an der Küste Labradors, gegenüber der Nordwestspitze Neufundlands, verschiedene zweifellos baskische, aber mit keiner Jahreszahl versehene Backöfen. Baskische Chronisten aus jener Zeit erzählen, wie ein gewisser Juan de Echaide aus Navarro an der amerikanischen Küste, wahrscheinlich auf Neufundland, einen Hafen gegründet habe, der auch später von seinen Landsleuten benutzt wurde. Damit wird bekräftigt, was der Pater Las Casas erzählt. Er habe im Schiffstagebuch des Kolumbus (das dieser später zusammen mit allen Dokumenten vernichtete, aus denen seine jüdische Abstammung hätte hervorgehen können) die Berichte zweier Seeleute, von denen der eine aus Santa Maria, der andere aus Murcia stammte, gefunden: auf einer Fahrt nach Irland seien sie durch einen Sturm in nordwestlicher Richtung bis „an die Küsten der Tartarei" verschlagen worden.

Kolumbus fehlten gewiß nicht Angaben über die amerikanischen Gebiete. Außer dem schon Berichteten weiß man, daß er eine Reise nach „Thule" (Skandinavien, vielleicht Island) machte, wo er sehr wahrscheinlich vom Vinland hörte. Aber da ist noch mehr. Zahlreiche Chronisten des 16. Jh. berichten die tragische Geschichte von dem aus Niebla in der Provinz Huelva stammenden Seefahrer Alonso Sánchez, der sich dem Weinhandel zwischen Spanien, Madeira und Groß Britannien widmete. Bei seiner letzten Reise trieb ihn ein gewaltiger Sturm nach Westen ab, wo er unbekannte Länder sichtete. Mit einigen wenigen Überlebenden habe er schließlich die Azoren und später Lissabon erreichen können. Hier sei er zu Kolumbus gegangen, der damals den Beruf eines Kartographen ausübte, um ihn zu bitten, auf der Karte die „Insel" ausfindig zu machen, die er entdeckt habe. Der künftige Großadmiral nahm Sánchez in seinem Hause auf, wo dieser wenig später starb. Das gleiche Schicksal widerfuhr innerhalb von wenigen Tagen auch den vier überlebenden Gefährten seines Abenteuers.

Vielleicht läßt sich auch die Reise, die Jean Cousin aus Dieppe unternahm, so wie sie von den Chronisten berichtet wird, in einem Punkt mit Kolumbus in Zusammenhang bringen. Dieser normannische Kapitän sei im Jahr 1488 mit Ziel Westindien in See gestochen. Etwas nördlich von Ekuador sei sein Schiff durch eine heftige Strömung nach Westen getragen worden und habe die Mündung eines gewaltigen Stromes erreicht. Von hier aus sei er in südöstlicher Richtung bis zum äußersten Süden Afrikas gesegelt und weiter an der Westküste dieses Kontinents entlang in nördlicher Richtung, bis er schließlich seinen Heimathafen wiedererreichte. Wenn dieser Bericht zutrifft, der freilich von keinerlei Dokument bekräftigt wird, da die Archive der Admiralität in Dieppe von den Engländern verbrannt wurden, hätte Cousin die Mündung des Amazonas entdeckt. Halten wir fest, daß zwölf Jahre später Alvares Cabral bei einem Versuch, Afrika zu umschiffen, an die Küsten Brasiliens verschlagen wurde. Und vergessen wir nicht, daß Cousins Stellvertreter ein Kastilier namens Pinzón war.

Neben diesen unbestätigten Berichten bleibt schließlich noch eine merkwürdige von Fray Gaspar Madre de Dios erwähnte Tatsache zu verzeichnen. Als Martin de Souza, so berichtet er, im Namen des Königs von Portugal vom Gebiet Sao Paulos Besitz ergriff, wurde er dabei nachhaltig von einem Landsmann, João Ramalho, unterstützt, der mit der Tochter des Kaziken Tebyrico verheiratet war. Einige

zeitgenössische Werke vermelden, daß der dänische Naturforscher Lung in einem mit Datum vom 3. Mai 1580 von dem
Notar Lorenzo Vaz aufgenommenen und von vier Zeugen
unterzeichneten Protokoll das Testament Ramalhos fand,
in dem dieser erklärte, seit 90 Jahren in Sao Paulo zu leben.
Wir haben dieses Protokoll nicht gesehen und wissen auch
nicht, wo es sich befindet, weswegen wir mit den notwendigen Vorbehalten davon berichten. Wenn es wirklich vorhanden ist, bedeutet es nichts anderes, als daß ein Portu-
giese zwei Jahre vor Kolumbus nach Amerika und zwölf
Jahre vor Alvares Cabral nach Brasilien gekommen wäre.

3. Die Reisen des Walisischen Fürsten Madoc

Zwischen den unbestätigten Berichten, die wir kurz wiedergegeben haben, und der Geschichte der Kolonisierung Vinlands durch die Skandinavier liegen die Expeditionen des
Fürsten Madoc, wie sie aus mittelalterlichen walisischen
Manuskripten hervorgehen, die sich in den Archiven der
Abteien von Conway und Strat Flur befinden, und auf
denen zahlreiche Balladen des Mittelalters, unter ihnen
auch die vom walisischen Troubadour Meredith, beruhen.
Nach diesen Urkunden entschloß sich Madoc, ein natür-
licher Sohn von Owen Gwynedd, dem König von Nord-
Wales, als dieser im Jahr 1168 oder 69 starb, nach den
amerikanischen Gebieten auszuwandern, von denen er erzählen gehört hatte. Im Jahr 1170 umschiffte Madoc mit
einigen wenigen Schiffen den Süden Irlands und erreichte
in westlicher Richtung das offene Meer. Sechs Tage nachdem er den „gefährlichen Meeresgarten, den kein Sturm
zerstören kann, und der die Schiffe gefangennimmt" (ganz

25

offenbar das Sargazo-Meer) durchkreuzt hatte, gelangte seine Flotte an einen Ort, von dem man annimmt, daß es die Mobile-Bay in Alabama war. Madoc ließ sich mit seinen Leuten in diesem fruchtbaren und schönen Land nieder. Nach einiger Zeit und unter Zurücklassung von einigen 150 Siedlern kehrte er aus Amerika nach Wales zurück, wo er mit seinem Bruder Rhyrid eine zweite Expedition mit zehn Schiffen und 300 Mann vorbereitete. Bei dieser scheinen die Waliser auf dem Mississippi – und später dem Ohio-Strom vorgedrungen und schließlich über den Missouri zurückgekehrt zu sein.

Die von den Spaniern in Alabama, Georgia und Tennessee angetroffenen Forts, die keinerlei Ähnlichkeit mit den Bauten der Eingeborenen jener Zeit hatten, waren wahrscheinlich ein Werk der Waliser. Richard Deacon, der sich von grundauf mit dem Problem befaßte, berichtet, daß im Jahr 1666 ein protestantischer Missionar, der walisische Pastor Morgan Jones, der in Virginien von den Indianern gefangengenommen und zum Tode verurteilt worden war, in seiner Todesnot in seiner gälischen Muttersprache zu schreien begann. Die Eingeborenen antworteten ihm begeistert in der gleichen Sprache. Es scheint sogar, daß ein Stamm jenes Gebietes den Großen Geist mit folgenden Worten anrief: „Madoc Mahe Paneta am byd", was eine Abwandlung des gälischen Satzes „Madawc Mawr Penarthur am bith" ist und „Madoc, Großer Geist in Ewigkeit" bedeutet. Bei verschiedenen Indianerstämmen in den heutigen USA-Staaten Virginia, Ohio und Missouri glaubte man im 17., 18. und 19. Jh. anthropologische und sprachliche Spuren der walisischen Kolonisten anzutreffen. Zahlreiche Hinweise lassen annehmen, daß die Mandanes, hellhäutige „weiße Indianer", die in der Mitte des vorigen Jahrhunderts ausstarben, vermutlich wegen ihrer leichten Assimilation an die angelsächsische Bevölkerung, direkte Nachkommen der Männer waren, die Madoc auf seinen Expeditionen begleiteten.

4. Die skandinavische Kolonisierung Grönlands

Viel bedeutender als die Abenteuer Madocs – über deren Authentizität gewisse Zweifel bestehen, und die jedenfalls in Amerika keinerlei zivilisatorischen Einfluß hatten – sind für die Geschichte die Expeditionen, die die Wikinger im 10. und 11. Jh. in die Arktis durchführten. Es ist hier nicht der Ort, um sich eingehend mit den Lebensgewohnheiten der skandinavischen Völker zu beschäftigen, denen, genötigt durch die Kargheit ihres Bodens, der Krieg zum Lebenselement wurde. Beschränken wir uns darauf, festzuhalten, daß sie schließlich mit ihren Geschwadern alle Küsten Europas, einschließlich derjenigen des Mittelmeers, beherrschten, indem sie auf der Elbe bis Hamburg vordrangen, auf dem Rhein bis Köln und Bonn, auf der Loire bis Orleans, auf der Garonne bis Toulouse, auf dem Tajo bis Lissabon, auf dem Guadalquivir bis Sevilla und – mit siebenhundert Schiffen und vierzigtausend Mann – auf der Seine bis Paris.

Logischerweise waren die Inseln des Nordatlantik, die sich auf ihrem Weg befanden – die Faröer, Shetland, Orkaden und Hebriden – von ihnen zu Stützpunkten mit seßhafter Bevölkerung gemacht worden. Dasselbe geschah mit Island, das zunächst von Iren besiedelt, dann aber von diesen verlassen worden war, als gegen Ende des 9. Jh. der Jarl Naddod, der von Norwegen nach den Faröer Inseln unter-

27

wegs war, an die Küsten Islands verschlagen wurde, wo sogleich zahlreiche ständige skandinavische Siedlungen angelegt wurden, die einen intensiven Seeverkehr mit dem Kontinent unterhielten. Es war wenig nach der Besetzung Islands, daß ein Seefahrer namens Gunnbjarn, ein Sohn des Ulfkraka, in nördlicher Richtung aufs Meer hinausgetrieben wurde und ein unbekanntes großes Land entdeckte. Etwas weniger als ein Jahrhundert später, im Jahr 982, beschloß der isländische Herzog Eirikninn Raudi, Erich der Rote, der wegen Mordes zu drei Jahren Verbannung verurteilt worden war, sich endgültig dort niederzulassen. Er gab dem Land den Namen, den es noch heute trägt: Grönland – grünes Land. Die Insel hatte damals ein viel milderes Klima als gegenwärtig – Ivar Bardsen, Vikar des Bischofssitzes Gardar auf Groenland, stellt im 14. Jh. fest: „Die Kälte ist nicht so intensiv wie in Island oder Norwegen" – und so schien Erich der richtige Ort zum Kolonisieren. Bei Beendigung seiner Strafe kehrte er nach Island zurück, um sich aber bald, im Jahr 986, mit fünfunddreißig Schiffen, von denen nur vierzehn ihr Ziel erreichten, wieder nach Grönland zu begeben.

Mit der Zeit wuchs die Bevölkerung des grünen Landes. Im 13. Jh. wurden zweihundertachtzig Niederlassungen mit insgesamt etwa zehntausend Einwohnern gezählt. Sie widmeten sich dem Fischfang, der Jagd von Walfischen und Eisbären, der Zucht von Rindvieh, Schafen und Pferden, Rentiere nicht zu vergessen, sowie dem Ackerbau. Es wurde sogar Weizen angebaut, was für die Milde des Klimas kennzeichnend ist. Man exportierte nach Skandinavien Robbenpelze und -zähne, Trockenfisch und Häute von Rindern und Schafen.

Bei der Kolonisierung Groenlands spielte die Kirche eine

bedeutende Rolle. Der erste christliche Missionar, den Leif Eiriksson aus Norwegen mitgebracht hatte, traf im Jahr 999 ein. Der herkömmliche Glaube widersetzte sich anfänglich zäh und konnte sich etwa ein Jahrhundert lang halten. Aber der Katholizismus setzte sich im Lauf des 11. Jh. schnell durch. Überall wurden Kirchen, Klöster und Schulen eingerichtet. Im Jahr 1121 gab Rom der Insel ihren ersten eigenen Bischof, dem sechzehn weitere folgten. Der letzte von ihnen wird im Jahr 1409 erwähnt, obwohl Anlaß zu der Vermutung besteht, daß der Bischofssitz von Gardar von seinem Inhaber schon 1342 verlassen wurde, in welchem Jahr nach einem in lateinischer Sprache von Gissle Oddson, Bischof von Skálholt, im 17. Jh. nach Material aus dem Archiv der Stadt abgefaßten Manuskript die groenländische Bevölkerung sich vom Christentum abgewandt habe.

Das völlige Verschwinden der skandinavischen Kolonien auf Groenland im 15. Jh. hatte verschiedene Ursachen. Norwegen verlor das Interesse an den entlegenen Siedlungen und untersagte schließlich jeden Kontakt mit ihnen. Hinzu kam die englische Seeräuberei, die die nordischen Gewässer verunsicherte, wie der Überfall auf Eystribygd auf Groenland im Jahr 1418 bewies. Aber vor allem änderte sich das Klima plötzlich, wobei sich riesige Eismassen gen Süden vorschoben und die Küsten blockierten, so daß sich Hunger und Krankheiten ausbreiteten. Das Schicksal der Groenländer bleibt in Geheimnis gehüllt. Die in späteren Jahrhunderten von den dänischen Königen ausgeschickten Expeditionen, die den Kontakt wiederherstellen sollten, ergaben, daß auf der Insel nur noch einige Gruppen von Eskimos zurückgeblieben waren.

Es ist jedoch unwahrscheinlich, daß auch die schlimmste

Epidemie eine so zahlreiche Bevölkerung vollkommen hätte auslöschen können. Wahrscheinlicher ist, daß die Groenländer in angenehmere Gegenden ausgewandert sind. Aber nach Europa kehrten sie nicht zurück. Das bereits erwähnte Manuskript des Bischofs Gissle Oddson könnte uns des Rätsels Lösung geben. Denn der fragliche Text sagt, daß sich die Groenländer „vom wahren Christenglauben abkehrten und sich unter Verzicht auf alle Tugend und Rechtschaffenheit mit den Amerikanern vereinten". Diese letzten Worte werden allgemein so ausgelegt, daß sie sich auf einen Prozess der wenig wahrscheinlichen Vermischung mit den Eskimos beziehen. Wenn es so gewesen wäre, dann hätten die Mischlinge widerstandsfähiger gegen die Kälte als die Weißen sein und daher den Klimawechsel überleben müssen. Aber die im 17. Jh. und danach auf der Insel angetroffenen Eskimos waren nicht sehr zahlreich und außerdem reinrassig.

Es bleibt eine Erklärung, die sich, wie wir sehen werden, die Skandinavier des 15. Jh. gaben: daß sich die Groenländer, als sie unter dem Druck der Eismassen ihre Wohnstätten verlassen mußten, auf amerikanischem Boden mit ihren Landsleuten in Vinland vereinigten.

5. Die Entdeckung Vinlands

Im Jahr 986, als sich Erich der Rote zum zweiten Mal und endgültig in Groenland niedergelassen hatte, kam Bjarni Herjulfson, der Sohn eines der kürzlich Ausgewanderten, von Norwegen nach Island. Als Bjarni erfuhr, daß sein Vater das Land verlassen hatte, beschloß er, ihm nachzureisen und stach mit seiner Besatzung in See. Am dritten

Tag ihrer Reise erhob sich ein starker Nordwind. Gleichzeitig breitete sich so dichter Nebel aus, daß sie die Orientierung verloren. Nach mehreren Tagen, während derer sie die Sonne nicht sahen, lichtete sich der Himmel, und die Reisenden sahen in gewisser Entfernung ein leicht gewelltes und bewaldetes Land. Groenland konnte es nicht sein. Mit Südwestwind die Küste entlang segelnd, sichteten die Seefahrer zwei Tage später ein anderes, gleichfalls niedriges und bewaldetes Land. Bei gleichem Wind erreichten sie nach drei Tagen eine große, von Bergen und Eis bedeckte Insel, auf der sie Rotwild erkennen konnten. Der anhaltende Südwestwind trug sie aufs offene Meer hinaus, und vier Tage später gelangten sie endlich nach Groenland.

Nach den nautischen Angaben, die der Bericht enthält, scheint Bjarni Herulfson nacheinander die Länder erblickt zu haben, die sich heute Neu-England, Acadia (Neu-Schottland) und Neufundland nennen. Aus Mangel an Neugier oder aus Vorsicht ging er nicht an Land. Aber er konnte demjenigen, der nach geschichtlicher Überlieferung der erste Weiße werden sollte, der das amerikanische Festland betrat, die nötigen Unterlagen für seine Entdeckungsreise liefern.

Tatsächlich kaufte der Jarl Leif, Sohn Erichs des Roten, im Jahr 1000 Bjarnis Schiff und stach mit einer Besatzung von fünfunddreißig Mann zu keinem anderen Zweck in See, als die neuen Länder zu erforschen. Ohne Schwierigkeiten fand er das zuletzt von Bjarni gesichtete Land und betrat es. Es handelte sich um eine von Steinen bedeckte, unfruchtbare Ebene, die an einer Kette riesiger Eisblöcke endete. Leif nannte sie Helluland (Steinland). Auf der Weiterreise nach Süden gelangte die Expedition zum zweiten von Bjarni gesichteten Land. Es war flach und von Dünen und

Wäldern bedeckt. Es wurde Markland (Holzland) getauft.

Nach weiteren vier Tagen Reise mit günstigem Nordost-wind stieß Leif auf eine Bucht, in die er einlief, wobei er zwischen einer Insel und einem in nordöstlicher Richtung vom Festland vorspringenden Vorgebirge hindurchfahren mußte. Dem Lauf eines Flusses folgend, erreichte das Schiff einen See, an dessen Ufern die Mitglieder der Expedition an Land gingen. Leif beschloß, hier zu überwintern. Er baute mit seinen Leuten feste Häuser an einem Ort, der Leifsbudir genannt wurde: Leifs Häuser.

Das neue Land war sehr fruchtbar und das Klima so milde, daß es nicht nötig war, das Vieh während des Winters in Ställe zu bringen. Die Gunst des Klimas zeigte sich auch daran, daß ein Mitglied der Expedition, ein Deutscher, den die isländischen Manuskripte Tirker – wahrscheinlich: Tysker, was auf Norwegisch Deutscher heißt – wilde Wein-stöcke entdeckte, was Leif dazu bewog, das Land Vinland, Weinland, zu nennen. Als der Frühling kam, schiffte sich die Besatzung wieder ein und kehrte mit einer Ladung Holz und einem großen Boot voller Weintrauben ohne Zwischenfälle nach Groenland zurück.

Wo lag Vinland? Außer den etwas ungenauen nautischen Angaben liefern uns die isländischen Berichte einen An-haltspunkt, der, wenn er zuträfe, entscheidend wäre. Sie geben an, das in Leifsbudir der kürzeste Tag des Jahres von acht Uhr morgens bis drei Uhr nachmittags dauerte, was 41° 24' 10" Breite oder derjenigen des heutigen Mas-sachusetts entspricht. Einige Spezialisten haben Zweifel an der genauen Bedeutung der Worte geäußert, mit denen die Sage die fragliche Tagesdauer bestimmt. Wir werden jedoch später sehen, daß die Archäologie diese Ortsbestimmung bestätigt.

6. Die zweite Expedition nach Vinland

Mit demselben Schiff und mit 30 Mann unternahm Thorvald Eiriksson, Leifs Bruder, eine zweite Expedition nach Vinland. Ohne die geringste Schwierigkeit gelangte er nach Leifsbudir, wo er zweimal überwinterte und die warmen Monate für Forschungsaufgaben verwandte. So kam Thorvald im Sommer des Jahres 1004 an ein nach Nordosten gerichtetes Vorgebirge, das eine schöne Bucht abschirmte. Von dieser Halbinsel, die Kjalarnes (Kap Kiel) genannt wurde, erreichte die Expedition ein zweites Vorgebirge, inmitten dessen Wäldern man einen festen Wohnsitz zu errichten beschloß. Thorvald ging mit allen seinen Leuten an Land, wo er auf drei menschliche Lebewesen stieß, die sich am Strand unter ihren Kanus aus Häuten oder Baumrinde versteckten. Es handelte sich um Personen niedrigen Wuchses, aber keine Eskimos, da sie Bogen und Schleudern gebrauchten, sondern wahrscheinlich Indianer vom Stamme der Algonkins. Die Wikinger legten ihnen – wie später allen amerikanischen Eingeborenen – den Namen *skraelinger* (Schwächlinge) bei, womit sie bis damals die Lappen bezeichnet hatten.

Zwei der Indianer wurden in dem Scharmützel getötet, das sich aus der zufälligen Begegnung ergab, aber der dritte konnte entweichen. Vorsichtshalber zogen sich Thorvald und seine Gefährten auf ihr Schiff zurück, das wenige Stunden später von einer großen Anzahl kleiner Boote umringt wurde, aus denen heraus die Eingeborenen ihre Bogen abschossen, um schnell zu entfliehen. Thorvald wurde dabei tödlich verwundet. Er bat seine Leute, ihn an Land zu begraben. Sie taten es und kehrten danach nach Leifsbudir zurück. Im Frühling des Jahres 1005 beluden sie ihr Schiff mit Holz und Trauben und traten die Rückreise nach Groenland an.

Kaum waren sie eingetroffen, da schiffte sich Thorstein, der dritte Sohn Erichs des Roten, zusammen mit seiner Frau Gudrid und fünfundzwanzig Mann ein, um die Leiche seines Bruders Thorvald· zu suchen. Sie konnten nicht nach Vinland gelangen. Nachdem sie während des ganzen Sommers in die Irre gefahren waren, liefen sie Lysefjord an der groenländischen Küste an, wo eine Epidemie Thorstein und viele seiner Männer das Leben kostete. Gudrid kehrte mit den Überlebenden nach Eiriksfjord zurück, um ihre Toten zu begraben.

7. Die dritte Expedition nach Vinland

Im Winter 1006/07 verheiratete sich Gudrid wieder und zwar mit einem „König des Meeres", einem Angehörigen einer der ältesten und mächtigsten Familien Norwegens, Thorsfinn Karlsefni. Sie konnte ihn dazu bewegen, eine neue Reise nach Vinland zu unternehmen. Im folgenden Frühjahr liefen drei Schiffe mit Proviant und Vieh beladen und mit sechzig Mann Besatzung und hundert Siedlern, Männern und Frauen, an Bord aus. Leicht fand die Expedition nach Helluland, wo Füchse in großer Zahl gesehen wurden, nach Markland und schließlich nach Kialames, wo die Wikinger an Land gingen. Zwei schottische Schnellläufer, die der norwegische König Olaf Tryvason früher einmal Leif geschenkt hatte, führten eine drei Tage lange Erkundung durch und kehrten mit frischen Trauben und Ähren wilden Weizens zurück.

Thorsfinn setzte seine Reise fort. Er entdeckte eine Insel,

die buchstäblich von Eiderenten-Nestern bedeckt war. Man nannte sie Straumg und die Bucht, in der sie lag, Straumfjord. Viel weiter südlich gelangte er an einen Fluß, der, aus einem See austretend, direkt ins Meer strömte und in dessen Mündung sich einige ziemlich große Inseln befanden. Flußauf segelnd, gelangte Thorsfinn zu dem See und fand bestätigt, daß seine Umgebung von Weinstöcken und Weizen bedeckt war. Hier ließ er ein Landgut anlegen und verbrachte mit seinen Leuten einen so milden Winter – ohne ein Flöckchen Schnee – daß das Vieh die ganze Zeit über im Freien bleiben konnte. Man gab dem Gebiet den Namen Hape.

Eines Tages erschienen die Indianer – oder Eskimos – mit ihren Booten. Anfänglich wurden freundschaftliche Beziehungen aufgenommen. Die Wikinger erhielten auf dem Tauschwege soviel Felle, wie sie wollten, und gaben dafür Stücke roten Stoffes, Milch und Metall ohne größeren Wert. Vorsichtshalber hatte Thorsfinn verboten, irgendwelche Waffen als Tauschobjekt aus der Hand zu geben. Er hatte recht, denn schon im nächsten Jahr (1009) kamen die Eingeborenen wieder, diesmal auf dem Kriegspfad. Der Kampf wurde heftig. Die Wikinger ließen zwei Tote auf dem Schlachtfeld zurück. Fast alle anderen an dem Kampf Beteiligten wurden verwundet. Die Skraelinger hatten schwere Verluste und, nachdem sie im ersten Augenblick Sieger zu bleiben schienen, suchten sie überstürzt mit ihren Booten das Weite. Thorsfinn aber sah ein, daß eine Kolonisierung Vinlands nicht ohne überlegene Kräfte möglich wäre, die den Frieden sicherten, und entschloß sich, nach Groenland und später nach Norwegen zurückzukehren, wo er mit einer solchen Ladung wertvoller Pelze und Hölzer eintraf, daß niemand je zuvor solche Schätze beieinander gesehen hatte. Er hatte seinen Sohn Snorri bei sich, der in Amerika geboren worden war.

8. Die vierte Expedition nach Vinland

Unter den Gefährten von Thorsfinn Karlsefni befand sich eine natürliche Halbschwester des Leif Eiriksson namens Freydis, die bei dem Kampf mit den Eingeborenen eine hervorragende Rolle gespielt hatte. Nach Groenland zurückgekehrt, hoffte diese außergewöhnliche Frau auf eine Gelegenheit, eine neue Expedition nach Vinland vorbereiten zu können. Sie ergab sich im Jahr 1011, als in Norwegen ein Schiff eintraf, das zwei Isländern, den Brüdern Helge und Finnboge, gehörte. Freydis überzeugte sie, mit ihr zusammen die Reise zu unternehmen, wobei jeder Teil dreißig Mann stellen sollte und soviel Frauen, wie bereit waren, mitzufahren. Leif trat der Expedition die Häuser ab, die er in Vinland gebaut hatte.

Ohne Zwischenfälle gelangten die Schiffe im Jahr 1012 nach Leifsbudir. Von vornherein ergaben sich zwischen den isländischen Brüdern und Freydis ernsthafte Schwierigkeiten, da diese nicht nur fünf Männer mehr an Bord geschmuggelt hatte, als ihr zustanden, sondern da sie auch die in der Siedlung vorhandenen Häuser für sich allein mit Beschlag belegte. Helge und Finnborge bauten sich daher etwas weiter vom Meer entfernt und am Ufer eines Sees gelegen ihr eigenes Haus. Aber das Verhältnis zwischen den beiden Gruppen blieb gespannt.

In der Absicht, sich des Schiffs der Brüder zu bemächtigen, stellte diese ihnen eine Falle, in die sie auch gingen. An einem frühen Morgen begab sie sich in das Haus von Helge und Finnborge unter dem Vorwand, mit diesen über einen Austausch der Schiffe zu sprechen, da sie die Absicht habe, nach Groenland zurückzukehren. Dann weckte sie ihren Gatten Thorvard und berichtete ihm, sie sei von den Brüdern und deren Leuten mißhandelt worden. Thorvard fiel wutentbrannt mit seinen Mannen über die Nachbarn her und nahm die seelenruhig Schlafenden gefangen. Freydis bestand darauf, sie zu töten. Und da sich in der Mannschaft Thorvards niemand bereitfand, die fünf Frauen, die sich unter den Gefangenen befanden, umzubringen, führte sie selbst mit einer Axt das blutige Werk durch.

Im Jahr 1013 kehrte der Rest der Expedition reich beladen nach Groenland zurück. Trotz der Großzügigkeit, mit der Freydis ihre Gefährten entlohnte und trotz der Todesdrohungen, die sie gegen sie richtete für den Fall, daß sie irgendetwas von dem in Vinland Vorgefallenen verlauten ließen, drangen Gerüchte bis zu Leif. Er ließ zwei der Leute seiner Schwester peinlich vernehmen. „Ich kann sie nicht bestrafen", sagte er, „wie sie es verdient, aber ich bin gewiß, daß ihr Verbrechen an ihren Nachkommen gerächt wird."

9. Die Kolonien in Vinland

Die Expeditionen, von denen berichtet wurde, sind Episoden ein- und derselben „Familiengeschichte". Die erste Reise machte Leif Eiriksson, die zweite sein Bruder Thorvald, die dritte Thorfinn Karlsefni, der in zweiter Ehe mit der Witwe von Thorstein, dem Bruder von Leif und Thorvald, verheiratet war, die vierte Freydis, Schwester der Vorgenannten. Das ist nicht verwunderlich, da die skandi-

navischen Sagas stets von familiären Helden- und Schand-
taten berichten. Die oben wiedergegebenen Berichte beziehen sich also ausschließlich auf die von den Söhnen Erichs
des Roten organisierten Expeditionen. Das schließt nicht
aus, daß schon früher Reisen nach Amerika unternommen
wurden, und noch weniger, daß später eine erfolgreiche
Kolonisierung Vinlands stattfand, wofür wir Beweise besitzen.

Die isländischen Handschriften erwähnen oft am Rande
die skandinavischen Niederlassungen in der Neuen Welt.
Sie berichten z. B., daß im Jahr 1059 der angelsächsische
Priester Ionus oder John, möglicherweise ein Bischof, nach
Vinland kam, um dort das Wort Gottes zu verbreiten, und
daß er von den Heiden zum Märtyrer gemacht wurde. Dagegen wissen wir, daß der Bischof von Groenland, Eirik
Gnupron, im Jahr 1121 eine geistliche Dienstreise in die
amerikanischen Kolonien unternahm und glücklich zu Ende
führte.

Die Angaben, die wir über spätere Ereignisse besitzen, sind
unzusammenhängend und manchmal ungenau. Im Jahr
1279 entsandte der Erzbischof Ion einen Beauftragten nach
Amerika, um den Zehnten für den in ganz Europa gepre-
digten Kreuzzug einzusammeln. Das Vatikan-Archiv erwähnt noch im Jahr 1325 einen in Form von Robbenpelzen
und -zähnen erhobenen Zehnten, der über den Flamen Jean
du Pré zu barem Geld gemacht wurde. Aber wir wissen
nicht mit Bestimmtheit, ob die fragliche Kirchensteuer direkt in Vinland oder in Grönland erhoben wurde. Nach
und nach ging der Kontakt zwischen Island und seinen
westlichen Außenposten verloren. Man weiß noch von
einer Reise nach Markland, die 1347 von siebzehn Skandinaviern aus Grönland durchgeführt wurde, um Bauholz zu
beschaffen.

Wenige Jahre später beauftragte Magnus, „König von Norwegen, Schweden und Skandinavien", eine der wichtigsten Persönlichkeiten seines Hofes, Poul Knudsson, damit, eine Expedition auszurüsten, um die Überlebenden der grönländischen Niederlassungen zu finden und ihnen zu helfen: „Die Männer, die mit dem *knorr* (Frachtschiff) fahren sollen, nehmen Sie aus meiner Leibgarde und wählen Sie sie nach Ihrem Ermessen unter den Dienstleuten anderer Personen ... Wir ersuchen Sie, diesen Befehl mit dem vollen guten Willen für die Sache anzunehmen, da wir ihn zum Ruhme Gottes und zum Heil unserer Seele und zur Ehre unserer Vorfahren geben, die in Grönland das Christentum einführten und bis heute bewahrten, das wir in unseren Tagen nicht untergehen lassen werden ... Gegeben in Bergen, am Montag nach dem Tag Simons und Judas, im sechsunddreißigsten Jahr unserer Regierung (1154)".

Die archäologischen Funde, die im nordamerikanischen Staat Minnesota und in der kanadischen Provinz Ontario gemacht wurden, scheinen darauf hinzuweisen, daß Knudsson nach Amerika gelangte, den St. Lorenz-Strom aufwärts bis zum Ontario-See fuhr, den *knorr* an dem Ort ließ, wo sich heute die Stadt Toronto befindet, und sich weiter von See zu See mit Booten fortbewegte, die man auf den Schultern tragen konnte, bis er an den Red River gelangte. Ein anderer möglicher, wenn auch weniger wahrscheinlicher Weg hätte der sein können, in die Hudson-Bay einzulaufen, das Schiff in der Mündung des Nelson-Flusses zu lassen und mit seinen Booten flußaufwärts bis zum Red River zu fahren. In beiden Fällen hätte Knudsson das Gebiet erreicht, wo später die Stadt Kensington errichtet wurde. Die hier gefundene Runen-Inschrift gibt als Entfernung zu dem Punkt, wo der *knorr* wartete, vierzehn „Reisetage", also etwa 1.680 km, an, annähernd dieselbe wie zwischen Kensington und Toronto oder wie zwischen der erstgenannten Stadt und der Mündung des Nelson-Flusses. Die beiden Marschrouten sind also unter diesem Gesichtspunkt gleich wahrscheinlich. Aber wichtiger als der Weg, den sie nahmen, ist, daß die Skandinavier in der zweiten Hälfte des 14. Jh. im Gebiet der Großen Seen anwesend waren: eine sehr wahrscheinliche, aber, wie wir sehen werden, nicht völlig sichere Tatsache.

Mit der Zeit nahmen die amerikanischen Gebiete einen legendären Charakter an, und selbst die geographischen Kenntnisse, die man von ihnen besaß, verwischten sich. Die in Abb. 7 wiedergegebene Landkarte wurde im Jahr 1590 von dem Isländer Sigurdur Stefansson gezeichnet. Man braucht sie nur mit den auf vorhergehenden Seiten abgebildeten Landkarten zu vergleichen, um den Rückschritt bestätigt zu finden, den sie darstellt, besonders wenn man die Erläuterungen berücksichtigt, die der Autor über die verschiedenen von ihm mit Buchstaben bezeichneten Gebiete gibt:

„A. Bis hierher kamen die Engländer. Bekannt für seine Unfruchtbarkeit, zweifellos hervorgerufen durch Sonne und Kälte.

B. In der Nähe dieses Gebietes liegt Vinland, das wegen der großen Zahl nützlicher Dinge, die sich dort befinden, und wegen seiner Fruchtbarkeit *Goada* (die Gute) genannt wird. Unsere Landsleute haben geglaubt, daß es im Süden bis ans Meer reicht und durch eine Meerenge oder einen Fjord von Amerika getrennt wird,

C. Dies Land heißt Riseland oder Land der Giganten. Seine Bewohner haben Hörner und heißen *skrikfinna* (scheußliche Finnen).

D. Dies ist ein weiter östlich gelegenes Land, dessen Bewohner wegen ihrer langen Krallen *klofinna* (Klauenfinnen) genannt werden.

E. Yotunheimar, Heim der nachgemachten Riesen.

F. Hier, glaubt man, befindet sich eine Meerenge, die nach Rußland führt.

G. Steiniges Land, häufig in den Geschichten erwähnt.

H. Was für eine Insel das ist, weiß ich nicht, aber es wäre möglich, daß sie von einem Venezianer entdeckt wurde. Die Deutschen nennen sie Friesland.

Wer sich auf diese Landkarte verläßt und das „Prom. Vinlandiae" im Norden von Neufundland vermutet, handelt gewiß nicht sonderlich klug.

10. Groß-Irland

Die Skandinavier waren nicht die ersten Europäer, die nach Amerika kamen. Ihre eigenen Sagas geben das ganz unumwunden zu. Der *Lannama Bók* erzählt, wie der mächtige isländische Führer Ari Marson im Jahr 963 unfreiwillig in die Neue Welt gelangte, wo er weiße Bewohner antraf: „Ari war der Sohn von Mar von Reikholar und der Thorlatla, Tochter des Hergills Herappson. Dieser Ari wurde an die Küste von Huitramannaland (Land der weißen Menschen) verschlagen, das auch Irland it Mikla (Groß-Irland) genannt wird. Es liegt im Westen des Ozeans, in der Nähe des guten Vinland. Da es Ari nicht erlaubt war, zurückzukehren, behielt man ihn dort und taufte ihn. Dies wurde von Rafn berichtet, einem Kaufmann aus Limerick, der in Limerick viele Jahre ansässig gewesen war. Und auch Thorkill Geltson, Graf von den Orkaden, versicherte, daß

Ari in Huitramannaland gesehen worden war und daß er, obwohl er nicht zurückkehren durfte, dort sehr geschätzt war."

Weitere Angaben können wir dem Bericht entnehmen, der sich mit den Reisen des Bjorn Asbrandson und Gudhleif Gudlangson befaßt. Der Erstgenannte ist eine bekannte Persönlichkeit in der skandinavischen Geschichte. Er kämpfte unter dem Befehl von Palnatoke in der Schlacht von Fyrisval in Schweden gegen die Jomsvikinger und verdiente sich wegen seiner Tapferkeit den Titel eines Breidvikinga Hape, des Kämpen von Breidavik. Später verstrickte er sich in ein Liebesabenteuer mit Thurid, der Schwester des mächtigen Jarl Snorri Godi, und dieser verbannte ihn im Jahr 999 auf Ersuchen Thorods, des Gatten der Thurid. Bjorn verließ zu Schiff mit Nordostwind das Land, und es vergingen viele Jahre, ohne daß man irgendetwas von ihm erfuhr.

Im Jahr 1029 wurde Gudhleif Gudlangson auf einer Reise von Dublin nach Island von einem heftigen Sturm nach Südwesten verschlagen. Nach vielen Tagen Irrfahrt gelangte er an eine unbekannte Küste, an der er mit seiner Besatzung an Land ging. Sofort sahen sich die Skandinavier von Hunderten von Männern umringt, die sie fesselten, landeinwärts schleppten und in einer Sprache, die dem Irischen ähnlich schien, auf sie einredeten, um herauszufinden, ob die Fremdlinge zu töten oder nur zu Sklaven zu machen seien.

Im Verlauf der Vernehmung erschien eine zahlreiche Gruppe von Kriegern um eine Fahne geschart und unter Anführung eines weißbärtigen Alten hoch zu Roß. Zur großen Überraschung Gudhleifs und seiner Gefährten richtete der Neuankömmling sich in norwegischer Sprache an sie und fragte sie, wo sie herkämen und aus welchem Teil Islands sie wären. Er bat sie um Angaben über verschiedene wichtige Persönlichkeiten des Landes, insbesondere über Snorri Godi, dessen Schwester Thurid und deren Sohn Kjartan, Herr auf Frodo, den in Island alle als den Sohn des Bjorn Asbrandson ansahen.

Nachdem der Alte sich mit seinen Kriegern beraten hatte, entschied er, die Isländer in Freiheit zu setzen und sie ihr Schiff fertigmachen zu lassen. Beim Abschied übergab er Gudhleif einen goldenen Armreif und ein prachtvolles Schwert, die er Thurid und Kjartan übergeben sollte.

„Und wer soll ich sagen schicke diese Geschenke?" fragte Gudhleif.

„Sag ihnen", antwortete der Alte, „daß sie ihnen derjenige schickt, der Thurid von Frodo ein besserer Freund war als ihrem Bruder Godi. Aber wenn jemand herausbekommt, wer der Besitzer dieses Armreifs und dieses Schwertes war, so sage ihnen, daß ich jedermann streng verbiete, mich zu suchen, da diese Küsten gefährlich sind, wenn man nicht das Glück hat, an einer so günstigen Stelle zu landen wir Ihr. Das Land ist groß, aber es hat wenig Häfen, und überall drohen dem Fremdling Gefahren."

Ohne Schwierigkeiten kehrte Gudhleif nach Irland zurück und, nachdem er hier überwintert hatte, nach Island, wo er die Geschenke des Alten übergab. Niemand auf der Insel zweifelte daran, daß der Absender der Kämpe von Breidavik war.

Das Land der weißen Menschen wird ferner bei zahlreichen Gelegenheiten in den isländischen Sagas erwähnt. Vinlands *Skraelinger* erzählten, daß die Bewohner jenen Landes weiß gekleidet waren und in der Hand Stäbe mit weißen Schleifen trugen. Sie pflegten mit lauter Stimme zu singen und zu beten. Die Wikinger schlossen aus diesen Angaben, daß es sich um Iren handeln müsse, deren Mönche, die *papar* – in weiße Kutten gekleidet – Island im Jahr 795 kolonisiert und auch, schon vor der Ankunft der Skandinavier, die Besiedlung der Orkaden, Faröer und Shetland-Inseln durchgeführt hatten. Das Bestehen Groß-Irlands war überhaupt im Mittelalter kein Geheimnis, und der arabische Geograph Abu Abdallah Mohammud Edrisi erwähnt es im 13. Jh. in seinen Werken unter der arabischen Bezeichnung Irlandeh el Kabirah.

11. Die Abenteuer der Brüder Zeno

Den historischen Dokumenten, die wir auf den vorhergehenden Seiten erwähnt haben, muß noch ein Bericht hinzugefügt werden, über dessen Authentizität die Ansichten der Fachleute auseinandergehen. Er wird von der Landkarte begleitet, die wir auf Abb. 5 wiedergegeben haben. Der zu dieser Karte gemachte Kommentar gilt auch für den Text: Wenn es sich um eine Erfindung handelt, so stützte sich der Verfasser zweifellos auf sichere Angaben verschiedener Herkunft. Was hier interessiert, sind die Angaben, nicht ihre Herkunft.

Nach dem im Jahr 1558 von Nicolás Zeno in Venedig veröffentlichten Buch durchfuhr sein gleichnamiger Vorfahr im Jahr 1380 – spätere Untersuchungen scheinen zu beweisen, daß es sich um das Jahr 1390 handelte – die Straße von Gibraltar mit der Absicht, England zu besuchen. Von einem furchtbaren Sturm überrascht, scheiterte das Schiff an den Küsten Frieslands (oder an den Faröer-Inseln oder Ferseyland). Die Besatzung rettete sich und wurde von dem

Souverän der Insel, dem Skandinavier Zichmi, freundlich aufgenommen, der mit den Männern in lateinischer Sprache sprach und ihnen anbot, in seine Dienste zu treten. Zeno und seine Mannen reihten sich also in die Flotte von dreizehn Schiffen ein, über die der Herrscher verfügte, und halfen ihm, die Nachbarinseln zu unterwerfen. Nachdem Nicolás Zeno zum Flottenchef ernannt worden war, ließ er seinen Bruder Antonio nachkommen, der nach einer glücklichen Reise in Friesland eintraf.

Nach zahlreichen örtlichen Siegen lief Nicolás im Monat Juni in Richtung Grönland aus, wo er auf dem Gipfel eines Vulkans ein Kloster des Prediger-Ordens und eine dem Heiligen Thomas geweihte Kirche vorfand. Nahe dem Kloster befand sich eine Quelle kochenden Wassers, mit dem über unterirdische Röhren die Kirche, das Kloster und sogar kleine Gewächshäuser geheizt wurden, in denen trotz der polaren Temperaturen Blumen, Früchte und Gemüse gezogen wurden. Zwischen dem Kloster und den Inseln Norwegens und Drontheims bestand im Sommer ein lebhafter Handelsverkehr. Die Schiffe brachten Feuer- und Nutzholz, Stoffe und Haustiere und nahmen Pelze und vor allem Trockenfisch mit, der stets überreich vorhanden war, da sich dort, wo die warmen Ströme ins Meer mündeten, Fische in großer Zahl ansammelten. Die Fischereifahrzeuge waren aus frischen Seehundsfellen gefertigt, die zusammengenäht und über Gerüste aus Knochen gespannt wurden.

Man beachte, daß die Schilderung dieses Klosters, die schwerlich der Phantasie eines Venezianers des 16. Jh. entstammen kann, in vielen Punkten mit der Schilderung übereinstimmt, die im 14. Jh. Ivar Bardsen, seinerzeit Vikar des grönländischen Bistums in Gardar, gab: „Am Eingang (zum Ketilsfjord im Westen der Insel) gibt es eine große Bucht, in die verschiedene Flüsse münden, und nahe der Bucht erhebt sich eine Kirche, die dem Allerheiligsten Kreuz von Auroos geweiht ist, welcher Kirche jegliche Grundstücke gehören, die sich am Fjord befinden ... bis Petersvig. Dort dehnt sich ein großes unbewohntes Gelände aus, in dem sich ein elf Kilometer breiter See befindet, sehr fischreich, der mit allem umgebenden Land der Kirche von Petersvig gehört. Nicht weit von der Kirche gibt es ein großes Kloster, dessen Stiftsherren ihr Leben dem Heiligen Olaf und dem Heiligen Augustin geweiht haben. Nach dem Ketilsfjord kommt der Rafnsfjord, in dessen Innerem sich ein Benediktinerkloster befindet ... In dem gleichen Fjord gibt es viele kleine, verstreute Inseln, auf denen verschiedene Thermalquellen fließen, die bewirken, daß im Winter die Temperatur steigt ... und die nicht nur zum Baden dienen, sondern auch als Heilmittel für verschiedene Krankheiten benutzt werden.«

Nicolás Zeno konnte sich an das Klima Grönlands nicht gewöhnen. Er wurde krank und starb, kurz nachdem er nach Friesland zurückgekehrt war. Sein Bruder Antonio erbte von ihm Amt und Vermögen, ohne daß Zichmi ihm gestattet hätte, nach Venedig zurückzukehren, da er ihn für eine Expedition nach unbekannten Gebieten im Westen benötigte.

Tatsächlich wurden sechsundzwanzig Jahre später vier friesische Fischerboote auf eine Estotiland (Land vor dem Osten) genannte Insel verschlagen, etwa fünftausend Kilometer westlich von Friesland. Die aus sechs Fischern bestehende Besetzung eines der Boote wurde von den Eingeborenen gefangen genommen. Durch einen Dolmetscher, der als Schiffbrüchiger auf die Insel gekommen war und

Latein beherrschte, bot der örtliche Souverän den Skandinaviern an, in seine Dienste zu treten, was sie annahmen. Die Insel war kleiner als Friesland, fruchtbar und reich. Ihre Bewohner waren intelligent, beherrschten verschiedene Handwerke und bauten Getreide an. Sie hatten ihre eigene Sprache und Schrift. Vor langen Zeiten hatten sie Verbindung mit Europa gehabt, denn in der Bibliothek des Herrschers fanden sich Bücher in Latein, das niemand mehr beherrschte. Handelsbeziehungen unterhielten sie noch mit Grönland, von wo sie Pelze und Trockenfisch importierten. War Estotiland Neufundland, wie behauptet worden ist? In diesem Fall hätte die Beschreibung die Wirklichkeit zu deren Gunsten beträchtlich verändert, was nicht ganz von der Hand zu weisen ist.

Die Friesländer wurden mit zwölf Schiffen in südlicher Richtung nach einem Land entsandt, das Drogeo hieß und reiche Goldschätze barg. Aber auf der Rückkehr fielen sie in die Hände von Menschenfressern. Nur einer der Europäer kam mit dem Leben davon, da er den Wilden die Kunst, mit der Rute zu angeln, beigebracht hatte. Er lebte dreizehn Jahre lang unter den nackten Wilden, die keine Metalle kannten und nur hölzerne Lanzen und Bogen gebrauchten. Doch weiter im Südwesten gab es Völker von einer gewissen Kultur, die in Städten lebten und Tempel hatten, in denen sie Menschenopfer durchführten, und die Gold und Silber zu bearbeiten verstanden.

Dem armen Fischer gelang es schließlich, zu fliehen und nach Drogeo zurückzukommen, wo er sich als Dolmetscher für die aus Estotiland kommenden Schiffe niederließ. Er wurde dabei ein reicher Mann, so daß er sich ein eigenes Schiff bauen lassen und mit diesem nach Friesland zurückkehren konnte, wo er Zichmi seine Abenteuer erzählte.

Aufgrund dieses Berichtes stach Zichmi in Begleitung von Antonio Zeno in See, um die westlichen Länder zu suchen, obwohl der abenteuerliche Erzähler drei Tage vor der Ausreise das Zeitliche segnete. Nach einem dreitägigen heftigen Sturm, bei dem der größere Teil der Schiffe unterging, erreichte das Geschwader ein mit einem guten Hafen versehenes Land. Es war die Insel Icaria, deren Bewohner jedoch die Ankömmlinge nicht an Land gehen ließen. Zichmi lief also wieder aus, und nach sechs Tagen Fahrt in westlicher und vier weiteren in südwestlicher Richtung entdeckte er ein von einem Vulkan beherrschtes Land. Es gab viele Wälder, Fische und Seevögel im Überfluß, deren Eier man überall fand. Die Bewohner, die sich bei der Ankunft der Fremdlinge in Höhlen versteckt hatten, waren klein und furchtsam. Zichmi nannte den sichersten Hafen der Zone Trin und beschloß, hier eine Stadt zu gründen.

Auf sein inständiges Bitten hin erreichte Antonio Zeno schließlich, daß der Herrscher ihm gestattete, in seine Heimat zurückzukehren. Er traf dort 1405 ein und starb noch selbigen Jahres.

12. Schlußfolgerungen

Aus den vorstehenden Angaben ergibt sich offensichtlich, daß Amerika schon lange vor Kolumbus bekannt war. Die abgebildeten Landkarten lassen darüber keinen Zweifel. Diejenige auf Abb. 3 beweist, daß in Nordamerika ein gewaltiges Gebiet zwischen der Hudson Bay und Georgia in einer durchschnittlichen Tiefe von tausend Kilometern erforscht worden war, wobei die Linienführung der Küste von der Mündung des St. Lorenz-Stromes nach Süden sehr genau ist, diejenige im Gebiet des Hudson weniger. Der Atlas von Bianco zeigt nicht nur, daß im 15. Jh. die Erinnerung an Länder jenseits des Nordatlantik lebendig war, sondern daß auch Fischer nordischer Volkszugehörigkeit oder Tradition weiterhin die Gewässer Neufundlands befuhren, von wo sie Stockfisch holten. Das wird durch Berichte von Reisen normannischer Seefahrer bestätigt. Schließlich hält die Landkarte auf Abb. 5 fest, daß man in Europa vor den nachkolumbianischen Forschungsreisen der Portugiesen und sogar ehe Balboa an den Pazifik gelangte, die Umrisse des südamerikanischen Kontinentes so genau kannte, daß das nur das Ergebnis systematischer Studien wahrer Geographen gewesen sein kann.

Die Berichte der isländischen Sagas und, mit unterschiedlicher Wahrscheinlichkeit, diejenigen über nicht bestätigte Reisen einschließlich der der Brüder Zeno geben uns befriedigende Erklärungen über die Quellen der Kenntnisse über Nordamerika. Es ist unzweifelhaft, daß isländische Wikinger nach Ländern kamen, die heute zu Kanada und den Vereinigten Staaten gehören, und es ist sehr wahrscheinlich, daß sie dort ständige Niederlassungen gründeten. Die Sagas erwähnen anderseits das Vorhandensein eines von Iren kolonisierten Gebietes im Süden Vinlands – das „Land der weißen Menschen" – und die Landkarte der Abb. 3 beweist, daß die Wikinger das Gebiet kannten. Kein Text bezieht sich jedoch auf Südamerika. Bestenfalls könnte man vielleicht Nicolás Zenos Land Drogec für Mexiko halten. Augenscheinlich waren die im Mittelalter bestehenden Verbindungen von kulturell und sogar wissenschaftlich hochstehenden Seefahrern, die die Landkarte auf Abb. 5 zu zeichnen erlaubten, ein wohlgehütetes Geheimnis. Wir wissen also im Augenblick nicht, wer diese Männer waren. Wir können höchstens vermuten, daß es sich um Weiße europäischen Ursprungs handelte, da es unbegreiflich wäre, daß so präzise kartographische Angaben damals nach Lothringen durch Angehörige einer anderen Rasse gelangt wären.

Anthropologie

DIE WEISSEN INDIANER

1. Die verschwundenen Kolonien

Die geschichtlichen Angaben des vorhergehenden Kapitels lassen nicht viel Zweifel daran, daß in Nordamerika zwischen dem 10. und 14. Jh. Siedlungen europäischer Herkunft vorhanden waren. Es ist ferner unbestreitbar, daß es während des gleichen Zeitabschnittes in Grönland blühende isländische Niederlassungen mit einer zahlreichen Bevölkerung gab, die als Folge eines zu Beginn des 15. Jh. auf der Insel eintretenden Klimawechsels plötzlich verschwand. Verschiedene Expeditionen, die zwischen dem 15. und 18. Jh. von den dänischen Königen ausgeschickt wurden, gelangten entweder nicht ans Ziel wie die des Polen Jan von Kolno (1476), oder sie fanden nichts weiter als Ruinen, Gräber mit Runeninschriften und einige wenige übliche Gebrauchsgegenstände. Auch auf dem amerikanischen Kontinent wurden Ruinen, Inschriften und Gebrauchsgegenstände europäischer Herkunft aus vorkolumbianischer Zeit gefunden, aber keinerlei menschliche Gemeinschaft, die als skandinavisch, irisch oder walisisch zu identifizieren gewesen wäre.

Nichtsdestoweniger und selbst wenn man Vinland und andere Gebiete Amerikas außer Betracht läßt, hatten die Siedlungen auf Grönland eine so bedeutende Bevölkerung, die nicht nach Europa zurückkehrte, daß sie nicht einfach spurlos verschwunden sein kann. Es waren weder die Eskimos mächtig genug, sie auszurotten, besonders nicht, wenn man bedenkt, daß die Siedler in festen Steinhäusern lebten, noch konnten das eine Epidemie oder das kalte Klima. Es ist daher das Wahrscheinlichste, daß sich die Grönländer, nachdem ihr Kontakt mit Europa abgebrochen war, sich vor der vordringenden Kälte in ihre Kolonien im schönen Vinland zurückzogen, die damals inmitten der indoamerikanischen Völkerschaften vollkommen isoliert waren. Unter diesen Umständen war es fast unmöglich, daß sie ihr europäisches Erbgut unversehrt erhielten. Aber sie konnten andererseits auch nicht einfach verschwinden, ohne irgendwelche anthropologischen Spuren zu hinterlassen, weder indem sie sich einer halbwilden Lebensweise anpaßten und unter dem Druck der allgemeinen Lebensverhältnisse die Gebräuche der Eingeborenen nachahmten, noch durch Vermischung mit diesen. Das gilt natürlich auch für die Nachkommen anderer weißer Siedler, die sich möglicherweise in amerikanischen Ländern niederließen.

Wir werden sehen, daß es die Anthropologie tatsächlich gestattet, die Anwesenheit eines weißen Elementes unter denjenigen festzustellen, die die indoamerikanischen Stämme bilden.

2. Spuren weißer und blonder Indianer

Seit den ersten Anfängen der Entdeckung bis in unsere Tage – denn Amerika ist bis heute noch nicht restlos erforscht – haben Konquistadoren, „Reisende", wie man damals sagte, und Wissenschaftler oft gestaunt, wenn sie bei indoamerikanischen Stämmen Individuen antrafen, die durch eine oder mehrere anthropologisch bedeutsame Eigenschaften, wenn nicht überhaupt in jeglicher Beziehung, nordischen Europäern glichen. In einigen Fällen konnte man irgendeinen Nebenumstand einer Vermischung mit nachkolumbianischen Weißen vermuten. Aber in anderen Fällen war eine solche Möglichkeit ausgeschlossen, da es sich um Völker handelte, die bis dahin keinerlei Berührung mit den neuen Kolonisatoren gehabt hatten. Wir werden, von Nord nach Süd gehend, die wichtigsten Daten erwähnen, über die wir verfügen und einige Angaben gleicher Art in Bezug auf Ozeanien hinzufügen. Wir beschränken uns dabei darauf, den Arbeiten von Jean Poirier[5] und Thor Heyerdahl[6] zu folgen.

Die ersten Zeugnisse, die wir anzuführen haben, weil sie sich auf die Halbinsel Labrador beziehen, d. h. auf ein Gebiet im Norden des eigentlichen Vinland sowie Markland und gegenüber von Helluland (Neufundland), befassen sich mit „weißen Eskimos". Louis Jolliet, der das Gebiet im 16. Jh. erforschte, schreibt: „Entlang der Küsten Labradors trifft man eine große Anzahl von Eskimos ... Sie sind groß von Wuchs, haben weiße Gesichts- und Körperhaut und gelocktes Haar. Jeder hat mehrere Frauen, sehr weiß und wohlgeformt mit Haaren, die bis auf den Boden reichen. Sie sind im Nähen sehr geschickt. Wie die Männer kleiden sie sich in Seehundsfelle und haben für alles viel Fleiß."[7] Brouage, Schwiegersohn und Adjutant von Courtemanche, dem Befehlshaber der Nordküste, hatte gegen Ende des 16. und Anfang des 17. Jh. mit diesen merkwürdigen „Eskimos" zu tun. Er beschreibt sie als weiße und bärtige Männer[7].

Samuel de Champlain, der große französische Erforscher Kanadas, bezieht sich[8] auf weiße Indianer, die zu Anfang des 17. Jh. im Westen der Großen Seen ansässig waren: „Die Wilden, mit denen wir Kontakt hatten ... sagten uns verschiedentlich, daß einige Gefangene von weither ihnen erzählt hätten, es gäbe Völker, die uns wegen ihrer weißen Hautfarbe und auch sonst ähnelten und daß sie bei ihnen Haarbüschel gesehen hätten, die von diesen Völkern stammten und die sehr blond waren ... Ich kann nur annehmen, daß es sich um Menschen handelt, die zivilisierter sind als sie und von denen sie daher sagen, daß sie so aussähen wie wir."

Noch merkwürdiger ist auf den ersten Blick, daß man auch an der pazifischen Küste Kanadas „weiße Indianer" getroffen hat. Ein Fußmarsch der Vinländer über viertausend Kilometer ist schwer vorzustellen. Aber wir müssen uns vor Augen halten, daß zur Zeit der skandinavischen Kolonisation Amerikas das nördliche Klima viel weniger kalt als heute war und daß daher die nördliche Transozean-Route mehrere Monate im Jahr offen blieb. Die unglaubliche Ähnlichkeit, die man zwischen den großen Kriegs-Kanus der Eingeborenen im Nordwesten und den Wikingerschiffen feststellt (Bildtafel 1), bekräftigt die Annahme von Seereisen zwischen Grönland oder Vinland und dem Pazifik. Der Kapitän Cook, der als erster nachkolumbianischer Weißer mit den Stämmen der Nootka an der Ozeanküste der Insel Vancouver Kontakt aufnahm, sagt von diesen Eingeborenen[9]: „Die weiße Hautfarbe scheint fast gleich wie die der Europäer und erinnert mehr an die fahle Tönung, die unsere südlichen Nationen auszeichnet. Ihre Kinder, deren Haut niemals mit Farbe bedeckt worden ist, sind gleichfalls in Bezug auf ihre weiße Hautfarbe so wie unsere eigenen." Cook fügt später, als er auf die Stämme der Prinz-Wilhelm-Meerenge in Alaska zu sprechen kommt, hinzu, daß „die Hautfarbe einiger Frauen sowie der Kinder weiß ohne irgendeine Beimischung von Rot ist." Das Zeugnis Cooks bestätigt den Reisebericht des Kapitän Dixon, der wenige Jahre später schreibt [10]: „Was ihre Hautfarbe betrifft, so ist sie nicht leicht zu bestimmen; aber wenn ich nach den wenigen Leuten urteilen darf, die ich in einigermaßen sauberem Zustand sah, sind diese Indianer sehr wenig dunkler als die Europäer im allgemeinen." Vancouver wird in Bezug auf die Eingeborenen des Burke-Kanals im gleichen Gebiet noch deutlicher [11]: „Wegen ihrer edlen Haltung und der Gleichmäßigkeit ihrer Gesichtszüge ähneln sie nordischen Europäern." Und er fügt hinzu, daß es, wenn man von dem Öl und der Farbe absieht, mit denen sie sich einschmieren, „guten Grund zu der Annahme gibt, daß ihre Hautfarbe von derjenigen unserer europäischen Landleute sehr wenig verschieden ist, die der Unbill und den Schwankungen des Wetters beständig ausgesetzt sind." Später gelangt Scouler in Bezug auf die Stämme der Haidas auf den Königin-Charlotta-Inseln zu den gleichen Schlußfolgerungen [12]: „Ihre Hautfarbe ist, wenn sie gewaschen und nicht bemalt sind, so weiß wie die der Bewohner Südeuropas." Und Niblack sagt von den Eingeborenen des gleichen Gebietes [13]: „Was die Haut anbetrifft, sind beide Geschlechter erstaunlicherweise von heller Farbe. Das ist auf keinen Fall auf Vermischung mit Weißen zurückzuführen ... Die Haidas sind von betont hellerer Haut als die anderen, aber auch die dunkle Hautfärbung ist völlig augenscheinlich und wird durch die Sonneneinstrahlung beständig verstärkt." Andere Reisende — Le Pérouse, Maurrel, Merares, Marchand usw. — bestätigen die Vorerwähnten und definieren die Eingeborenen der Nordwestküste als reinrassig weiß.

Ein ähnliches Bild bietet sich uns, wenn wir die Indianer-
stämme der Mitte und des Südens der heutigen Vereinigten
Staaten betrachten. Wir haben uns schon im vorhergehen-
den Kapitel auf die Mandanes vom Missouri bezogen, die
im 17., 18. und 19. Jh. von Reisenden (Kurz, Wied, Catlin,
Hennig, La Vérendrye usw.) eingehend erforscht wurden,
wobei unter ihnen das Vorhandensein einer starken Mino-
rität von Individuen mit blondem, rötlichem und braunem
Haar und mit blauen oder grauen Augen festgestellt wurde.
Aber dies ist keineswegs ein Einzelfall. Die Kiarvas, die
Kaskaias und vor allem die Le-Panis vom Oberlauf des
Missouri erschienen noch im vergangenen Jahrhundert als
Weiße mit blondem Haar und blauen Augen. Verrill[14] er-
wähnt übereinstimmende Zeugnisse darüber von Dampire,
Ringrose, Esquemeling und vielen anderen Reisenden.
Weder die Konquistadoren noch natürlich spätere Forscher
begegneten europäiden Typen unter den Indianern Mexi-
kos. Aber die örtlichen Überlieferungen erklären diesen
Mangel hinreichend: „Am Tage Chicunahui Tochli“, sagt
Fürst Ixtilxochitl, den wir nach Goupil[15] zitieren, „wurde
in den Bergen ein weißes Kind mit sehr schönem blondem
Haar gefunden. Man brachte es in den Palast. Topilzin
(der letzte Tolteken-König, Anm. d. Verf.) entschied, daß
dieser Fund von schlechter Vorbedeutung sei ... und gab
den Befehl, das Kind dorthin zurückzubringen, wo man es
gefunden habe. Aber schon begann dessen Kopf in Fäulnis
überzugehen und strömte einen unerträglichen Geruch aus,
als dessen Folge die Pest ausbrach und die Bevölkerung
dezimierte.“ Goupil fügt hinzu, daß damals ein Gesetz in
Kraft gesetzt wurde, das bis zur Ankunft der Spanier seine
Gültigkeit behielt, wonach jedes blonde Kind unter fünf
Jahren getötet werden mußte.

Wenn wir auch in Bezug auf die Bevölkerung Zentralamerikas nur ungenaue Hinweise auf die „weißen Indianer" des Isthmus von Darien besitzen, so werden die Angaben überreich, sobald wir nach Südamerika und vor allem nach Guayana kommen. Coudreau[16] sagt über die Waiswais: „Es ist die schönste Indianerrasse, die ich jemals gesehen habe. Die orange-blonden Typen mit blauen Augen sind nicht wenige unter ihnen ... Die Farbe ihrer Haut ist hell gelblich und hat nichts von dem Braunrot der anderen Stämme." Der niederländische Ethnograph De Groeje, zitiert nach Poirier[5], erwähnt „graugrüne Augen mit etwas Braun oder Blau". In einer, ebenfalls von Poirier zitierten, unveröffentlichten Aufzeichnung des Diplom-Geographen J. Hurault heißt es: „Einige behaupten, daß die weißen Indianer mit blauen Augen niemals existiert haben ... Wir können die Angelegenheit ein wenig präzisieren ... Im Verlauf einer Mission trafen wir im Stamm der Emerillones im Alto Tampoc eine fast weiße Frau mit blauen Augen und schwarzem Haar. Uns wurde gesagt, man habe diese Indianerin in der Nähe der Mündung des Río Quaqui angetroffen. Die Beobachtungen, die wir über die angetroffenen Frauen anstellen konnten, gestatten uns zu versichern, daß sie tatsächlich einer besonderen Rasse angehören. Sie haben weiße, fast milchfarbene Haut. Die Augen sind blau. Das Haar ist hart und schwarz." Auch in Bezug auf Guayana erwähnt Crévaux[17], daß im Alto Maroni ein wilder Stamm, die von Holländern und Franzosen verfolgten Bonis, eine Gruppe von Männern trafen, die Iguana-Eier sammelten. Sie waren von hohem Wuchs, heller Haut und blondem Haar und Bartwuchs. Mit Ausnahme der Kleidung sahen sie in allem aus wie Holländer. Verschiedene Autoren, sagt Poirier, stellten bei den Wayacules und Triometesems, gleichfalls in Guayana, helle Augen fest.

In dieser Aufzählung verdienen die Arawaks einen besonderen Raum, weil sie den Gegenstand eines Briefes bilden, den Angelo Trevisano im Jahr 1502 oder 1504 an die katholischen Majestäten richtete. Er beschreibt sie als hellhäutig, mit langen Haaren und Bärten. Diese „weißen Indianer" gibt es noch heute am Amazonas: es sind die Waikás von der Insel Maracá im Velho Veneno Fluß, weiß, mit hoher Stirn, großen Augen, langes, weiches Haar von hellbrauner Farbe. So sah sie im Jahr 1959 Marcel Homet[19], dessen Zeugnis man glauben darf (wenn auch nicht seinen Theorien). Leider sind uns ernsthafte Untersuchungen hierüber nicht bekannt.

Der Oberst Fawcett, der von seiner letzten Expedition auf der Suche nach den „verlorenen Städten" in der Sierra de Purima im Alto Xingú (Brasilien) nicht zurückkehren sollte, traf 1925 auch „weiße Indianer" mit roten Haaren und blauen Augen und erklärt eindeutig bestimmt in seinem Reisetagebuch: „Es sind keine Albinos". Er gibt außerdem den Bericht des französischen Direktors einer Pflanzung in Santa Rosa am Fluß Abuna, einem Nebenfluß des Río Madeira, wieder: Im Jahr 1906 „gab es in der Umgebung des Flusses Acre weiße Indianer. Mein Bruder fuhr mit einem Kanu flußaufwärts. Eines Tages wurde ihm versichert, daß es in der Gegend weiße Indianer gäbe. Er glaubte es nicht und lachte über die Erzählungen, aber er ging an Land und fand eindeutige Spuren von Indianern. Die zweite verbürgte Tatsache ist, daß er und seine Leute von Wilden angegriffen wurden, die groß, gut gebaut und sehr schön, von vollkommen weißer Haut, rotem Haar und blauen Augen waren. Sie kämpften wie die Teufel. Viele

Leute glauben, daß es keine weißen Indianer gibt, und wenn man ihnen welche zeigt, behaupten sie, es handele sich um Mischlinge von Spaniern und Indios. Man muß sie schon nicht gesehen haben, um so sprechen zu können. Wer sie sah, ist völlig anderer Meinung."

Weiter nördlich, in Venezuela, wird auf das Vorhandensein einer Gruppe weißer Wilder hingewiesen, deren Haar lein- oder strohfarben ist, wie es die skandinavischen Völker kennzeichnet. Verschiedene Autoren, unter ihnen Thor Heyerdahl[6], erwähnen die Studien, die ihnen im Jahr 1926 ein gewisser Harris widmete. Leider haben wir sie nicht finden können.

In Bezug auf Peru sind die Zeugnisse reichlich, angefangen bei Pedro Pizarro[21], der vermerkt, daß die Mitglieder der inkaischen Aristokratie eine weißere Haut als die Spanier und Haar von der Farbe reifen Weizens hatten. Pizarro fügt hinzu, daß die Eingeborenen weiße und blonde Menschen für „Kinder des Himmelsgottes" hielten. Die von Izaguirre[22] rekopilierten alten Urkunden erwähnen bei verschiedener Gelegenheit „diese ungläubigen Weißen und Blonden", „weiß und blond wie wir".

Weiter südlich begegnen wir einer Bezugnahme von Frezier[23] auf weiße und blonde Indianer, was José Toribio Molina[24] bestätigt, der unter Zitierung des *Compendio de historia civil* von Molina eine Gruppe von Eingeborenen der Provinz Boroa als „weiß und blond, ohne Mischlinge zu sein", beschreibt, und nach Rosales in *Conquista espiritual de Chile* den Chonos, die „vollkommen weiß und blond waren (wegen) der Kälte des Landes und der Nähe des (Süd) Pols". Sogar in Feuerland konnte Skottsberg[25] das kastanienfarbene Haar der Alacalufes, im Gegensatz zu dem schwarzen Haar der sonstigen Feuerländer, und die dunkelblaue Farbe der Augen bei den Kindern feststellen.

3. Die Spuren der weißen Polynesier

Das Phänomen, das wir soeben in Bezug auf Amerika aufgezeigt haben, wiederholt sich in viel stärkerem Maße auf den Inseln des Pazifiks. Das Thema überschreitet den Rahmen unserer Untersuchungen, obwohl es mit ihnen eng verbunden ist. Wir werden uns daher auf einige wenige Zitate beschränken, die sich auf Entdeckungen und Reisen des 17. und 18. Jh. beziehen. Die späteren Zeugnisse sind mit wenigen Ausnahmen wegen der unter den Polynesiern herrschenden sexuellen Verwirrung verdächtig.

In den ersten Jahren des 17. Jh. entdeckte Alvaro Mendaña die Marquesas-Inseln, und sein Steuermann, Pedro Fernández de Quiros,[26] beschreibt die Eingeborenen als „fast weiß und von sehr schönem Wuchs, groß, stark, kräftig ... das Haar wie bei Frauen lang und locker ... waren viele von ihnen blond." Antonio de Murga[27] spricht in seinem Bericht von der gleichen Reise von mehr als „vierhundert Indianern (der Salomon-Inseln), weiß und von sehr angenehmer Erscheinung ... (mit) sehr schönem lockerem Haar, und viele von ihnen blond." Ähnliche Begegnungen gab es immer wieder im Verlauf der Reise. Wir wollen nur noch eine Episode erwähnen, die sich in Taumaco (Duff-Insel) ereignete: „Es kam dann ein anderer Indianer dorthin, der die Unsrigen erschreckt ansah, die ihn ihrerseits aufmerksam beobachteten, weil seine Haut so weiß und sein Bart und Haupthaar so strohblond war, daß sie ihn den Flamen nannten".

Im Jahr 1615 entdeckten die Holländer Schouten und Le Maire[28] die Tuamotu-Inseln und wiesen auf die Anwesenheit von „vollkommen weißen" Eingeborenen mit langen gelben Haaren hin. Ihr Landsmann Carl Frederick

Behrens, ein Gefährte von Rogeveen, sagt von den Bewohnern der Oster-Insel: „Diese Inselbewohner sind im allgemeinen so dunkel wie die Spanier; trotzdem gibt es genügend Schwarze und andere, die vollkommen weiß sind."
Wallis, La Pérouse, Felipe González, Crozet, Audia und Varela, Bonacorsi, Gayangos, Cook, Forster jun., Parkinson und viele mehr berichten übereinstimmend von weißen und blonden Polynesiern. Bougainville[30] erläutert näher, daß „die Bevölkerung Tahitis aus zwei ganz verschiedenen Menschenrassen zusammengesetzt ist, die trotzdem die gleiche Sprache sprechen, und die sich ohne jede Unterscheidung miteinander vermischen: die erste und zahlreichere bringt Männer größeren Wuchses hervor; es ist nicht ungewöhnlich, solche von sechs Fuß und mehr anzutreffen ... Sie unterscheiden sich in ihren Zügen in nichts von Europäern und wären sie bekleidet ... wären sie genauso weißhäutig wie wir. Im allgemeinen ist ihr Haar schwarz. Die zweite Rasse ist von mittlerem Wuchs und ihr krauses Haar ist so hart wie das von Pferden. Ihrer Hautfarbe und ihren Gesichtszügen nach unterscheiden sie sich wenig von den Mulatten." Die Worte „im allgemeinen" bedeuten offensichtlich das Vorhandensein von Menschen mit hellem Haar, die die anderen Reisenden in Tahiti wie auf fast allen Inseln Polynesiens antrafen.

4. Die bolivianischen Antis

Wir verdanken dem französischen Naturforscher Alcide d'Orbigny[31], der zu Anfang des 19. Jh. dreißig Jahre seines Lebens in Südamerika verbrachte, eine anschauliche Untersuchung über die „weißen Indianer" aus der Gegend des bolivianischen Stromes Beni. Es handelt sich leider nicht um ein wissenschaftliches Werk der Anthropologie – das erlaubte die damalige Zeit so wenig wie die Vorbildung des Verfassers – wohl aber um die Zusammenstellung von Beobachtungen eines Wissenschaftlers in einer Umgebung, die ihm in allen ihren Aspekten vertraut war. Das macht seinen Wert aus.

Zur Zeit d'Orbignys zählten die Stämme der Antis 14.557 Personen, davon zweitausend Wilde. Sie lebten in den letzten Abwehrforts der Anden in einem feucht-heißen tropischen Urwald. Einer der Stämme derjenige der Yuracarés – für uns der interessanteste – zählte 1.337 Mitglieder, davon tausend Wilde.

Die Hautfarbe der Antis war viel heller als diejenige der Quichuas und Aymarás auf dem Altiplano. Die Maropas und Apolistas hatten eine zitronatfarbene, leicht ins Gelbliche hinüberspielende Haut. Die Yuracarés, Mocetenes und Tacanas waren fast ganz weiß. Ihre durchschnittliche Größe schwankte zwischen 1,66 Meter bei den Yuracarés (von denen einige bis 1,76 Meter groß wurden) und 1,64 bei den Apolistas und lag damit beträchtlich höher als bei den anderen Indianern dieser Gegend. Ihre Körperbildung war nicht desproportioniert wie bei den Menschen des Altiplano im allgemeinen, die übermäßig große Leiber und kurze Beine haben. Im Gegenteil zeigten sie „schöne Formen, männliche und gleichzeitig graziöse Proportionen; ihr Körper ist hoch und ziemlich aufrecht, ähnlich wie bei den Europäern. Die schönstgebildeten von allen sind die Yuracarés; die anderen Völker sind mehr gedrungen."

„Die Yuracarés", sagt d'Orbigny, „haben sehr schöne Formen, ein kraftvolles Aussehen, breite Schultern, eine gewölbte Brust, einen ziemlich schlanken Körper mit gut ausgebildeter Muskulatur. Alles an ihnen verrät Kraft und Beweglichkeit. Sie sind aufrecht und gut gebaut. Ihre stolze und anmaßende Art entspricht voll und ganz ihrem Charakter und der hohen Meinung, die sie von sich selbst haben. Wir glauben, daß sie die bestgeformten aller Völker sind, die wir zu Gesicht bekamen. Die Frauen sind auch sehr wohlgestaltet, in ihren Proportionen kräftiger und robuster als die Männer; ihre Glieder sind voll und muskulös, ohne dadurch an Grazie einzubüßen."

„Das Gesicht (der Yuracarés) ist fast oval, die Backenknochen treten wenig hervor, die Stirn ist gerade und leicht gewölbt, die Nase ziemlich lang, im allgemeinen adlerartig, weder sehr stumpf noch an der Wurzel breit, die Nasenlöcher sind wenig geöffnet; ihre schwarzen Augen sind sehr klein und waagrecht, ihre Ohren klein, ihre Augenbrauen eng und gewölbt, wenn sie sie sich nicht ausgerissen haben; ihr Barthaar ist glatt und wenig dicht, wächst spät und nur auf Kinn und Oberlippe: sie reißen es sich aus. Ihr Haupthaar ist schwarz, glatt und lang. Ihr Gesichtsausdruck ist fein, lebhaft, stolz und nicht unfreundlich ... Die Frauen ... kann man als hübsch bezeichnen."

Die Yuracarés lebten ausschließlich von der Jagd und von einigen wenigen den Frauen obliegenden Anpflanzungen. Das wahrscheinlichste ist, daß der Krieg früher ihre Hauptbeschäftigung war. Darauf scheint auch ihr Name hinzuweisen, der sich aus den Quichua-Worten *yurak* (weiß) und *kari* (oder genauer: *k'kari*) herleitet, was d'Orbigny mit Mensch übersetzt und was tatsächlich Krieger heißt. Ausgesprochene Mestizen, bei denen das weiße Element überwog, hatten sie sich dem freien Leben des Urwaldes angepaßt. Eine von d'Orbigny erwähnte Einzelheit gibt ernstlich zu denken. Dieser Stamm, dessen handwerkliche Fähigkeiten unbedeutend waren, kannte die Buchdruckerkunst, die bei allen anderen indoamerikanischen Völkern, einschließlich der benachbarten Quichua, vollkommen unbekannt war. Tatsächlich verwendeten sie zur bunten Bemalung ihrer aus Baumrinde gefertigten Kleider geschnitzte Holzplatten, das heißt sie wandten dasselbe Verfahren an, das im europäischen Mittelalter vor der Erfindung Gutenbergs zum Drucken benutzt wurde.

5. Die paraguayischen Guayakis

Als aussterbende Rasse leben die Guayakis im jungfräulichen subtropischen Urwald Ost-Paraguays. Man schätzt, daß noch drei- bis fünfhundert von ihnen in kleinen Gruppen zusammenleben. Sie gehen vollkommen unbekleidet und nähren sich von ihrer Jagdbeute, von wilden Früchten und wildem Honig. Ihr dem Neolithikum entsprechender Kulturzustand ist sehr niedrig; es scheint, daß sie einen gewissen rituellen Kannibalismus praktizieren. Das Gebiet, das sie bewohnen, oder besser: unstet durchstreifen (denn sie sind Nomaden), ist unkontrolliert und schlecht abgegrenzt; es kommt oft zu blutigen Zusammenstößen.
Die Guayakis haben die Aufmerksamkeit der Ethnologen erregt, und es sind bedeutende Untersuchungen [32] ihren Lebensgewohnheiten und ihrer Sprache, einem aus dem Guaraní entstandenen Dialekt, gewidmet worden. Das gilt nicht für ihre somatischen Eigenschaften, wenn man von einigen wenigen Körpermessungen absieht, die an einer unzureichenden Anzahl von Personen vorgenommen wurden. Die fraglichen Ethnologen unterließen es freilich nicht, einige physische Eigenarten zu erwähnen, die bei allen an-

deren indoamerikanischen Rassen unbekannt sind, und insbesondere die weiße Hautfarbe des größten Teiles von ihnen. Von den fünf bekannten Gruppen von Guayakis sind vier aus Individuen weißer Hautfarbe und eine aus solchen bräunlichen Teints zusammengesetzt. Es besteht guter Grund zu der Annahme, daß diese Letztgenannten aus der Vermischung weißer Guayakis mit einer Gruppe von Mataco-Indianern entstanden, die aus der argentinischen Reduktion Santa Ana gegen Ende des vorigen Jahrhunderts ausbrachen und bei den Guayakis Zuflucht suchten.

Die unterschiedlichen Rassenmerkmale der weißen Guayakis ließen uns die Möglichkeit in Betracht ziehen, daß es sich um Nachkommen von Ariern europäischer Herkunft handeln könnte. Um diese Arbeitshypothese zu bestätigen oder zu verwerfen, entsandte das „Instituto de Ciencia del Hombre" in Buenos Aires auf unseren Antrag im Januar 1970 eine Mission, bestehend aus dem Professor Pedro E. Rivero sowie Eduardo Codina und Xavier de Mahieu, die ausschließlich hiermit beauftragt wurde. Der größte Teil der Ethnologen hatte früher verhältnismäßig leichte Arbeit gehabt: der paraguayischen Regierung war es 1961 gelungen, in einem Lager am Arroyo Morotí in der Nähe der Ortschaft San Juan Nepomuceno eine Gruppe weißer und eine andere dunkler Guayakis festzuhalten: insgesamt etwa siebzig Erwachsene. Die hohe Sterblichkeit, ein Ergebnis der Ernährungsumstellung auf Batate (mandioca) und Mais, und auch die Absicht, das Lager als Anziehungspunkt für andere Gruppen von Urwaldbewohnern zu verwenden, bewogen kürzlich die Regierung, die überlebenden Guayakis weiter nördlich, in die Region von San Joaquin, neun Kilometer innerhalb der unkontrollierten Zone, zu verlegen. Trotz des Abratens der paraguayischen Behörden (und dann doch mit ihrer Unterstützung) konnte die Expedition das neue Lager von Cerro Moroti erreichen und hier die vorgesehenen Untersuchungen durchführen. Das ging nicht ohne Schwierigkeiten, ja Gefahren vor sich.

Die wissenschaftlichen Umstände aber waren ausgezeichnet. Die Lagerinsassen, die ihre Zeit teils in der Gemeinschaft, teils im Urwald verbrachten, hatten ihre Gesundheit zurückgewonnen, wenn auch Bataten und Mais, die weiterhin die Grundlage ihrer Ernährung bilden, ein ständiges Aufblähen ihrer Eingeweide hervorrufen. Natürliche Produkte des Urwaldes dienen jetzt wieder zur Anreicherung ihrer Nahrung. Alle untersuchten Individuen waren reine Guayakis. Selbst die aus dem Lager Arroyo Moroti hatten den Urwald schon als Erwachsene verlassen. Im Naturzustand lebten und leben die Guayakis vollkommen isoliert, ohne jeden Kontakt mit der paraguayischen Bevölkerung, wenn man von gelegentlichen Zwischenfällen absieht. Es hat sich also keinerlei Vermischung mit der weißen Rasse ergeben können.

Die erste von der Expedition bestätigte Tatsache ist die, daß weiße und dunkle Guayakis dieselben somatischen Eigenschaften aufweisen, abgesehen von der Hautfarbe und den mongoloiden Gesichtszügen der Letztgenannten. Sie sind Menschen kleinen Wuchses: 1,57 Meter im Durchschnitt bei den Männern (maximal: 1,61 Meter; minimal: 1,49 Meter) und 1,49 bei den Frauen (maximal: 1,56; minimal: 1,43). Die Beine sind verhältnismäßig lang, der Rumpf ist außerordentlich entwickelt: ein Brustumfang von 85 Zentimetern bei den Männern, was einem solchen von 97,5 Zentimeter bei einem Menschen von 1,80 Meter Größe entsprechen würde. Halten wir zum Vergleich fest, daß bei einem Menschen dieser letzterwähnten Größe der arisch nordischen Rasse der durchschnittliche Brustumfang 93,5 Zentimeter beträgt. Die Schädel-Indexziffer der Guayakis beträgt im Durchschnitt 81,4 bei den Männern (maximal: 86,1; minimal: 76,7) und 82,8 bei den Frauen (maximal: 86,1; minimal: 78,3). In dieser Beziehung schwanken also die Merkmale dieser Rasse zwischen der Mittelköpfigkeit bei den Männern und der Unterkurzköpfigkeit bei den Frauen. Sie wäre von diesem Gesichtspunkt aus zwischen den alpinen Ariern (84,3 bei Männern und 84,2 bei Frauen) und den nordischen Ariern (79,2 und 78,3) einzureihen.

Die männlichen Guayakis haben Geschlechtsteile, die denen der nordischen Arier ähnlich geformt (insbesondere langer Penis) und viel stärker entwickelt sind als diejenigen der Indoamerikaner. Sie sind stark behaart, an den Beinen, den Armen und vor allem im Gesicht. Sie rasieren sich sorgfältig, aber die Expedition hatte das Glück, den Träger eines prachtvollen Bartes fotografieren zu können (Bildtafel II). Es handelte sich bei ihm um keinen Einzelfall. Die Untersuchung der Gesichter der anderen bewies, daß alle einen außerordentlich starken Bartwuchs haben. Nun, Indios sind im allgemeinen bartlos, und diejenigen, die davon eine Ausnahme machen, meist alte Männer, haben nur einen dünnen Bart und ausschließlich auf dem Kinn. Im Gegensatz zu anderen Indianerinnen haben die Frauen der Guayakis stark behaarte Beine.

Zu dieser für die arischen Rassen charakteristischen Behaarung kommt bei den Männern eine starke Tendenz zur Kahlköpfigkeit hinzu (s. Bildtafel II), ein Phänomen, das bei den indoamerikanischen Völkern vollkommen unbekannt ist.

Die Haut der weißen Guayakis unterscheidet sich in Bezug auf ihre Farbe durch nichts von derjenigen der Europäer, und viele Frauen haben den milchfarbenen Teint ihrer nordischen Geschlechtsgenossinnen. Die Farbe des Haares geht von schwarz bis hellbraun, oft mit rötlichen Tönen, die der Augen von schwarz bis hellbraun. Die alten Leute, von denen es nur wenige gibt, haben graues oder weißes Haupt- und Barthaar, was unter Indianern nicht vorkommt. Allgemein ist das Haar so fein wie bei Europäern, bei manchen Männern leicht gewellt. Die von der Expedition mitgebrachten Haarproben werden im Augenblick, da diese Zeilen geschrieben werden, noch untersucht, so daß wir uns in dieser Beziehung auf einen ersten Eindruck beschränken müssen.

Die Gesichtszüge weisen, abgesehen von Merkmalen der Degeneration, eine beträchtliche Verschiedenartigkeit auf. Einige Männer könnten sich an jedem Ort Europas bewegen, ohne die geringste Aufmerksamkeit zu erregen. Andere haben das Aussehen von Japanern der Oberschicht, wie das auch bei fast allen Frauen der Fall ist. Wieder andere könnten als Polynesier gelten. Einige Alte schließlich sehen wie Ainus aus. Diese Ähnlichkeiten sind nicht das Ergebnis des Zufalls. Japaner, Polynesier und in geringerem Grad Ainus haben einen gemeinsamen Ursprung: sie sind das Ergebnis einer Vermischung von Weißen und Mongoloiden. Fügen wir noch hinzu, daß die Guayakis oft lachen, was die Beschaffenheit ihrer Gesichtsmuskeln den Indianern nicht gestattet.

Die Untersuchung hat also über den rassischen Ursprung der Guayakis keinerlei Zweifel gelassen. Sie sind mit Guaranies vermischte Weiße. Die Mischung ist jungen Datums: der Mangel an Homogenität in Bezug auf die Gesichtszüge und den Schädelindex beweisen es.

Wer waren diese Weißen ursprünglich? Die anthropologische Analyse liefert uns zur Beantwortung dieser Frage genaue Daten. Die Guayakis sind in der Tat ein gemischter Biotyp. Von der Gürtellinie abwärts gehören sie zum Langwuchstyp, oberhalb derselben sind sie kurzwüchsig (pyknisch). Sie haben einen hypertrophen Brustkorb wie die Quichua- und Aymará-Indianer des bolivianischen Hochlandes, aber keinesfalls deren kurze Beine. Es gibt also nur zwei Möglichkeiten: entweder sind die Guayakis kurzwüchsige Bergbewohner, die in der Ebene lange Beine bekommen haben, oder sie sind Langwuchstypen, deren Brustkasten sich in großen Höhen entsprechend entwickkelte.

Die erste Hypothese ist zu verwerfen, da die Guayakis in nichts als ihrem Rumpf eine gewisse Ähnlichkeit mit den andinen Indianern haben. Sie stammen also von langwüchsigen Weißen wie den nordischen Menschen ab, die lange Zeit in den großen Höhen des Altiplano ansässig waren, wo der niedrige Druck der Atmosphäre eine stärkere Betätigung der Atmungsorgane und eine entsprechend kräftige Entwicklung derselben bedingt.

Was diese Schlußfolgerung beträchtlich unterstützt, ist, daß das Wort „guayaki" aus dem Quichua kommt und „Weißling der Ebene" bedeutet (von *huailla,* Weißling, und *k'kellu,* Ebene: das g und das h werden ebenso gleich ausgesprochen wie Doppel-l und y; und e und i vermischen sich im Quechua zu einem Vokal). Für die weißen Bergbewohner, die im Urwald, am Fuß der Kordillere, Zuflucht fanden, ist schwerlich ein besserer Name zu finden. Unter klimatischen und Umweltbedingungen, die jeder Zivilisation feindlich sind, degenerierten hier diese Menschen und vermischten sich dann erst kürzlich, angetrieben von einem biologischen Phänomen, das auch unter den Waikás des Amazonas auftritt: einer unzureichenden Zahl weiblicher Geburten. Diese beiden negativen Faktoren erklären zugleich die niedrige Statur und das niedrige Zivilisationsniveau der Guayakis.

Die Expedition des „Instituto de Ciencia del Hombre" in Buenos Aires hat also unsere Hypothese voll bestätigt. Mehr noch: sie erbrachte den schwer widerlegbaren Beweis ihrer Richtigkeit. Eines der Expeditionsmitglieder entdeckte tatsächlich in der Hütte des paraguayischen Lagerleiters eine Terrakotta-Scherbe mit Zeichen (s. Abb. 7 und Bildtafel IV), die ihn an irgendetwas erinnerten. Auf Befragen erklärte der „Hausherr", daß es sich um das Bruchstück eines Tongefäßes handele, das in der Nähe ausgegraben worden sei und in das eine Guayaki-Frau des Lagers einige traditionelle Zeichen ihres Stammes eingekratzt habe. Nun: die Inschrift auf der Tonscherbe sind zweifellos Runen. Neun von den zehn Buchstaben sind absolut korrekt gezeichnete Runen. Sie sind sehr leicht in lateinische Schriftzeichen zu übertragen: NUIH.N LGEAM. Beachten wir, daß das vorletzte Zeichen, das mit den beiden lateinischen Buchstaben „ea" wiedergegeben ist, dem Alphabet entstammt, das die in Groß-Britannien ansässigen Wikinger und nicht die Skandinavier benutzten. Der in unserer Übertragung durch einen Punkt dargestellte Buchstabe ist zweifelhaft: eine entstellte, eine umgekehrte Rune oder ein lateinisches u.

Ist eine Fälschung möglich? Wir glauben es nicht. Die Aufgabe der Mission war vollkommen geheimgehalten worden. Der Lagerleiter, ein Unteroffizier a.D., der ganz gewiß noch nie in seinem Leben etwas von Runenschrift gehört hatte, maß der Tonscherbe keinerlei Bedeutung bei. Er hatte sie weder zum Verkauf angeboten, noch sie überhaupt des Vorzeigens für würdig befunden.

Anderseits ist die „Scherbe vom Cerro Moroti" nicht die einzig bekannte ihrer Art. Tomasini[32] brachte 1965 aus dem Lager Arroyo Moroti das Foto eines Musikinstrumentes (s. Bildtafel IV) mit, das mit Runenzeichen (s. Abb. 7) bedeckt war, die er nicht zu deuten wußte: er maß ihnen nur symbolischen Wert bei. Eines dieser besonders komplizierten Zeichen bedeutet die Zahl 10.

Diese weißen Indianer, deren Name in der Quichua-Sprache „Die Weißlinge der Ebene" heißt und deren Biotyp bedeutet, daß es sich um Mischlinge handelt, deren weißrassige Vorfahren auf dem Altiplano lebten, besitzen trotz ihrer Degeneration noch immer die genaue Erinnerung an ein Alphabet. Und dies Alphabet ist skandinavisch. *Wir haben also damit einen Beweis für die nordische Herkunft der präkolumbianischen Weißen.*

Eine Einzelheit mehr, die das Gesagte bekräftigt: die Führer der Guayakis tragen als Zeichen ihrer Würde eine spitze Pelzmütze (s. Bildtafel III), die, wie wir sehen werden (Abb. 34), von den Wikingern stammt.

6. Die Mumien der weißen und blonden „Indios"

Wenn wir noch heute nach einem Vermischungsprozeß, den ein Kontakt von vielen Jahrhunderten unausweichlich ergab, „weiße Indianer" in Südamerika antreffen, so gebietet die Logik anzunehmen, daß man auch Spuren ihrer rein erhaltenen Vorfahren in Grabstätten finden müßte. Leider sind lange, bevor sich Archäologen und Anthropologen dazu entschlossen, Ausgrabungen zu wissenschaftlichen Zwek-

ken zu machen, die vorkolumbianischen Gräber von Schatz-
suchern erbrochen worden, die sich absolut nicht um die
menschlichen Überreste kümmerten, die darin ruhten. In
den von Spaniern und Portugiesen kolonisierten Gebieten
gibt es oft keine Garantie dafür, daß dieses oder jenes
menschliche Skelett mit arischen Charakteristika, selbst
wenn es auf einem Eingeborenen-Friedhof gefunden wird,
nicht von irgendeinem Weißen oder Mestizen aus der Zeit
nach der Konquista stammt. Gelegentlich entdeckt man jedoch in praktisch unerforschten Gegenden unverkennbar
europäide menschliche Überreste, die „autochthonen"
Stämmen zugehören. Das ist der Fall bei einigen Skeletten
(s. Bildtafel III), die 1959 von Marcel Homet[19] in Grab-
urnen in der Serra do Machado im Amazonas-Gebiet gefunden wurden.
In einem Fall ergab sich jedoch eine ganz anders geartete
Situation: Seit Beginn des vorigen Jahrhunderts wurden
Hunderte von Mumien in prähispanischen Gräbern Perus
und ganz besonders 1925 in den Höhlen der Halbinsel
Paracas, achtzehn Kilometer entfernt, entdeckt. Diese Mumien sind nicht für die gesamte Bevölkerung repräsentativ.
Denn wenn sich auch einige von ihnen aufgrund des hier
herrschenden trockenen Klimas oder weil sie in Sand bei-
gesetzt wurden auf natürliche Weise erhielten, so wurde
doch der größere Teil von ihnen kunstvoll einbalsamiert
und stammte daher aus führenden Familien jener Epoche.
Die fraglichen Mumien gehören zwei sehr verschiedenen
rassischen Typen an. Die einen sind unleugbar mongoloid:
niedriger Wuchs, stumpfes Gesicht, kurzer Kopf und blau-
schwarzes Haar – sie sind von Personen, die den heute
noch die Gegend bevölkernden Indianern ähneln. Die anderen dagegen sind von hoher Statur, schmalem Gesicht,

langem Schädel und hellem Haar mit Varianten von braun bis strohblond einschließlich aller rötlichen (und keineswegs durch Färbung erzielten) Töne. Wer die auf der Bildtafel V wiedergegebene Mumie ohne ihren Herkunftsvermerk betrachtet, würde nicht zögern, sie einer arischen Frau nordischer Rasse zuzuschreiben. Es handelt sich, auch nach Ansicht von Fachleuten, nicht nur um äußeren Schein. Einige nahmen im ersten Augenblick an, daß die Maße des Gesichtes und des Schädels von einer künstlichen Deformierung herrühren könnten, wie sie die peruanischen Indianer tatsächlich oft an Kindern vornahmen, und daß die Farbe des Haares vom Einfluß des Wetters herrühren könne. Diese Hypothesen mußten verworfen werden.

Langer Schädel und schmales Gesicht finden sich in der Tat bei Mumien, die nicht die schwer zu verbergenden Zeichen künstlicher Deformierung aufweisen. Anderseits kann auch das Haar nicht durch Wettereinflüsse seine Farbe verloren haben, da dies Phänomen ja auch das blauschwarze Haar der mongoloiden Typen nicht unberührt gelassen hätte, was jedoch nicht der Fall ist. Außerdem unterscheidet sich das Haar der Angehörigen der weißen Rasse nicht nur durch seine Farbe, sondern auch durch seine Beschaffenheit: es ist 30 Prozent feiner und leichter als das der Indianer, wenn die Austrocknung nicht eine Verminderung von mehr als 5 Prozent bewirkt, und sein Querschnitt ist oval im Gegensatz zu dem runden des schwarzen Haares der Eingeborenen indoamerikanischer Rasse.

Es kann daher die Anwesenheit von Weißen des nordischen Biotyps im präkolumbianischen Peru nicht bezweifelt werden. Es gilt nur herauszufinden, welcher Epoche die Mumien angehören, die das beweisen. Wie immer, wenn es sich um die prähispanische Chronologie handelt, weichen die Meinungen darüber um Hunderte und Tausende von Jahren voneinander ab. Thor Heyerdahl[26] meint vorsichtig, daß die Methode Kohlenstoff 14 „empfiehlt", den Paracas-Mumien einen Ursprung aus dem Jahr 500 v. zuzubilligen, wobei ein Irrtumsfaktor von zweihundert Jahren in der einen oder anderen Richtung zugestanden wird. Leider ist die fragliche Methode als solche sehr wenig sicher, da sie sich auf die Annahme einer konstanten Intensität der kosmischen Strahlungen über die Zeiten hinweg stützt, was nicht nur jeder wissenschaftlichen Bestätigung entbehrt, sondern im Gegenteil sogar höchst zweifelhaft ist. Außerdem wissen wir nicht, wie die Altersbestimmung der peruanischen Mumien mittels Kohlenstoff 14 durchgeführt wurde, und es scheint uns fraglich, daß tatsächlich in jedem einzigen Fall ein Kilo organischer Materie, d. h. also der Mumie, verbrannt worden ist, was die Befürworter dieser Methode für unerläßlich halten, um ein gültiges Ergebnis zu erhalten.

Es gibt also zwei Möglichkeiten: Entweder ist die Altersbestimmung so phantastisch wie zahlreiche andere mit verschiedenen Methoden erzielte, und die blonden Mumien stammen von Nachkommen der Skandinavier und Iren aus Vinland und Huitramannland oder ihren unmittelbaren Vorfahren gleicher Herkunft ab; oder Kohlenstoff 14 hat recht und man müßte eine viel frühere nordische Einwanderung annehmen, die bis auf das 13. vorchristliche Jahrhundert zurückgehen würde, als die Nordvölker, wie Jürgen Spanuth (Atlantis, Heimat, Reich und Schicksal der Germanen, Tübingen, 1965) nachwies, in Südeuropa, Afrika und Kleinasien einfielen. Sie griffen damals in einer großangelegten Zangenoperation über Land und See Ägypten an, wurden jedoch unter Ramses III. zurückgeschlagen.

Die in den verschiedenen Überlieferungen als Hyperboreer, Atlanter, Herakliden, Philister oder Phäaken bezeichneten Nordvölker kamen – nach der überzeugenden Beweisführung Spanuths – aus dem Raum der Halbinsel Jütland, die sich zu ihrer Zeit bis nach Helgoland erstreckte. Ungeheure weltweite Naturkatastrophen, in deren Folge ihr Stammgebiet zum größten Teil überflutet wurde, waren die Ursache ihres Aufbruchs, der heute als „Dorische Wanderung" zu einem festen Begriff geworden ist. Sie waren zweifelsohne „die erfahrensten Seeleute ihrer Zeit (A. Köster, Das antike Seewesen, Berlin, 1923) und hatten hochseegängige Schiffe; es wäre nicht zu verwundern, wenn sich ein Teil von ihnen nach Westen gewendet hätte.

Für die erste These spricht die Tatsache, daß wir durch ein glaubwürdiges Zeugnis von dem Vorhandensein einer blonden Mumie wissen, die von einer Person aus einer Zeit lange nach der Reise des Leif Eiriksson stammt (wir werden darüber genauer in Kapitel III berichten). Als Cuzco von den Konquistadoren geplündert wurde, rettete der Chronist Juan Polo de Ondegardo die Mumien der Inka-Kaiser. Eine von ihnen hatte so blondes Haar, daß es fast weiß erschien. Es war die des achten Herrschers der Inka-Dynastie, Huirakocha, der uns von der Überlieferung als weiß und bärtig beschrieben wird, und dessen Schwester (und gleichzeitig Gattin) Mama Runtu (Mutter Ei) genannt wurde, „weil sie viel weißhäutiger war als es im allgemeinen die Indios sind", wie Garcilaso berichtet.

7. Schlußfolgerungen

Wir haben in diesem Kapitel gesehen, daß sowohl spanische Chronisten der Konquista als auch unzählige spätere Reisende bis ins vorige Jahrhundert hinein unter der eingeborenen Bevölkerung Nord-, Mittel- und Südamerikas wie auch der polynesischen Inseln die Anwesenheit von Individuen festgestellt haben, die die anthropologischen Eigenschaften der weißen Großrasse und oft auch der nordischen Rasse aufwiesen. Diesen eindeutigen und präzisen Bekundungen, die oft die Überraschung ihrer Autoren widerspiegeln, gesellt sich als materieller Beweis der Anwesenheit präkolumbianischer weißer Bewohner des Neuen Kontinentes die Tatsache hinzu, daß es noch immer Stämme „weißer Indianer" im bolivianischen Beni-Gebiet, in Venezuela, am Amazonas und in Paraguay gibt, das heißt in der ganzen Urwaldzone, die bis vor kurzem – und was den Amazonas betrifft teilweise noch bis heute – unerforscht bis an den Ostrand der Anden-Kordillere reicht.

Von den Antis des Beni-Gebietes sind nur noch Mischlinge übriggeblieben, aber Alcide d'Orbigny konnte sie zu Anfang des vorigen Jahrhunderts untersuchen. Die Motilones Venezuelas waren zu Beginn unseres Jahrhunderts Gegenstand eifriger Forschungen. Die Information, die wir über die Waikás des Amazonas haben, ist weniger überzeugend. Aber die Guayakis Paraguays lassen keinen Zweifel über ihre ethnische Zugehörigkeit und würden als überzeugender Beweis dafür genügen, daß die „weißen Indianer" mehr als nur Rohstoff für phantastische Reportagen und auch nicht bloß ein folkloristisches Thema sind.

Ihre Anwesenheit in Südamerika kann anderseits nur diejenigen überraschen, die das Vorhandensein der Hun-

derte peruanischer Mumien nicht kennen, die die besonderen Kennzeichen der nordischen Rasse aufweisen und
unzweifelhaft präinkaisch sind, wenn auch ihre genaue
Altersbestimmung umstritten ist. Es gab also im präkolumbianischen Südamerika inmitten einer Bevölkerung, die
mehrheitlich mongolischer Herkunft war, Gruppen von
Weißen, die anthropologisch gesehen, indogermanisch-nordischen Typs waren. Es ist logisch, als Arbeits-Hypothese
anzunehmen, daß von ihnen oder doch von einigen von
ihnen die kartographischen Daten stammten, die im vorhergehenden Kapitel erwähnt wurden.

Überlieferung

AUS KRIEGERN WERDEN GÖTTER

1. Das Land der Vorfahren

Die Anwesenheit weißer Menschen nordischer Erscheinung in der Neuen Welt vor ihrer sogenannten Entdeckung wird nicht allein durch historische Zeugnisse und anthropologische Beweise bekräftigt, wie wir sie in den vorhergehenden Kapiteln zusammengestellt haben. Auch in den Überlieferungen der zivilisierten Völker in den drei Teilen Amerikas erscheinen sie. Wir dürfen uns von dem Wort Überlieferung nicht täuschen lassen. Die Berichte, die kultivierte Eingeborene unmittelbar nach der Konquista spanischen Chronisten gaben, und die daraufhin in Spanisch oder einer der örtlichen, bis zu einem gewissen Grad hispanisierten Indianer-Sprachen niedergeschriebenen Texte enthalten nicht einfach nur von Generation zu Generation weitergegebene Legenden. Denn die Völker Mittelamerikas hatten Geschichtsbücher, die in ideographischer (Bild-) Schrift geschrieben waren, und in Peru gab es die *quipu,* Bündel geknoteter Fäden, die für die *amauta,* wie die Spezialisten in Knotenschrift und ihrer Dechiffrierung genannt wurden, eine zuverlässige Gedächtnis-Grundlage bildeten. Die außerordentliche Übereinstimmung und gegenseitige Abhängigkeit der Überlieferungen so verschiedener und räumlich so weit voneinander entfernter Völker – ob sie nun gelegentliche Kontakte miteinander gehabt haben oder

80

nicht – wie der Nahuas und der Quichuas schließt anderseits die Möglichkeit nahezu aus, daß es sich bloß um Phan-
tasieprodukte oder Mythen ohne reale Grundlage handelt.
Nun, wir wissen durch die Chronisten und die Konquistadoren selbst, daß die Eingeborenen durch die Ankunft der
Spanier keineswegs in Erstaunen versetzt wurden, ja nicht
einmal ernsthafte Anstrengungen machten, um ihnen
Widerstand zu leisten. Cortés kam mit vierhundert Mann
nach Tenochtitlán (die heutige Stadt Mexiko), und Pizarro
unternahm die Eroberung Perus mit ganzen einhundert-
siebenundsiebzig Offizieren und Soldaten. Überall wurden
die weißen und bärtigen Neuankömmlinge als „Söhne der
Sonne" angesehen, und man kam ihnen wie Göttern entgegen.
Die Erklärung für dieses Verhalten finden wir deutlich ausgedrückt in der Ansprache, die Montezuma an Cortés
richtete, als er diesem im Palast seines Vaters Axaiaca, den
er seinen Gästen zur Verfügung gestellt hatte, seinen Be-
such abstattete: „ . . . (ich halte) euch für Verwandte; glaubt
es oder glaubt es nicht, aber unsere Vorfahren und Könige,
von denen ich abstamme, waren, wie mir mein Vater sagte,
der es wiederum von dem Seinen hörte, keine Söhne dieses
Landes, sondern Fremdlinge; sie kamen mit einem großen
Herrn, der nach kurzer Zeit in seine Heimat zurückkehrte,
und der sie nach vielen Jahren wieder abholen wollte; aber
sie wollten ihm nicht folgen, weil sie sich hier niedergelassen, Frauen genommen, Kinder gezeugt und großen Einfluß
im Lande gewonnen hatten. Er war mit ihnen sehr unzu-
frieden und sagte ihnen bei seiner Abreise, daß er ihnen
seine Söhne schicken würde, damit sie sie regierten, Frieden
und Gerechtigkeit und die Gültigkeit ihrer alten Gesetze
und der Religion ihrer Väter bewahrten. Aus diesem Grund

haben wir daher immer gewartet und geglaubt, daß die von
drüben kommen würden, uns zu unterwerfen und zu be-
fehligen, und ich glaube, daß ihr es seid, die von dort
kommt." [33]

Auch der Inka-Kaiser Huayna Kapak wunderte sich nicht,
als er im Jahr 1523, acht Jahre vor der Ankunft Pizarros,
die Nachricht erhielt, daß „fremde und hier nie gesehene
Menschen" – es war die Expedition des Blasco Nuñez de
Balboa – mit einem Schiff die Nordküste Perus entlang-
fuhren. Sterbend rief er seine Söhne, seine Hauptleute und
die Eingeborenen-Häuptlinge zusammen, die ihn begleiteten, und sagte ihnen: „Vor langen, langen Jahren hat
Unser Sonnen-Vater verkündet, daß einmal, wenn zwölf
seiner Nachkommen Könige gewesen sind, neue und bei
uns unbekannte Männer kommen und sein Reich und alle
unsere Königtümer und viele andere mehr gewinnen und
unterwerfen werden; ich vermute, daß es die sein werden,
von denen wir wissen, daß sie jetzt die Küste unseres Meeres befahren; es werden tapfere Männer sein, die euch in
allem zum Vorteil gereichen werden. Wir wissen auch, daß
sich mit mir die Zahl der zwölf Könige vollendet. Ich ver-
sichere euch, daß wenige Jahre, nachdem ich von euch gegangen sein werde, jene neuen Männer kommen und das
erfüllen werden, was Unser Sonnen-Vater uns gesagt hat,
und daß sie unser Reich gewinnen und seine Herren sein
werden. Ich befehle euch, ihnen zu gehorchen und ihnen zu
dienen wie Männer, die euch in allem zum Vorteil gereichen
werden; ihr Gesetz wird besser sein als unseres, und ihre
Waffen werden mächtiger sein als eure und unbesiegbar.
Bleibet in Frieden, da ich vondannen gehe, bei meinem
Sonnen-Vater, der mich ruft, zu ruhen." [34]

Dieses Zeugnis ist nicht so genau wie das vorher zitierte,

vielleicht weil es dem Chronisten mündlich übermittelt wurde. Es ist trotzdem kennzeichnend. Denn Huayna Kapak hätte die „neuen Männer" nicht erwarten können, wäre da nicht irgendein Kontakt zwischen ihnen und seinem Volk oder seinen Vorfahren gewesen.

Der sogenannte *Popol Vuh*[35], ein in Quiché-Maya aufgezeichneter Text, mit dem wir uns im nächsten Kapitel beschäftigen werden, liefert uns Hinweise, die die vorhergehenden Berichte in einzigartiger Weise erklären: „Was haben wir getan? sagten die Priester. Wie konnten wir unser Vaterland Tulán-Zuiva im Stiche lassen? Und unsere Götter, die wir aus jenen Ländern im Osten mitbrachten, liegen jetzt zwischen den Schmarotzern und dem Moos der Bäume, ohne auch nur eine Planke zu haben, auf der sie ruhen könnten!"

Wo waren die Vorfahren des Montezuma und der Quichés hergekommen? Die Überlieferungen der Azteken und Maya geben die Antwort auf die ergänzenden Anmerkungen fast aller Chronisten. Sie beziehen sich auf das ferne Ursprungsland der Tolteken, jener Kulturbringer, deren Wirken bis ins Maya-Land reichte, auf Anáhuac. Der hispanisierte Aztekenfürst Ixtlilxochitl berichtet uns von der großen und wohlhabenden Stadt Tula, der uralten Hauptstadt der Tolteken aus der Zeit, ehe sie nach Mexiko kamen. Er beschreibt ihre Tempel und ihre der Sonne und dem Mond geweihten Pyramiden. Er erwähnt ihre Religion, in der es keinerlei blutigen Kult gab, und ihr hohes Kulturniveau. Ein toltekischer Totengesang fügt ein höchst kennzeichnendes Detail hinzu: es gab in Tula einen Tempel, der aus Holz gebaut war, einem Material, das kein Volk weder der Náhuas noch der Mayas jemals zur Konstruktion seiner religiösen Gebäude verwendete.

Der Geschichtsschreiber der Mayas, der Pater Bernardino de Sahagún,[36] gibt auch Übersetzungen von Berichten Eingeborener wieder, die sich auf Tula beziehen, deren Name mit dem Wechsel der Sprache die Form von Tollán und Tulán annimmt. Danach lag die heilige Stadt inmitten eines wahren Paradieses auf Erden. Seine aus Jade und weißen und rosa Muscheln errichteten Paläste waren von Feldern umgeben, auf denen Mais und Kürbis mannshohen Wuchs erreichten und die Baumwolle in allen Farben gedieh. Es war das „Land des Olmán". Es gab dort Kautschuk und Kakao im Überfluß, und seine Bewohner trugen unvergleichlichen Schmuck und kostbare Kleider, ja sogar Sandalen aus Gummi.

Stellen wir sogleich fest, daß Sahagúns Beschreibung nichts anderes als die eines Traumlandes ist, so wie ein tropisches Volk es sich vorstellen konnte. Was für die Mayas von der Überlieferung Tulas blieb, war ganz einfach die auf erlebte Realität gegründete und von der Phantasie verschönte Erinnerung an das ferne Land, aus dem nicht ihre eigenen Vorfahren, sondern die der Tolteken gekommen waren. Denn es steht außer Zweifel, daß diese aus Anáhuac nach Yucatán kamen, so wie sie vorher aus dem Norden in die Täler Mexikos eingedrungen waren. Es handelte sich also um eine fremde Überlieferung, und es kann nicht verwundern, daß sie sich im Lauf der Zeit gründlich veränderte.

Es ist nicht ohne Interesse, zu erfahren, daß die Tolteken, von denen wir wissen, daß sie im 9. Jh. auf mexikanisches Gebiet vordrangen, aus einem fernen Lande kamen. Aber noch viel wichtiger wäre es, festzustellen, wo sich Tula befand. Vergeblich hat man versucht, diese Stadt mit Teotihuacán oder Xicotitlán zu identifizieren. Diese von den Tolteken bei der Eroberung Anáhuacs eingenommenen

Städte befanden sich fünfzig oder hundert Kilometer von Tenochtitlán (der heutigen Stadt Mexiko) entfernt, so daß man sie schwerlich als die Hauptstadt eines „fernen Landes" hätte bezeichnen können.

Die Frage bleibt also offen, und wir können nur durch Herleitung zu einer Hypothese darüber kommen. Das schon erwähnte Detail des aus Holz erbauten Tempels liefert uns einen wertvollen Hinweis. Das einzige Gebiet, in dem es im Mittelalter diese Art Kultbauten gab, war in der Tat Skandinavien. Und wenn wir berücksichtigen, daß die Stadt, in der sich der fragliche Tempel befand, Tula hieß, welches Wort eine merkwürdige Ähnlichkeit mit Thule hat, unter welcher Bezeichnung die Länder des europäischen Nordens ursprünglich bekannt waren, so beginnen die von den Chronisten geschilderten Tatsachen einen gewissen Sinn zu bekommen.

Es weist noch mehr in die gleiche Richtung: der Name des „Land des Olmán" (manchmal „Oliman" oder „Oloman"), von wo – nach Ansicht der Mayas – die Tolteken gekommen waren. Man hat den Namen Olman von *ulli* oder *olli* ableiten wollen (u und o werden in den amerikanischen Sprachen häufig verwechselt). Das ist ein Maya-Wort für Kautschuk, das die spanische Sprache in der Form von *hule* übernahm und das zumindest in Mexiko im gleichen Sinne gebraucht wird, wenn es auch sonst die Bedeutung von Wachstuch angenommen hat.

Diese Auslegung ist natürlich nicht unmöglich, wenn auch höchst unwahrscheinlich. Denn für die Mayas war Kautschuk ein ganz gewöhnliches Produkt, das keinesfalls als wesentliche Kennzeichnung für ein fernes und außergewöhnliches Land hätte gebraucht werden können. Das Logische wäre, daß Olman (oder Ulman in der von Sahagún gebrauchten Form) sich auf den Namen des Landes bezog, aus dem die Neuankömmlinge kamen, oder auf den Namen ihres Führers. Nun: Ull oder Ullr ist in der nordischen Mythologie der Jagdgott. Ullman bedeutet also in jeder germanischen Sprache „Mann des Jagdgottes Ull". Ein skandinavischer Krieger konnte keinen besseren Namen beigelegt bekommen.

Fügen wir hinzu, daß die Chroniken dem Herkunftsland der Tolteken auch noch einen anderen Namen gegeben haben: Zuyua oder Zuiva je nach Schreibweise. Es handelt sich offenbar um dasselbe Wort, das einmal mit y, ein andermal mit i, hier mit u, dort mit v geschrieben wurde, weshalb wir leider nicht genau wissen, wie es ausgesprochen wurde. Jedenfalls stammt der Name weder aus der Sprache der Nahuas noch derjenigen der Mayas. Dagegen finden wir seine möglichen Wurzeln in den altskandinavischen Wörtern *sól* (Sonne) und *huitr* oder *hvitr* (weiß). Die „weiße Sonne" ist diejenige des Morgens, die im Osten erscheint. Es ist daher wohl kein Zufall, daß Quetzalcóatl, der Weiße Gott der Nahuas, unter seinen gebräuchlichsten Beinamen denjenigen eines „Herrn der Morgenröte" führte, und daß Manko Kapak, der Sohn der Sonne und Gründer des inkaischen Imperiums, seinen Aufstieg von einem Ort namens *Pakkari Tampu* aus antrat, was „Hort der Morgenröte" bedeutet.

Natürlich sind derartige etymologische Erklärungen außerordentlich zweifelhaft, wenn man sie zusammenhanglos betrachtet, und der Leser hat an dieser Stelle unserer Wahrheitssuche alles Recht, sie für abwegig zu halten. Aber wir werden sehen, daß sie nur Beweise ganz anderer Art bekräftigen.

2. Quetzalcoatl, der weiße König der Tolteken

Die Geschichte des toltekischen Volkes ist sehr kurz. Sie begann im Jahr 856 unserer Zeitrechnung, als die eben nach Anáhuac Gekommenen im Norden der jetzigen Stadt Mexiko ein großes städtisches Gemeinwesen zu errichten begannen. Zehn Könige folgten einander bis zum Jahr 1174, als die Chichimecas die Stadt einnahmen und in Brand setzten. Der fünfte Herrscher, der in der Mitte des 10. Jh. regierte, interessiert uns besonders: er war weiß und bärtig und kam aus einem fernen Land. Die Tolteken nannten ihn Quetzalcóatl und hielten ihn für einen Gott, einen Sohn der Sonne. Ihm verdankten sie ihre hohe Kultur, ihre Religion, ihre Gesetze, ihren Kalender, ja sogar die Technik ihres Ackerbaus und ihrer Metallbearbeitung.

Quetzalcóatl war mit einer Schar weißer und bärtiger Krieger wie er in Pánuco, im Golf von Mexiko, an Land gegangen. Nach seinem Vormarsch bis aufs Hochland von Anáhuac bezwang er die Tolteken und machte sich zu ihrem König. Etwa zwanzig Jahre später unternahm er mit einigen der Seinen eine Expedition nach Yucatán, wo er nur einige Jahre blieb. Als er nach Anáhuac zurückkam, stellte er fest, daß die weißen Krieger, die er unter dem Befehl eines Stellvertreters – die Nahuas nannten ihn Tezcatlipoca und machten ihn zum „Gott der zerstörenden Sonne" – zurückgelassen hatte, sich eingeborene Frauen genommen hatten.

Quetzalcóatl versuchte vergebens, seine Autorität durchzusetzen. Seine Leute teilten sich in zwei Gruppen. Mit den ihm treu Gebliebenen begab sich der König an die Küste des Atlantik, dort wo der Fluß Goasacoalco mündet. Hier gehen die Überlieferungen auseinander. Die einen berichten, er sei verschwunden, ohne daß irgendjemand gemerkt habe, wie; die anderen, daß er gestorben und sein Leichnam verbrannt worden sei. Ein dritter Bericht vermeldet, er habe ein „Schlangenschiff" bauen lassen, auf dem er und seine Mannen sich einschifften, um auf das hohe Meer zu entschwinden. Jedenfalls stimmen fast alle Überlieferungen in einem Punkt überein: Quetzalcóatl kündigte an, daß eines Tages weiße und bärtige Männer wie er von Osten kommen würden, um ihn zu rächen und das Land zu beherrschen.

Über die Persönlichkeit des Tolteken-Königs besteht kein Zweifel. Quetzalcóatl war eine historische Persönlichkeit weißer Rasse, die in wenig mehr als zwei Jahrzehnten die Kultur Anáhuacs umformte und bereicherte. Er war aus dem Osten übers Meer gekommen, und er fuhr auch wieder gen Osten, was jede Möglichkeit ausschließt, daß es sich um einen Sonnen-Mythus handelt. Denn in diesem Falle hätte er – wie die Sonne – im Westen untergehen müssen. Der Grund seines Verschwindens war rassischer Art: er konnte die Vermischung eines Teils seiner Gefährten nicht ertragen und überließ sie ihrem Schicksal, um die Reinheit des Blutes derjenigen zu retten, die ihrer Sippe treu geblieben waren. Der Eindruck, den seine kurze Regierung bei den Eingeborenen hinterließ, war derartig, daß sie seine Gestalt in ihre Mythologie aufnahmen, wie wir im nächsten Kapitel sehen werden. Er hatte den Sonnenkult eingeführt, und sie betrachteten ihn als die Inkarnation ihres neuen Gottes.

Welche Bedeutung hat der Name des Weißen Königs? Der Quetzal ist ein mexikanischer Vogel (trogon splendens) mit prachtvollem grünem Federkleid. Cóatl bedeutet Schlange. Quetzalcóatl heißt also Schlangen-Vogel oder weniger

wörtlich Federschlange. Das ist ein merkwürdiger Name
sowohl für einen König als auch für einen Gott, selbst
wenn man die blühende Phantasie der Indianer in Rechnung stellt. Und das umso mehr, als dieser Ausdruck anscheinend nicht nur auf den weißen Führer selbst, sondern
in gewisser Weise auch auf alle Fremdlinge einschließlich
der Nachkommen derjenigen angewendet wurde, die im
Lande blieben. Vielleicht hilft uns zum Verständnis die
sonderbare Erscheinung, die ein Wikingerschiff mit seinem
hochgezogenen schnabelartigen Bug, mit seinem großen
quadratischen Segel und den an seinen Seiten im Sonnen-
licht blitzenden Schilden für die Eingeborenen haben
mußte. Es hatte schon seinen Grund, daß die Skandinavier
ihre kleinen Schiffe *snekkar* (Schlange), ihre großen *drakkar* (Drachen) nannten.

Die Hypothese wird bekräftigt durch die Beschreibungen,
die uns die Chroniken von Quetzalcóatl geben. Alle schildern ihn uns als einen weißen Mann von hoher Statur und
langem Bart „teils grau, teils rot", wie Diego Durán im
einzelnen beschreibt. Aber bei dieser seiner physischen Erscheinung hört die Einmütigkeit der Chronisten auf. Was
seine Kleidung betrifft, gehen die Texte auseinander. Nach
einigen trug er ein langwallendes weißes Gewand und darüber einen mit roten Kreuzen übersäten Umhang, an den
Füßen Sandalen, auf dem Haupt eine Art Mitra und in der
Hand einen Stab. Andere schildern ihn als mit einem Kit-
tel aus grobem, schwarzem Tuch mit kurzen, weiten
Ärmeln bekleidet und von einem mit Schlangenornamen-
ten verzierten Helm gekrönt.

Wichtiger sind schon die Abweichungen in der psychoso-
zialen Beschreibung seiner Persönlichkeit. Einerseits erscheint Quetzalcóatl als Priester von strengen Sitten. Er

hatte weder Frau noch Kinder und gab sich in den Bergen asketischen Übungen hin. Die Religion, die er predigte, kann nicht viel mit derjenigen gemein gehabt haben, die die Spanier in Mexiko antrafen, denn er hatte Menschenopfer streng verboten. Anderseits war Quetzalcóatl ein gefürchteter Krieger, der keine Mittel scheute, um den Sieg zu erringen. Wenn man diesen Widerspruch feststellt, den die aztekische Ikonographie bestätigt (s. Abb. 8), gewinnt man den Eindruck, es mit zwei verschiedenen Persönlichkeiten zu tun zu haben, die sich im Lauf der Zeit überlagerten und sich in einem Gattungsnamen vereinten, der ihre gemeinsame Herkunft bezeichnete und ihre jeweiligen besonderen Eigenschaften unberücksichtigt ließ. Das wird durch die Überlieferungen der Mayas bestätigt, die deutlich von zwei verschiedenen weißen Göttern sprechen.

3. Itzamna und Kukulkan, die weißen Götter der Mayas

Die Mayas von der Halbinsel Yucatán erinnerten sich an zwei aufeinanderfolgende Invasionen weißer und bärtiger Männer. Die erste – die Große Ankunft – war die einer Gruppe unter der Führung eines Priesters, Itzamná, der aus dem Osten übers Meer kam. Er hatte alle physischen und moralischen Eigenschaften des asketischen Quetzalcóatl. Er gab der Bevölkerung ihre Dogmen und Riten, ihre Gesetze und ihren Kalender und auch ihre Schrift. Er lehrte sie die Heilkunst, besonders die der Pflanzen und der Natur.

Die zweite – die letzte Ankunft – erfolgte später und brachte eine weniger zahlreiche Gruppe nach Yucatán, die unter der Führung eines weißen und bärtigen Kriegers,

Kukulkán, stand. Er kam von Westen, d. h. von Anáhuac, übernahm den Befehl über die Itzás, die ihn wahrscheinlich gerufen hatten, und unterwarf mit ihnen das ganze Land, in dem er auf den Ruinen einer früheren Ortschaft die Stadt Chichén-Itzá gründete. So brachte er Frieden und Wohlstand. Aber eine Erhebung der Eingeborenen zwang ihn zum Rückzug.

Es ist festzuhalten, daß der Name Kukulkán die genaue Übersetzung von Quetzalcóatl ist: Kukul ist der Vogel Quetzal und kan bedeutet Schlange. Es ist daher nicht zu verwundern, daß in den Überlieferungen der Mayas Kukulkán, wenn er auch als geschichtliche Persönlichkeit und Gott immer verschieden von Itzamná ist, doch gelegentlich dessen Charakteristika annimmt. Quetzalcóatl und Kukulkán sind dieselbe Person, aber der Erstgenannte war für die Nahuas gleichzeitig Priester und Krieger, während die Mayas zwischen den beiden weiter unterschieden. So kommt es, daß Berichte Kukulkán so beschreiben, als handele es sich um Itzamná: asketisch, humanitär und mit langwallendem, weißem Gewand. Der Verschmelzungsprozeß der beiden Gestalten war im Gange, aber er hatte keine Zeit, sich zu vollenden.

Vollends verwirrt wird die Geschichte durch die Tzendales von Chiapas, einem Volk, das die Sprache der Mayas gebrauchte und im Westen der Halbinsel Yucatán lebte. Dort erschien in unbestimmter Zeit ein ausländischer Kulturbringer, der Ordnung und Frieden, den Kalender, die Schrift und neue Methoden des Ackerbaus einführte, ohne von dem religiösen Glauben und seinen Riten zu sprechen. Er und seine Gefährten trugen lange wallende weiße Gewänder. Nach Beendigung seiner Mission teilte der weiße Gott die Gegend in vier Bezirke ein, deren Verwaltung er seinen Untergebenen übertrug, woraufhin er sich in eine Höhle verzog und vom Erdboden verschlungen wurde. Der Name, den die Tzendales ihrem Kukulkán gaben, ist bemerkenswert: Votán oder Uotán wie der germanische Gott Wotan, Wuotan oder Voden, der auch Odin genannt wurde.

4. Bochica, der weiße Gott der Muyscas

Mit verschiedenen Namen und weniger genau definierten Eigenschaften ausgestattet können wir dem weißen, bärtigen Gott in fast allen Gegenden Mittelamerikas begegnen. Condoy entsteigt einer Höhle zwischen den Klippen der Küste am Fuß des Chiapas-Gebirges. In Guatemala nennen die Quichés ihn Gucumatz (Verballhornung von Kukulkán) und Xbalanque. Die Überlieferungen der Cunas in Panama erwähnen ihn, wenn auch ohne Namen. Vielleicht handelt es sich dabei nur um eine aus der gegenseitigen Berührung entstehende Angleichung. Denn wenn es auch zutrifft, daß Itzamná oder Quetzalcóatl von Xucatán über das Chiapas-Gebirge bis nach Guatemala gekommen ist, Gebiete, die alle von Mayas bevölkert wurden, so unwahrscheinlich ist es, daß er weiter nach dem Süden gelangt wäre. Wir wissen von Quetzalcóatl, daß er sich nur wenige Jahre in Zentralamerika aufhielt und bald nach Anáhuac zurückkehrte.

Jedenfalls kam Quetzalcóatl – und das gilt auch für Itzamná, über den als den älteren wir noch schlechter unterrichtet sind – wenn überhaupt, so jedenfalls nicht über die mittelamerikanische Landenge nach Südamerika, wo wir ihm nichtsdestoweniger in den Überlieferungen der Muyscas oder Chibchas mit den Namen Bóchica, Zuhé (oder

Sua oder Zué) und Nemterequetaba sowie unter dem Beinamen Chinipazagua begegnen, was Bote der Sonne zu bedeuten scheint. Denn Bóchica gelangte über Pasca ins heutige Kolumbien, nachdem er die Ebenen Venezuelas durchquert hatte, wo wir ebenso auf sein Andenken stoßen wie bei vielen Stämmen der Tupi-Guarani-Rasse bis nach Paraguay, wo er Zumé, Tsuma, Tamú und Tumé heißt. Aber das alles sind nur Erinnerungen, die trotzdem ein Problem aufwerfen. Denn es scheint schwierig, daß sich eine so weite Verbreitung bis zum und durch den Urwald des Amazonas nur von Mund zu Mund ergeben haben sollte.

Bóchica war ein Mann weißer Rasse mit üppigem Haarwuchs, langem Bart und wallendem Gewand, ganz so wie er in den vorher wiedergegebenen Berichten geschildert wird. Er traf die Muyscas im Zustand fast völliger Wildheit an. Er teilte sie in Völkerschaften ein und gab ihnen Gesetze. In der Nähe der Ortschaft Coto verehrten die Indianer einen heiligen Hügel, von dessen Spitze aus der Kulturbringer den zu seinen Füßen Versammelten gepredigt haben soll.

5. Huirakocha, der weiße Gott Perus

Wohin verschwand Bóchica? Die Überlieferungen sind in dieser Hinsicht vage und widerspruchsvoll. Es besteht jedoch Grund zu der Annahme, daß er sich mit seinen Leuten an der Küste des Pazifik einschiffte, denn die bärtigen Weißen tauchen einige Zeit später im heutigen Ekuador auf, und zwar mit Kanus aus Seehundsfell (d. h. ähnlichen Seefahrzeugen wie die Umiaks der Eskimos oder die irischen Curachs). Wie sie es schon taten, als sie im Golf von Mexiko landeten, wie sie es später in Peru tun werden, und sehr wahrscheinlich aus den gleichen klimatischen Gründen verlassen sie schnell die heiße Zone und lassen sich auf dem Anden-Hochland nieder, wo sie das Königreich Quito (oder Kara) gründen, das später die Inkas ihrem Imperium einverleiben.

Wir wissen nichts von ihrem dortigen Wirken. Uns ist nur der Titel überliefert, den sie trugen: ihr König ließ sich *Scyri* nennen. Dies Wort hat in der örtlichen Sprache der Quichua keinen Sinn, aber im Alt-Skandinavischen bedeutet *skirr* rein und skirri ist die Steigerungsform: reiner. In christlicher Zeit nimmt das Tätigkeitswort *skira* (säubern) den Begriff von taufen an: *Skiri-Jón* ist Johannes der Täufer.

Besser unterrichtet sind wir über die nächste Etappe unserer Reisenden: die Küste Perus, wo seit Jahrhunderten das Volk der Chimú lebte. In der Tat berichtet der Pater Miguel Cabello de Balboa, ein Chronist des 16. Jh., daß nach örtlicher Überlieferung eine große Flotte unter dem Befehl eines mächtigen Führers, Naymlap, der von achtzig Würdenträgern seines königlichen Hauses begleitet war, aus dem Norden kam. In der Mündung des Flusses Paquisllamga (Lambayeque) sei die Expedition an Land gegangen. Naymlap habe sich des Landes bemächtigt, und seine Nachfahren hätten es regiert, bis das Gebiet gegen Ende des 15. Jh. von dem Inka Tupak Yupanki erobert wurde. Wir wissen nicht genau, wann die fragliche Flotte einlief. Aber wir können die Zeit aus der Geschichte der Chimúes ableiten. Denn das Reich des Großen Chimú endete um das Jahr 1000 plötzlich mit einem Wechsel der Dynastie, was, wie wir später sehen werden, vollkommen mit der mittelamerikanischen Chronologie übereinstimmt.

Die von Balboa wiedergegebene Überlieferung vermeldet nichts darüber, wer Naymlap und seine Gefährten waren. Aber der Name des „aus dem Norden gekommenen" Führers hat, um diesen Punkt aufzuklären, unschätzbaren Wert, denn er ist zweifellos mit irgendeinem germanischen Volk verbunden. Das im Deutschen wie im Alt-Skandinavischen gleichbedeutende Wort Heim spricht sich fast so aus wie „naym" auf spanisch. *Lap* ist mit Stück zu übersetzen. Heimlap – ein „Stück Heimat" könnte also sehr wohl der Beiname eines Führers sein, der eine nordische Kolonie auf amerikanischem Boden gründete oder der Name dieser Kolonie selbst, den die Überlieferung der Eingeborenen mit dem des Gründers verwechselte.

Es wäre auch möglich, daß Naymlap eine Verballhornung von Heimdallr ist, wie der Kriegsgott in der skandinavischen Mythologie hieß. Sie hat ihm den Beinamen „Bewacher der Götter" gegeben, weil ihm die Aufgabe zufiel, den Eingang zum Himmel zu bewachen, was er tat, indem er selbst schlafend nur ein Auge schloß. Er wurde auch „Feind des Loki" genannt, weil er wie dieser, der „Gott des Bösen", ein Feuergott war, aber der Gott nicht des verheerenden, sondern des wohltätigen Feuers, und ihm als solchem bestimmt war, in der Götterdämmerung den bösen Gott zu vernichten und von diesem vernichtet zu werden.

Sein gebräuchlichster Beiname aber ist der des „Weißen Gottes", was hinreichend erklären würde, warum ein Wikinger-Jarl im Land der Indianer seinen Namen gebrauchte. Bemerken wir noch zur Unterstützung der letztgenannten Hypothese, daß die nicht ohne weiteres einleuchtende Abwandlung von *dallr* in *lap* erklärlicher wird, wenn wir bedenken, daß das ohnehin schwer aussprechbare Wort von den Eingeborenen über Jahrhunderte hinweg von Mund zu Mund weitergegeben wurde, und daß es schriftlich erst in der phonetischen Wiedergabe eines Priesters erschien, der gewiß keinerlei philologische Kenntnisse besaß.

Fügen wir noch hinzu, daß der Gott der Chimúes Guatán hieß, ein Name, der ganz ähnlich wie Votán oder Uotán ausgesprochen wird, und daß er der Gott des Sturmes war wie der mittelamerikanische Votán und der germanische Wotan oder Odin.

Wir begegnen den bärtigen weißen Männern weiter südlich wieder, auf dem Hochland Perus, am Ufer des Titicaca-Sees, wohin sie – nach dem Chronisten Velasco – über das Meer aus Ekuador gekommen waren. Bald nach der Konquista fanden die Spanier die gewaltigen Ruinen von Tiahuanacu, und die Indianer versicherten, daß sie sich dort schon befunden hätten, als das Inka-Reich gegründet wurde. Die Bauten waren nicht das Werk eingeborener Völker, sondern weißer Menschen, die zunächst von der Sonnen-Insel mitten im See aus das Gebiet nach und nach zivilisiert hatten.

Die Überlieferung erwähnt sie unter dem Namen *atumuruna*, über dessen Bedeutung die Sachverständigen der Quichua-Sprache sich nicht einigen konnten. Brasseur de Bourbourg [37] sieht in diesem Wort eine Abwandlung von *hatun runa* (große Menschen), während Vicente Fidel López [38] es wörtlich mit „Volk der Anbeter (oder: Priester) des Ati", d. h. des abnehmenden Mondes, übersetzt. Die Schwierigkeit rührt von der Ungenauigkeit her, mit welcher die Chronisten die indianischen Ausdrücke niederschrieben, was wiederum verständlich ist, da das Quichua zur Zeit der Konquista nicht nur keine Schriftsprache war, sondern auch das lateinische Alphabet nicht eben geeignet ist, alle Laute dieser Sprache getreulich wiederzugeben.

Wir wollen dabei nicht einmal die undeutliche Aussprache erwähnen, die auch heute noch für die Indios vom Altiplani kennzeichnend ist und die u. a. darin besteht, daß sie alle unbetonten Vokale mehr oder weniger wie das französische stumme e aussprechen. In Bezug auf den Quichua-Namen der weißen Männer von Tiahuanacu sind wir berechtigt zu fragen, ob er statt *atumuruna* nicht in Wirklichkeit *atumaruna* lautete, was „Männer mit Mondgesicht" bedeutet und dem Ausdruck „Bleichgesicht" der nordamerikanischen Indianer entspricht. Es wäre da nur das a mit dem u vertauscht worden. Nach Garcilaso nannten die Spanier den höchsten Sonnenpriester Viaoma statt Villak Umu, wie er wirklich hieß.

Wir werden später sehen, daß die Chronisten eines der inkaischen Feste sowohl Umu Raymi als auch Uma Raymi nannten. Jedenfalls scheint die Bezugnahme auf den abnehmenden Mond abwegig, denn wir wissen zuverlässig, daß die weißen Männer vom Titicaca-See die Sonne *(Inti)* und den Mond *(Quilla)* anbeteten, und daß der abnehmende Mond Ati für sie nur eine Gottheit untergeordneter Bedeutung war. Die Interpretation von Brasseur de Bourbourg ist dagegen alles andere als zu verwerfen, zumal wenn man berücksichtigt, daß *hatun* von *yötun* abgeleitet sein könnte, was im Alt-Skandinavischen Riese bedeutet.

Wichtiger als der Quichua-Name der ersten Bewohner von Tiahuanacu ist der ihres Führers, Huirakocha, den die Spanier Viracocha schrieben. Er wurde in der phantastischsten Weise ausgelegt. Einige übersetzen ihn mit „Schaum *(huira)* des Meeres *(kocha)*". Dem Chronisten Montesinos ließ seine blühende Phantasie sogar eine biblische Auslegung des Namens einfallen: „Geist über den Wassern". Er hatte das Pech, daß der Inka Garcilaso, dessen Muttersprache das Quichua war, darauf hinwies, daß in dieser Sprache der ergänzende Genitiv dem diesbezüglichen Substantiv vorangestellt wird, und der seinerseits wesentlich prosaischer dachte und Huirakocha mit „Meer von Talg" übersetzte, was zugegebenermaßen eine recht merkwürdige Bezeichnung für einen Gott wäre. Vielleicht ist es angebracht, eine etymologische Erklärung aus der Sprache der Neuankömmlinge zu suchen.

So weisen wir denn lediglich in Form einer Hypothese (denn auf dem Gebiet der Philologie ist äußerste Vorsicht geboten – wir werden darauf noch zu Anfang des Kapitels V zurückkommen) darauf hin, daß *huitr* oder *hvitr*, welches Wort jeder Indio vom Altiplano *huira* aussprechen würde, in Alt-Skandinavisch weiß bedeutet. Der Buchstabe d im Wort god, der in dieser Sprache den gleichen Wert wie das harte th im Englischen hat, ist im Quichua unbekannt und könnte daher durch ch ersetzt worden sein. Huirakocha wäre, so erklärt, huitr god = Weißer Gott.

Was die Persönlichkeit und die äußere Erscheinung des Sohnes der Sonne anbetrifft, so stimmen die peruanischen Überlieferungen ebenso wenig überein wie die mittelamerikanischen. Während er für einige Chronisten ein Krieger war, schildert ihn Betanzos, der mit einer Eingeborenen verheiratet und daher in innigem Kontakt mit den Quichuas war, als einen weißhäutigen Priester mit Tonsur und langem Bart, gekleidet in eine weiße Soutane, die ihm bis auf die Füße fiel, und der in der Hand etwas wie ein Brevier trug. Wir werden später sehen, daß der so gesehene Huirakocha kein Phantasieprodukt war. Halten wir fest, daß sein Name in Aymará, der Sprache der Indios vom bolivianischen Altiplano, die von den Inkas unterworfen wurden, Hyustus war, was sich genau wie das lateinische *justus* (gerecht) ausspricht.

Die *atumuruna* unterwarfen die Stämme der Aymaras und Quichuas und dehnten ihr Reich bis in den Norden von Cuzco aus. Gleichzeitig erbauten sie die Stadt Tiahuanacu, ohne je damit fertig zu werden. Was die Inkas und später die Spanier hier antrafen, war nicht eine Stadt in Ruinen, sondern eine mitten in der Arbeit verlassene riesige Baustelle. Tatsächlich führte der Eingeborenen-Kazike Cari aus Coquimbo einen Aufstand gegen die Herrschaft der Weißen. Diese zogen sich, in verschiedenen Schlachten besiegt, auf die Sonnen-Insel zurück, wo sie endgültig unterlagen. Die Indianer brachten den größten Teil der Männer um. Nur einigen wenigen gelang die Flucht. Sie wandten sich nach Norden und gelangten zum heutigen Puerto Viejo in der ekuadorianischen Provinz Manta, wo es das besondere Holz gibt, aus dem die Flöße gebaut werden. Und Huirakocha „entschwand über das Meer wandelnd". Er kam auf der Fahrt nicht um. Wir wissen von seiner Ankunft auf der Osterinsel und den polynesischen Archipelen, wo man sich seiner Nachkommen unter dem Namen *arii* erinnert. Hierüber mehr zu sagen hat uns Thor Heyerdahl[6] erspart.

Der Besieger der Weißen, der Kazike Cari, lebt in der Erinnerung der bolivianischen Indios fort. Er ist für sie das, was Attila für die Europäer bedeutet. Mit ihm drohen bolivianische Mütter ihren Kindern, wie man das in der Alten Welt mit dem „schwarzen Mann" tut. Aber nannte sich der Vernichter der *atumuruna* wirklich Cari, oder wurde ihm nur der Name eines bösen Geistes beigelegt? Wir stellen die Frage, weil Kari in der skandinavischen Mythologie der böse Sturmriese ist, dessen Ruf so schlecht war, daß man ihn den „Leichenfresser" nannte.

Die Niederlage und Vernichtung der *atumuruna* warf Peru ins Chaos. Vor den neuen Herren flüchtend, zerstreute sich die Bevölkerung, ja fiel sogar – nach einem Bericht, den Garcilaso seinem Onkel in den Mund legt – in ihren wilden Urzustand zurück: „Die Menschen lebten in jenen Zeiten wie die wilden und unvernünftigen Tiere, ohne Religion und ohne Polizei, ohne Siedlungsgemeinschaft noch Häuser, ohne die Erde zu bearbeiten und zu säen, ohne sich zu kleiden oder auch nur ihre Blöße zu bedecken, weil sie nicht mehr Baumwolle und Wolle zu Stoffen zu verarbeiten wußten. Sie lebten zuzweit oder zudritt, wie sie der Zufall in Höhlen, Felsspalten oder Erdlöchern zusammenführte." Trotzdem waren nicht alle Weißen verschwunden. Eine Gruppe von „Titicaca-Menschen", vier Männer und vier Frauen (d. h. zweifellos von der gleichen Rasse), hatte im Gebirge Zuflucht gesucht, hinter der Felsschlucht des Apurimac, wo sich ihr vier treue Eingeborenen-Stämme unterstellten. Bei einer Ratsversammlung beschlossen die vier Führer: „Wir sind stark und weise geboren und mächtig mit der Hilfe unserer Völker. Laßt uns aufbrechen, fruchtbarere Länder zu suchen, als die wir besitzen, und dort die Bewohner unterwerfen und alle bekriegen, die uns nicht als Herren empfangen."

Aus den Tampu Toku (Not-Herberge) genannten Höhlen aufbrechend und in Pakkari Tampu (Herberge der Morgenröte) Rast machend, marschierte der Heerhaufe auf das etwa vierzig Kilometer entfernte Cuzco. Die Weißen und ihre eingeborenen Krieger machten verschiedene Etappen, eine von mehreren Jahren in Tampu Kiru und eine von zwei Jahren in Matahua am Eingang zum Cuzco-Tal und eroberten schließlich die Stadt zurück, die ihren Vorfahren gehört hatte, wo sie sofort den Sonnentempel errichteten. Während des langen Marsches hatte sich einer der Weißen, Manko Kapak, man weiß nicht wie, von seinen drei „Brüdern" unabhängig und sich selbst zum König gemacht. Eine andere Version erwähnt nur ihn und seine Schwester und Gattin Mama Oello, womit die Geschichte fraglos vereinfacht und der Mantel wohltuenden Vergessens über die familieninternen Zwistigkeiten gebreitet wird.

In den Überlieferungen der Eingeborenen tragen die vier weißen Männer den gleichen Titel: *ayar*. Das Wort, so erklärt Garcilaso, „hat in der in Peru üblichen Sprache (Quichua) keinen Sinn; in derjenigen der Inkas muß es ihn haben." So sei hier bereits im voraus festgestellt, daß sich die skandinavischen Herren *yarl* nannten, was gewöhnlich mit Graf übersetzt wird und sich im Munde eines Indio, von dem vorangestellten a abgesehen, genauso ausspricht wie ayar. Zu dieser Ähnlichkeit kommt ein ernster Zweifel über die Bedeutung von *Kapak*, den Titel, den Manko wie alle Inka-Kaiser, seine Nachfolger, führte.

Garciloso gibt uns zwei verschiedene Erklärungen, was seine Unsicherheit in dieser Hinsicht beweist. Einerseits sagt er, daß *Capa Inca* „Allein-Herrscher" (capa = allein) bedeutet, anderseits daß Capac den Sinn von „reich und waffengewaltig" habe. Nun: *capa* und *capac* sind zwei verschiedene Formen des gleichen Wortes. Wir können uns daher fragen, ob es nicht auch in diesem Fall ratsam wäre, der Anregung Garcilasos zu folgen und eine annehmbare Erklärung in der den Inkas eigenen Sprache zu suchen. Wir finden sie im altskandinavischen Wort *kappi* (Held, Kämpe, Ritter).

Noch offensichtlicher ist der Ursprung des Namens Manko,

der in Quichua keinen Sinn hat, wohl aber in Alt-Skandinavisch. *Man* hat die gleiche Form und Bedeutung wie das deutsche Mann, und die zweite Silbe *ko* könnte eine Abkürzung von *konungr* (König) sein. Der Gründer der inkaischen Dynastie hätte dann also „Königsmann" geheißen: der Mann, der zum König wurde.

Die Nachkommen des Manko Kapak und der Mama Oello, oder wahrscheinlich sämtlicher „Titicaca-Menschen", stellten eine aristokratische Kaste dar: die Inkas königlichen Geblütes, die ausschließlich untereinander heirateten. Mehr noch, die Mitglieder der kaiserlichen Familie heirateten Geschwister, um das Blut der „Söhne der Sonne" reinzuhalten.

Woher kommt nun das Wort *inca*, das weder Aymará noch Quichua ist? Die Antwort ist einfach: im Alt-Germanischen dient die Endsilbe *ing* als Abstammungsbezeichnung (Merowinger, Karolinger, Lotharinger usw.). Es ist daher weder ein Zufall noch ein Irrtum, daß die Mehrzahl der spanischen Chronisten *inga* statt *inca* schreibt, wie es heute üblich ist. Die Inkas waren also die Nachkommen schlechthin, diejenigen, die von Manko und seinen „Brüdern" abstammten.

Die Herrscher hatten indessen auch Konkubinen, die nicht alle königlichen Geblütes waren, wie auch zu Beginn des Reiches indianische Führer, die sich bei der Rückeroberung verdient gemacht hatten, zur Belohnung in den privilegierten Stand der Inkas erhoben wurden. Theoretisch handelte es sich bei ihnen um einen Stand, der sich unmittelbar unter demjenigen der Inkas königlichen Geblütes befand, mit dem eine Vermischung verboten war. Tatsächlich vollzog sich aber wohl doch eine solche in gewissem Umfang. Die Inka-Kaiser, so wie sie auf den Fresken der Santa Ana-

Kirche von Cuzco dargestellt sind, hatten eine viel hellere Haut als ihre Untertanen. Sie waren jedoch keine reinen Weißen. Unter den von den Spaniern gefundenen königlichen Mumien werden als Ausnahmen diejenigen von Huirakocha mit ganz hellblondem Haar und seiner Frau erwähnt, die „weiß wie ein Ei" war.

7. Weg und Zeit

Betrachten wir jetzt die Gesamtheit der Überlieferungen, die wir kurz zusammengefaßt haben. Es ist unmöglich, ihr perfektes Ineinandergreifen nicht festzustellen. Der Sonnengott und seine Gefährten, weiß und bärtig wie er, landeten an der atlantischen Küste Mexikos. Mit Hilfe der Tolteken unterwarf Quetzalcóatl das Land Anáhuac (Mexiko), dem er seine Religion und Kultur brachte. Er führt eine Expedition nach der Halbinsel Yucatán durch, wo er, als Kukulkán bekannt, unter Zusammenarbeit mit den Itzás eine ähnliche Aufgabe erfüllt, die durch eine Erhebung der Eingeborenen beendet wird. Nach Anáhuac zurückgekehrt und durch das Verhalten der dort zurückgelassenen Weißen gekränkt, verläßt er das Land und schifft sich in den Atlantik ein, was jede mythische Ausdeutung seiner Taten ausschließt.

Wir begegnen ihm wieder als Bóchica bei seiner Ankunft in Cundinamarca im heutigen Kolumbien, von Venezuela kommend, an dessen atlantischer Küste er offensichtlich gelandet ist. Nach Durchquerung des Kontinentes sticht er erneut in See, diesmal in den Pazifik, und zwar auf Schiffen aus Seehundsfell, um Ekuador zu erreichen, wo er das Königreich Quito gründet. In südlicher Richtung gelangt er in die Gegend von Arica und ersteigt als Huirakocha den Altiplano, wo er auf den Inseln und an den Ufern des Titicaca-Sees Fuß faßt und die indianischen Völkerschaften seiner Herrschaft unterwirft und zivilisiert.

Eine Revolte der Eingeborenen zwingt ihn dann zur Flucht, und wir sehen ihn sich wiederum in den Pazifik einschiffen zu einer Reise, die ihn nach Polynesien bringt. In Peru bleibt nur eine kleine Gruppe von Weißen zurück, die nach Sammlung ihrer Kräfte siegreich auf Cuzco marschiert und das Imperium der Inkas gründet, das bis zur Ankunft der Spanier dauert. Nichts kann überzeugender sein, mit Ausnahme vielleicht der erwähnten Überlagerungen der beiden weißen Götter, die die Überlieferungen nur im Lande der Mayas bis zu einem gewissen Punkt auseinanderhalten.

Bleibt festzustellen, ob die Chronologie eine derartige Vereinheitlichung der verschiedenen Berichte gestattet. Wir können den Daten nicht vertrauen, die von den Fachleuten gegeben werden: sie sind oft höchst phantastisch, und es kommt nicht selten vor, daß die Angaben zweier ernsthafter Autoren um Jahrhunderte voneinander abweichen, wenn nicht gar um Jahrtausende. Aber wir besitzen zum Glück zwei genaue und zuverlässige Bezugspunkte.

Der erste ist die Gründung der Maya-Stadt Chichén Itzá durch Quetzalcóatl, oder wenn man will ihre Neugründung, da an dieser Stelle bereits die Ruinen einer früheren Stadt vorhanden waren. Wir haben gesehen, daß der Sonnengott von der mexikanischen Hochebene herunterstieg, einige zwanzig Jahre nachdem er in Pánuco gelandet war, und daß er nur einige wenige Jahre in Yucatán blieb. Wir kennen das Datum seiner Ankunft in Chichén Itzá: *katun 4 ahau* nach dem Maya-Kalender, was dem Jahr 987 unserer Zeitrechnung entspricht. Quetzalcóatl erschien also aus dem Ozean etwa im Jahr 967.

104

Der zweite Bezugspunkt ist kaum weniger genau. Als die Spanier nach Amerika kamen, war gerade der letzte Inka-Kaiser Huascar durch seinen Mischlings-Halbbruder Atahualpa ermordet worden. Ohne diesen Letztgenannten zu zählen, hatten seit Manko Kapak zwölf Inka-Herrscher regiert, aber zwei von ihnen hatten es gemeinsam getan, da sie Zwillinge waren. Eine Generation entsprach damals ungefähr zwanzig Jahren.

In der gleichen Epoche und unter ziemlich ähnlichen Lebensbedingungen dehnte sich die Herrschaft von elf Königen in Frankreich (von der Thronbesteigung Philipps III. im Jahr 1270 bis zum Tod Karls VIII. im Jahr 1498) über insgesamt 228 Jahre, d. h. also durchschnittlich fast genau zwanzig Jahre je König aus. Die Genealogie der Azteken-Könige weist zwischen 1375 und 1520 neun Herrscher aus mit einer durchschnittlichen Regierungsdauer von sechzehn Jahren. Nun: Huayana Kapak, der Kaiser der elften Generation, starb im Jahre 1525. Also muß Manko Kapak sein Reich um das Jahr 1300 herum gegründet haben.

Natürlich kennen wir das genaue Datum der Landung von Huirakocha in Peru nicht. Aber wir können annehmen, daß es kurz nach dem Verschwinden Quetzalcóatls aus Mexiko stattfand, und daß die Reise von der Mündung des Goasacoalco nach dem derzeitigen Hafen von Arica verhältnismäßig kurz war. Wäre es anders gewesen, hätten wir auf der Reiseroute des weißen Gottes Spuren seines Aufenthaltes angetroffen, während wir tatsächlich nur Erinnerungen an seine Durchreise begegnen. Im Gegenteil beweisen die Bauten von Tiahuanacu, daß die *atumuruna* sich definitiv in der Gegend des Titicaca-Sees niedergelassen hatten.

Gegen Ende des 10. Jh. aus Mexiko ausgezogen, kann der

Sonnengott für seine Reise gen Süden in verschiedenen Etappen ein halbes bis ein ganzes Jahrhundert gebraucht haben. Er kam also zwischen den Jahren 1050 und 1100 nach Tiahuanaco, und es blieben ihm etwa zwei Jahrhunderte, um sein Reich und seine unvollendete Hauptstadt aufzubauen. Das war, was diese letztgenannte Aufgabe betrifft, mehr als genug, wenn man bedenkt, daß in der gleichen Zeit in Europa die gotischen Kathedralen errichtet wurden.

Zusammenfassend sind wir in der Lage, das folgende chronologische Schema aufzustellen:

967	Quetzalcóatls Landung in Pánuco, Golf von Mexiko
987	Kukulkáns Ankunft in Yucatán
989	Rückkehr Quetzalcóatls nach Anáhuac, Wiedereinschiffung im Golf von Mexiko und Landung an der Küste Venezuelas
1050/1100	Landung Huirakochas in Arica, Peru
1280/90	Niederlage Huirakochas auf der Sonnen-Insel, Flucht über den Pazifik
1300	Eroberung Cuzcos durch Manko Kapak und Gründung des inkaischen Imperiums

8. Schlußfolgerungen

Die untersuchten Überlieferungen der verschiedenen Völkerschaften gehen also nahtlos ineinander über. Sie zeigen uns eine Gruppe von weißen Kriegern nordischen Typs, die an der mexikanischen Küste an Land geht und etwas von ihrer Kultur in Anáhuac (Mexiko), der Halbinsel Yucatán und den angrenzenden Gebieten zurückläßt. Der weiße

Führer, der sich wahrscheinlich Ullman nannte, wird trotz der Schwierigkeiten, denen er in den verschiedenen Ländern begegnete, unter dem Namen Quetzalcóatl im Land der Náhuas, Kukulkán im Land der Mayas, Votán in Guatemala, Zuhé in Venezuela und Bóchica in Kolumbien zur Erinnerung der Eingeborenen und im Lauf der Zeit zum kulturbringenden Gott.

Wie lange die Weißen genau für ihre Reise bis zur kolumbianischen Pazifikküste brauchten und wann starb Ullman? Wir wissen es nicht. Wohl aber zeigt uns die Überlieferung die Nordmänner, wie sie in Schiffen aus Seehundsfell nach Ekuador gelangen, wo sie das Königreich Quito gründen, und später nach Peru, wo sie sich im Gebiet des Titicaca-Sees niederlassen und eine Hauptstadt zu errichten beginnen: Tiahuanacu. Nach etwa zwei Jahrhunderten von einer Invasion chilenischer Indianer besiegt, zerstreuen sich die Weißen. Einige begeben sich die Küste entlang nach Norden und besteigen Flöße, die sie nach den Inseln des pazifischen Ozeans bringen. Andre entfliehen vom Altiplano und verschwinden im Urwald des Amazonas, wo sich ihre Nachkommen noch heute befinden. Einige wenige schließlich entkommen in die Berge, von wo aus sie mit der Hilfe treuer Eingeborener ihr Imperium von neuem errichten.

Die Überlieferung gestattet uns, dank der durch sie erhaltenen Namen und Titel die Weißen zu identifizieren, die der Sonnengott befehligte. In der Tat sind Ullman und Heimlap oder Heimdallr skandinavische Namen und wir finden denselben Ursprung für die Titel *scyri* (von *skirr* = rein), *ayar* (von *yarl* = Graf), *inca* oder *inga* (ing = deutsche Endsilbe für Nachkomme) wie auch für den Beinamen Huirakocha, der vom skandinavischen *huitr* (weiß) und *god* (Gott) hergeleitet wird.

Nichtsdestoweniger weisen die Texte auf das vorhergehende Wirken eines weißen Gottes in Mittelamerika hin, der von unterschiedlichen Kennzeichen – friedfertig und asketisch – mit der Erinnerung an Quetzalcóatl durcheinandergebracht wird und der diesem eine mit der anderen unvereinbare Persönlichkeit verleiht, aber im Land der Mayas unter dem Namen Itzamná als selbständige Realität verbleibt.

Von wo kamen Ullman und seine Männer? Die von uns aufgestellte Chronologie schließt jede Möglichkeit einer Herkunft aus Vinland aus, da Leif Eirikssons Reise um mehrere Jahrzehnte später stattfand als die Ankunft des Sonnengottes in Pánuco. Es kann sich daher nur um eine Expedition handeln, die eher unternommen wurde als diejenigen, von denen die Sagas berichten. Ja, es könnte sogar im Gegenteil Itzamná zu dieser Zeit aus Huitramannaland gekommen sein. Denn die skandinavischen Berichte stellen fest, daß Groß-Irland schon in der zweiten Hälfte des 10. Jh. bestand.

Theologie

DIE SÖHNE DER SONNE

1. Zwei Mythologien

Sich ohne profunde theologische Bildung mit dem religiösen Glauben der indoamerikanischen Völker zu beschäftigen, birgt eine ernste Gefahr. Wir kennen diesen in der Tat fast ausschließlich durch die Berichte von spanischen oder hispanisierten Chronisten, die sich darauf beschränkten, den „Götzendienst" der Nahuas, Mayas und Quichuas so zu beschreiben, wie ihnen das von Eingeborenen erzählt worden war. Sie taten das, mit wenigen Ausnahmen, unter denen vor allem der Pater Bernardino de Sahagún zu nennen ist, mit wenig Urteilskraft und noch weniger Wohlwollen. Wir wissen daher über die prähispanische Theologie Amerikas so gut wie gar nichts. Sie erscheint uns von vielfachen oft widersprüchlichen und zusammenhanglosen Mythen verdeckt.

Daraus ergibt sich eine doppelte Versuchung: einmal diejenige, die eingeborenen Religionen Amerikas für einen Haufen Magie und Aberglauben zu halten, und zum anderen diejenige, in die vorgefundenen Bilder theologische, metaphysische und mystische Elemente einzuführen, die ihnen fremd sind. Das würde einerseits dazu führen, die zivilisierten Völker des präkolumbianischen Amerika auf dem gleichen niedrigen Niveau wie die geistergläubigen Stämme Schwarzafrikas einzustufen, und anderseits, aus Teotihuacán ein zweites Alexandrien zu machen.

Es ist für uns, die wir an Verkündungsreligionen gewohnt sind, nicht ganz einfach, den Sinn einer Mythologie und, fast möchten wir sagen, ihr Verfahren zu begreifen. Die Religionen des Veda, des Judentums, Christentums und des Islam gründen sich auf unveränderliche Texte, aus denen die Theologen verstandesmäßig die Dogmen ableiten, wie ein Mathematiker seine Gleichung aufstellt, und sie mit mehr oder weniger einfachen Formeln erläutern, um sie allen Gläubigen, welchen geistigen Niveaus auch immer, zugänglich zu machen. Die nichtchristlichen Völker dagegen benutzten symbolische Begriffe, die einfach als Rahmen für Auslegungen dienten, die je nach der intellektuellen und mystischen Fähigkeit des Einzelnen verschieden waren.

Wir befinden uns also gegenüber der germanischen oder mexikanischen Mythologie zum Beispiel ein wenig in der Lage desjenigen, der zum Studium des Katholizismus über nichts weiter verfügte als die Skulpturen der Kathedralen, volkstümliche Erzählungen über das Leben Jesu aufgrund der kanonischen und apokryphen Evangelien und Bücher der billigen Hagiographie. Wahrscheinlich würde ein solcher Religionsforscher zu der Erkenntnis gelangen, daß die Christen drei Hauptgötter und eine Göttin, die Mutter eines derselben, verehrten und daß ihr Göttertempel von einer Vielfalt von Nebengöttern bevölkert wurde, von denen die einen wohltätig, die anderen unheilbringend waren und die sich jedenfalls ständig untereinander stritten. Es wäre ihm gewiß unmöglich gewesen, auf dieser Basis die Summa Theologiae oder auch nur einen Katechismus für Mittelschulen zu rekonstruieren.

Das Problem kompliziert sich für uns noch durch die Tatsache, daß jede der Vergangenheit angehörende Mythologie ein unzusammenhängender Komplex von Fabeln im eigentlichen Sinn dieses Wortes ist, die neben- und nacheinander-gestellten Symbolisationen entsprechen. Nicht nur daß jeder Stamm und jedes Dorf seinen gemeinsamen Glauben auf seine Art ausdrückte, was bewirkt, daß wir dieselbe Geschichte in verschiedenen, manchmal einander widersprechenden Versionen hören, auch die mythischen Personen selbst sind oft von wechselnder Erscheinung. Ein Gott etwa stellt sich in einem bestimmten Augenblick in einer neuen Eigenschaft dar, die nichts anderes ist als der symbolische Ausdruck einer Fähigkeit oder eines Willens seines „Vaters", während anderseits zwei Götter sogar „verschmelzen" können, ohne dabei die verschiedene äußere Erscheinungsform zu verlieren, unter der man sie vorher kannte.

Dieses letztere Phänomen bemerkt man besonders in Mittelamerika, wo sich im Anáhuac und auf Yucatán die Ankunft sowohl verschiedener weißer Kulturbringer als auch die nomadisierender Jägervölker überschnitt, die sich mit den Völkern alter Kultur vermischten und sie oft beherrschten. Sie alle brachten ihre Götter mit, die den schon vorherbestehenden Göttertempeln einverleibt wurden, sie bereicherten und wesentlich veränderten im Rahmen dessen, was wir einen pantheistischen Synkretismus nennen könnten.

„Was ich beim Studium des religiösen Systems der Azteken am meisten bewundere," sagt William Prescott[39], „ist die Ungleichheit seiner verschiedenen Teile; die einen scheinen die Bekundung eines kultivierten Volkes zu sein und andere atmen einen Geist unbeherrschter Wildheit; woraus sich natürlich der Gedanke ergibt, sie zwei verschiedenen Ursprüngen zuzuschreiben, und anzunehmen, daß die Azteken einen sanften und milden Glauben erhielten, dem sie dann ihren eigenen aufpfropften". Es kann auch umgekehrt gewesen sein, daß eine „sanfte und milde" Religion einer bereits vorhandenen wilden oder lediglich grausamen Welt aufgepfropft wurde. Und es können auch mit dem asketischen und dem kriegerischen weißen Gott aufeinanderfolgende Hinzufügungen im gegenteiligen Sinn stattgefunden haben.

Die „Wildheit", die Prescott im Kult der Nahuas feststellt, bezieht sich offenbar auf die Menschenopfer, die tatsächlich stattfanden. Es ist wahrscheinlich, daß diese, die die Spanier so entsetzten – wie die spanische Tortur die Indianer entsetzte – zu den ursprünglichen Gewohnheiten der örtlichen Stämme gehörten, da die Überlieferung berichtet, daß der asketische Quetzalcóatl sie abschaffte. Aber wir können auch nicht ausschließen, daß der kriegerische Quetzalcóatl sie akzeptierte und ordnete. Denn die Skandinavier führten Menschenopfer durch, wenn auch nicht in der gewöhnlichen und systematischen Art der Nahuas.

Adam von Bremen erzählt bei der Beschreibung des Großen Tempels von Gamla Upsala in der Zeit seines Berichtes (um das Jahr 1070), daß „alle neun Jahre in Upsala eine Festlichkeit stattfindet, an der alle Gebiete Schwedens mitwirken. Die Teilnahme ist Pflicht, und Könige, Völkerschaften und Einzelpersonen senden ihre Gaben, mit Ausnahme derjenigen, die zum Christentum übergetreten sind und denen die Zahlung einer Strafe auferlegt wird. Das Opfer, das bei dieser Gelegenheit durchgeführt wird, besteht in der Tötung von neun Jünglingen, deren Körper in einem Wäldchen nahe dem Tempel aufgehängt werden. „Ein Text aus dem Jahr 1000, der deutsche Tietmar von Merseburg, berichtet, daß in Lejre auf Seeland (heute Dänemark) alle neun Jahre im Monat Januar 99 Menschen vor aller Augen geopfert wurden. Auch in den Nahua-Städten war die Anwesenheit bei den Menschenopfern Pflicht, und die Übereinstimmung in diesem sekundären Aspekt des Ritus bestärkt die Hypothese einer Ordnung vorhandener Gebräuche durch den kriegerischen Quetzalcóatl nachhaltig.

Was neben der von Prescott festgestellten Dualität die mexikanische Mythologie kennzeichnet, ist die anthropomorphe Personifizierung der Naturkräfte, die als Emanationen, Hypostasen oder Verkörperungen eines höchsten Gottes, der die Welt geschaffen hat und zugleich in ihr lebt, angesehen werden. Dies ist keine originelle Konzeption – wir begegnen ihr genauso bei den arischen und besonders den germanischen Völkern.

Versuchen wir, das grundlegende Bild einer solchen mythologischen Kosmovision zu geben:

„Im Anfang war das Chaos. Alles war in der Schwebe, alles war unbeweglich. Es gab weder Erde, noch Tiere, noch Menschen. Es gab über dem unendlichen Abgrund ewiger Nacht nur den Vater im Himmel, der alle Zeit lebt und sein Königreich mit absoluter Gewalt regiert.

Der Vater im Himmel entschied sodann, die Erde und den Menschen zu schaffen. Er verband sich der Mutter des Himmels oder Mutter Erde, die ihm Mutter, Gattin und Tochter zugleich war, und zeugte die schöpferischen Götter. Diese ordneten das Chaos und machten die Erde, eine Sphäre, deren Achse der Weltbaum ist, der in den vier Himmelsrichtungen durch ebenso viel Gottheiten gehalten wird. Dann schufen sie die Tiere, und schließlich machten sie sich daran, den Menschen zu formen.

Ihre ersten Versuche schlugen fehl. Sie gaben bösen Riesen das Leben, die in der Sintflut ertränkt werden mußten. Sie

114

nahmen sodann zwei Hölzer und machten aus ihnen das erste Menschenpaar.

Der Mensch erhielt eine unsterbliche Seele. Auf der Spitze des Weltbaums ist das Paradies der Krieger, wo diese zusammen mit den Göttern wohnen. In den Tiefen der unterirdischen Welt nimmt eine eisige Hölle von neun Kreisen die Seelen der Verdammten auf.

Die so geformte Welt hat ein vorgesehenes Ende. Denn an der Seite der schöpferischen Götter, die sie führen, befindet sich der böse Gott, der versucht, sie zu zerstören. Mit seinen Gehilfen wird er die guten Götter angreifen und besiegen, und Ungeheuer werden auf seinen Befehl den Kosmos verschlingen. Die Finsternis und das Chaos werden zurückkehren. Trotzdem wird der Vater im Himmel seine Kinder zum Leben wiedererwecken, und alles wird von neuem beginnen."

Gehört diese in Anführungszeichen gesetzte Darstellung der germanischen oder der mexikanischen Mythologie zu? Wir haben es nicht von vornherein gesagt, eben um den Zweifel bestehen zu lassen. Denn das hier aufgestellte Schema hat für die eine wie für die andere Gültigkeit, was wir beweisen werden.

2. Der mittelamerikanische Kosmos

Außer den Berichten spanischer und hispanisierter Chronisten ist die Hauptquelle für Angaben über den religiösen Glauben der Nahuas und Mayas ein anonymer Text, das bald nach der Konquista geschriebene *Manuscrito de Chichicastenango,* das wir unter dem Namen *Popol Vuh* kennen, mit dem es Brasseur de Bourbourg veröffentlicht hat.

Tatsächlich erklärt sein Verfasser, ein höchst kultivierter und vor kurzem zum Christentum bekehrter Indianer, in dem Werk selbst, daß er durch die Benutzung seiner Sprache, aber unter Verwendung der lateinischen Schrift das religiöse und historische Erbe des Quiché-Maya-Volkes, dem er angehörte, habe bewahren wollen, „weil man den *Popol Vuh* schon nicht mehr kennt ... den einst die Könige hatten, weil er verschwunden ist." Wir werden im folgenden Kapitel sehen, welche Bedeutung und welchen Ursprung der Titel dieses verlorengegangenen Werkes hat.

Das *Manuscrito de Chichicastenango* beginnt mit einer Beschreibung des Kosmos vor der Schöpfung:

„Dies ist der Bericht, wie alles in der Schwebe, alles in Ruhe, in Schweigen, alles unbeweglich und still und die Weite des Himmels leer war. Dies ist der erste Bericht, die erste Rede. Es gab noch keinen Menschen und kein Tier, keine Vögel, Fische, Krebse, Bäume, Steine, Höhlen, Steilufer, Kräuter und Wälder; nur der Himmel war da.

Das Antlitz der Erde zeigte sich nicht. Es war nur das Meer in seiner Ruhe und der Himmel in seiner ganzen Weite.

Es war noch nichts aneinander, was Geräusch machen konnte, es gab nichts, was sich bewegte noch fortbewegte noch am Himmel Geräusch machte.

Es gab nichts, was aufrecht stünde; nur das Wasser in Ruhe, das friedliche Meer, allein und ruhig. Es gab nichts, was existierte.

Es gab nur Unbeweglichkeit und Stille in der Dunkelheit, in der Nacht." [35]

Es fehlte nicht an Kommentatoren, die auf die Ähnlichkeit dieses Textes mit den ersten Versen der *Genesis* hinwiesen: „ ... die Erde war wüst und leer, und es war finster auf der Tiefe und der Geist Gottes schwebte auf dem Wasser".

Es wurde geargwöhnt, daß der Verfasser des *Popol Vuh* – wir wollen bei der Gewohnheit bleiben, das *Manuscrito de Chichicastenango* so zu nennen – in sein Werk christliche Elemente eingeführt habe, um das Wohlgefallen der Spanier zu erregen. Die Hypothese ist nicht ganz zu verwerfen, obwohl der Rest des Buches keinerlei Konzession an den christlichen Glauben macht. Aber die Konzeption des ursprünglichen Chaos, die in Wirklichkeit sehr wenig christlich ist, da sie dem Dogma von der Schöpfung *ex nihilo* widerspricht, ist nicht nur der Bibel eigentümlich. Wir finden sie in den Heiligen Schriften aller arischen Völker. So heißt es im *Rig-Veda*:

„Damals gab es weder Sein noch Nichtsein. Weder das Universum noch die Atmosphäre noch irgendetwas darüber. Nichts, wo es auch sei, zum Wohle dessen, wer es auch sei, Enthaltender oder Enthaltener. Aber es ahnte Leben"[40].

Und die skandinavische *Völuspa*, eine Dichtung aus dem 9. Jh. vor der Einführung des Christentums, die einen Bestandteil der Edda bildet, sagt (übertragen nach Gengener):

„Nicht war Sand noch See – noch Salzwogen – nicht Erde unten, noch oben Himmel – Gähnung grundlos – doch Gras nirgend."[41]

In verschiedenen Formen ist die Idee in den vier Texten dieselbe: die des Chaos oder der untergeordneten Materie, verschieden von Sein, das Ordnung voraussetzt, und zugleich vom Nichtsein, das jede Potentialität ausschließen würde. Und gleichfalls ist in den vier Texten das absolute Sein über dem Chaos gegenwärtig: das Herz des Himmels im *Popol Vuh*, der Geist Gottes in der Genesis, der Vater im Himmel in den Veden und der Vater des Alls in der Edda.

Lassen wir die indische und hebräische Kosmogonie beiseite, um ausschließlich diejenigen zu betrachten, die uns hier interessieren: die mittelamerikanische und die skandinavische. In beiden stellt sich die Erschaffung des Kosmos in der gleichen Weise dar: durch das Eindringen Gottes in die Materie. Aus Gott entstehen die schöpferischen Götter, die das Chaos formen. Aus ihrem Wirken gehen die Erde und das Firmament, danach die Pflanzen und Tiere hervor. Die Erschaffung des Menschen ist die schwierigste Aufgabe. Die Schöpfer, sagt der *Popol Vuh,* machten zuerst einen Menschen aus Staub, aber er hatte keine Vernunft, benetzte sich und zerfloß. Dann machten sie Figuren aus Holz, die wie Menschen sprachen und die Erde bevölkerten. Aber ihre Kinder hatten keine Seele, und das Herz des Himmels vernichtete sie in einer großen Sintflut. Einige überlebten: ihre Nachkommen sind die Affen.

Überlieferungen der Nahuas aus Michoacán und der Mayas vom Chiapas bieten uns eine interessante Variante dieses Berichtes. Danach waren diese ersten pseudomenschlichen Wesen Riesen. Sieben von ihnen gelang es, sich aus der Sintflut zu retten, und sie bauten – in Cholula, wie die Nahua-Überlieferung präzisiert – eine hohe Pyramide, über die sie in den Himmel steigen wollten. Aber Gott zerstörte sie in einem Feuerregen.

Die skandinavische Kosmogonie ist fast identisch. Aus dem Chaos entstanden zuerst die Eisriesen, an ihrer Spitze der Hermaphrodit Ymir, der sie gezeugt hatte. Die Götter vernichteten sie durch eine Sintflut, aus der sich nur einer von ihnen retten konnte. Aus dem Leichnam des Ymir machten die Schöpfer die Erde.

Auch die Erschaffung des Menschen hat in beiden Kosmogonien große Ähnlichkeit. Nach dem *Popol Vuh* machte Gott vier Männer aus einem Teig von Maismehl, gab ihnen

Leben, wenn auch nur beschränkten Verstand und schuf, während sie schliefen, ihre Frauen. Für die Mixteken vom Anáhuac entstieg der Mensch einem Baum. In der Edda nahmen die Schöpfer zwei von den Wellen angeschwemmte Stücke Holz oder, nach einer anderen Version, zwei Bäume und schnitzten daraus menschliche Gestalten, denen sie Seele und Leben gaben.

Wie ging nun der Aufbau des Kosmos vor sich, nachdem das Werk der Schöpfung vollbracht war? In Bezug auf Mittelamerika finden wir die Antwort nicht im *Popol Vuh*, sondern in den Berichten der Chronisten, die durch die Handschriften voll bestätigt werden. Wir würden überrascht sein, hätten wir die Tatsache nicht schon im vorhergehenden Abschnitt vorweggenommen. Für die Nahuas wie für die Mayas war die Erde tatsächlich rund. Den Griechen war das, wie man weiß, bekannt, aber der europäische Westen hatte es im Mittelalter vergessen. Die Erdkugel hat als Achse den Weltbaum oder Lebensbaum (Abb. 9), dessen Wurzeln sich in die Unterwelt senken, das Reich des Todes, und dessen Zweige bis in den Himmel reichen. Vier Geister – die *bacab* nach der Mythologie der Mayas: Kan, Muhuc, Ix und Canac – halten die Welt in allen vier Himmelsrichtungen.

Auch nach der Edda ist der Kosmos rund, und ein Baum bildet seine Achse: die Weltesche Yggdrasill (Abb. 10), die zugleich ein Phallus- oder Lebens-Symbol ist, in deren Wipfel ein Adler nistet. Dieses letztere Detail wäre nicht so bedeutend, begegneten wir nicht auch im Wipfel des Weltbaumes der Nahuas und Mayas oft einem Adler als Symbol der Sonne.

Der Kosmos – für die Völker Mittelamerikas ist derjenige, den wir kennen, bereits der fünfte seit Bestehen der Welt, für die Skandinavier der neunte – ist nicht ewig. Wie er aus dem Chaos entstand, kehrt er auch in dieses zurück. Die Werkzeuge des bösen Gottes – Tiger und Schlange nach mittelamerikanischem Glauben, der Fenriswolf nach der nordischen Mythologie – verschlingen Sonne und Mond, und alles hört auf bis zu einer neuen Wiedergeburt.

3. Gott und die Götter Mittelamerikas

Der in bezug auf die mittelamerikanische Religion am häufigsten begangene Irrtum ist der, anzunehmen, die Nahuas und die Mayas hätten die Sonne angebetet. In Wirklichkeit beteten sie den Vater im Himmel an, direkt oder in seinen verschiedenen Erscheinungen – Verkörperungen, in theologischer Terminologie – den schöpferischen Göttern. Und genau dasselbe geschah bei den Skandinaviern und ganz allgemein bei allen „polytheistischen" Völkern. Natürlich gab es auch Gläubige, die die Mythen in wörtlichem Sinne nahmen, wie es religiös wenig gebildete Christen gibt, die das Mysterium der Heiligen Dreieinigkeit nicht richtig auslegen oder sogar die verschiedenen Madonnen für unterschiedliche Personen halten. Ist der Mythus nicht die bildliche Vorstellung einer komplexen und schwer verständlichen Idee, die so allen zugänglich gemacht werden soll?
Die Mittelamerikaner glaubten wie die Skandinavier an einen höchsten Gott, Schöpfer und Bewahrer des Weltalls, einen „unsichtbaren und nicht greifbaren Gott wie die Nacht und die Luft", sagt Sahagún. „Der Gott, für den wir leben; der Allmächtige, der alle unsere Gedanken kennt, der alle Gnade vergibt; ohne den niemand Mensch ist; der unsichtbare, unkörperliche Gott der vollkommenen Voll-

kommenheit und Reinheit, unter dessen Fittichen man Ruhe und sicheren Schutz findet".

Diesem Vater im Himmel wurde kein Kult dargebracht, weil er über Opfer erhaben, Gebeten unzugänglich und physisch nicht darstellbar war. Man ehrte ihn in Gestalt der schöpferischen Götter, die nichts anderes als verschiedenartige Ausdrucksformen seiner absoluten Macht waren. Nur unter den Mayas scheint er einen Namen gehabt zu haben: Hunabcu. Aber auch das ist nicht sicher. Die Nahuas bezeichneten ihn nur mit Umschreibungen: „Der der unmittelbaren Nähe" und „Der, durch den wir leben". Dieser Gott hatte keine Standbilder, weil niemand „ihn bisher gekannt oder erblickt hat", wie Ixtlilxochitl sagt. Und wir wissen auch nur von einem einzigen Tempel, den der König Nrzaualcoyotl dem „unbekannten Gott und Schöpfer aller Dinge" weihte.

Snorri Sturlusson, der isländische Verfasser der Edda in Prosa (1189–1241), erklärt im Vorwort zu seinem Werk die Notwendigkeit eines höchsten Gottes für pantheistische Völker: „Es entstand unter ihnen der Gedanke, daß es einen Lenker der Gestirne am Firmament geben müsse, jemand, der ihren Lauf nach seinem Willen bestimmen könne, und der stark und von großer Macht sein müsse. Und sie glaubten, daß es in Wahrheit so sei: daß, wenn er die wichtigsten Dinge der Schöpfung lenke, er schon eher dagewesen sein müßte als die Sterne, und sie begriffen, daß, wenn er den Lauf der Himmelskörper bestimmte, er auch über den Glanz der Sonne, den Tau in der Luft, über die Früchte der Erde und über alles gebieten müsse, was auf ihr wachse; und in der gleichen Weise über die Winde im Raum und über die Stürme des Meeres. Sie wußten noch nicht, wo sich sein Reich befände, aber sie glaubten, daß er alle Dinge auf der Erde und am Firmament ordne." Ein Jahrhundert später sollte der Inka Tupak Yupanki die gleichen Überlegungen mit fast denselben Worten anstellen, wie wir später sehen werden.

Trotzdem personifizierte sich der Vater im Himmel in den Augen der Gläubigen in ganz besonderer Weise in einem Hauptgott, den man als den Herrn der schöpferischen Götter betrachtete und dem die höchsten Ehren erwiesen wurden. Aber dieser Gott war nicht notwendigerweise zu allen Zeiten und für alle Völker des gleichen Glaubens derselbe. Nicht nur jede Gruppe, jede soziale Schicht und jede Gemeinschaft hatte ihren eigenen Schutzgott, sondern sie wählte auch ihren Hauptgott nach eigenem Gefallen aus.

So war zu Beginn unserer Zeitrechnung bei den Skandinaviern die höchste Personifizierung des Vaters im Himmel Tyr – Tiu oder Ziu des Sanskrit Dyaus, woraus der griechische Zeus und Theos, der lateinische Ju(piter) und der altgermanische Tiwaz entstanden – während in der Wikinger-Zeit Odin – Odinn oder Voden in Skandinavien, Wuotan oder Wodan in Germanien – ihn ersetzt hatten, nicht ohne daß ihm, zumindest in den unteren Bevölkerungsschichten, Thor den Rang streitig machte.

Die Wahl Odins als Hauptgott war durchaus logisch. Verkörperung des Vaters im Himmel ist Mutter Erde, Yörd oder Frigg, gleichzeitig seine Gattin und Tochter, ja anscheinend sogar seine Mutter, was genügt, um zu beweisen, daß die Genealogien der Götter reine Symbolik sind. Gott der Schöpfer ist im offenen Abgrund, das heißt in der Materie (seine Mutter), wie das für eine pantheistische Religion normal ist. Aber er kann diese Materie nicht ordnen, noch so die Erde (seine Tochter) schaffen, ohne sich mit ihr (seiner Gattin) vereint zu haben. Als Schöpfer ist Odin der

Feind der Dunkelheit, und die Sonne ist eines seiner Augen. Da sein Atem die Materie belebt, ist er der Gott des Windes. Und ihm wird außerdem die Funktion eines Seelenführers zugeschrieben.

Odin hat sein Gegenstück in der mittelamerikanischen Mythologie in einem Hauptgott – Teotl in Nahuatl, ein aufgrund ihres gleichen Ursprungs, Dyeva, dem griechischen Theos verwandtes Wort – der unter den Nahuas den Namen Ollin Tonatiuh und unter den Mayas den des Kinichahau (Herr mit der Stirn der Sonne) trägt. Es ist der Sonnengott par excellence, was einfach bedeutet, daß die Sonne – unser Sonnenvater – seine sichtbare Repräsentation ist. Sein Maya-Name stellt daher kein Problem dar. Wohl aber sein Nahuatl-Name.

Tonatiuh hat in der Sprache des Anáhuac keinen Sinn, und sowohl die alten Chronisten als auch die modernen Autoren übersetzen das Wort einfach mit Gott oder Sonne, d. h. mit dem, was es bedeutet. Ollin (die beiden l sprechen sich getrennt aus) bedeutet Bewegung und auch Erzittern, Erdbeben, was nur eine sehr entfernte Beziehung zum Göttlichen hat. Das Merkwürdige ist, daß das Wort Tonatiuh eine Zusammensetzung der Namen zweier Germanengötter zu sein scheint: Thonar (Thor) und Tiu (Tyr). Angesichts dessen beginnt man sich zu fragen, ob Ollin eine übrigens nur leichte Abwandlung des Namens Odin ist (man bedenke die Ungenauigkeit der spanischen Übertragungen: Sahagún schreibt Donadiu statt Tonatiuh).

Wir hätten damit eine Dreiheit skandinavischer – Odin, Vili und Ve; Odin, Thor und Frey usw. – wie auch mittelamerikanischer Form: das Herz des Himmels der Quichés-Mayas ist dreifach, zusammengesetzt aus Calculhá-Hurakán, Chipi-Calculhá und Raxa-Calculhá. Es würde sich

123

also um eine Dreieinigkeit *sui generis* handeln, die Odin, als Hauptgott Gott der Sonne und des Windes, Thor als seinen Sohn Gott des Donners, und Tyr, Gott des Krieges, umfassen würde. Halten wir fest, daß der aztekische Sonnengott Uitzilopochli – der Weise Colibri – zur Zeit der Eroberung des Anáhuac durch die nomadischen Jäger mit Ollin Tonatiuh vereint der Gott des Krieges war.

Wir könnten unsere vergleichende Analyse fortführen und zeigen, wie Yörd ihr amerikanisches Gegenstück in Coatlicue, der Mutter Erde, findet, Loki, der böse Gott, im Tezcatlipoca des Nahuatl und im Zotzilaha-Chimalman des Maya usw. Aber in Wirklichkeit würden diese Übereinstimmungen nichts Besonderes bedeuten, weil jede Religion, die die Naturkräfte personifiziert, zur Definierung ihrer Götter nur über eine beschränkte Zahl von Möglichkeiten verfügt. Außerdem werden die Analogien, auf die wir bisher hingewiesen haben – mit Ausnahme des Namens Ollin Tonatiuh, der einen viel tieferen Sinn enthält – bedeutungslos, wenn wir uns nun Quetzalcóatl zuwenden.

Wir sind dieser historischen Persönlichkeit, dem König der Tolteken im 10. Jh. und Kulturbringer für die Völker der Nahuas und Mayas, schon im dritten Kapitel begegnet. Wir haben gesehen, wie er, über das Verhalten seiner Gefährten erzürnt, über das Meer nach Südamerika gegangen war, wo wir seine Spuren verfolgt haben. Wenn er auch physisch aus dem Anáhuac und Yucatán verschwand, so blieb er doch nicht nur in der Erinnerung, sondern er verwandelte sich auch in einen Gott, der schließlich den mittelamerikanischen Göttertempel beherrschte.

Der Gott Quetzalcóatl, weiß und bärtig wie der Mann seines Namens, verliert die kriegerischen Eigentümlichkeiten, die eine der beiden Persönlichkeiten dieses Letzteren

(Abb. 8) ausgezeichnet hatten. Es ist der Priester und religiöse Reformator, der sich bis in den Himmel erhebt, und dem eine seiner neuen Würde und vor allem den von ihm dargestellten Werten entsprechende mythische Biographie zurechtgemacht wird.

Es ist nicht leicht, Quetzalcóatl unter den übrigen mittelamerikanischen Gottheiten einzureihen. Er wird nicht einfach der bereits vorhandenen Mythologie hinzugefügt, wie das mit Uitzilopochli geschehen konnte, der ohne größere Schwierigkeit einen Gott fand, mit dem er sich verschmelzen konnte, sondern er überlagert sich dem Vorhandenen und widerspricht ihm sogar weitgehend. Er kämpft mit Ollin Tonatiuh, um ihn als Hauptgott zu entthronen, was ihm auch gelingt, freilich ohne den Rivalen auszulöschen.

In gewissen Aspekten verbindet er sich ihm, indem sie etwa beide als Söhne von Coatlicue, der Mutter Erde, erscheinen und ihre Empfängnis den gleichen sehr eigentümlichen Charakter hatte, da sich hier, von der Jungfräulichkeit abgesehen, das christliche Mysterium der Fleischwerdung wiederholte: Coatlicue ging mit Tonatiuh schwanger, nachdem sie eine in einem Tempel gefundene weiße Feder in ihrem Kleid verborgen hatte, und mit Quetzalcóatl, nachdem sie einen Edelstein verschluckt hatte. Der Hauptgott, d. h. die höchste Ausdrucksform des Vaters im Himmel, wird zum Schöpfer, zum Gott des Lebens und – wie Odin – des Windes durch seine Hypostase Ehecatl (Hurakán bei den Mayas).

Dies ist jedoch nicht der wichtigste Aspekt seiner Persönlichkeit, sondern nur die Folge des Aufstiegs, den er innerhalb einer von ihm besiegten Welt erreicht. Was Quetzalcóatl den Menschen bringt, ist eine neue Auffassung vom Leben und damit auch von der Moral. Er versucht, den blutigen Kult des Heroismus durch eine Religion der Demut zu ersetzen. Mit ihm erscheinen die assoziierten Begriffe der Sünde, der Reue und der Verzeihung und als Korollarium der der Erlösung. Quetzalcóatls mythisches Leben, ein Abdruck seines wirklichen, aber völlig transformierten Lebens, ist in dieser Hinsicht höchst bezeichnend. Tezcatlipoca verwandelt sich in seinen Bruder, den Sonnengott der Erde (der verderbenden Sonne), dem es zusammen mit seinen Komplizen Ihuimécatl und Toltécatl (dieser Name bezieht sich fraglos auf die Beteiligung der Tolteken an den Ereignissen, die ihren Führer dazu brachten, sie zu verlassen) gelang, den Priester zu berauschen und mit der schönen Quetzalpétatl schlafen zu lassen. Als Quetzalcóatl erwachte, weinte er über seine Sünde und ging aufs Meer. An der Küste weinte er aufs neue und setzte sich selbst in Flammen. Die Seele des Gott-Menschen fuhr zur Hölle nieder, wo es ihm nicht ohne Gefahren und Schrecken gelang, dem Herrn des Totenreiches einen Haufen Knochen Verdammter zu entreißen. Quetzalcóatl sprühte über sie Blut aus seinem Penis, und mit dieser Buße, die von allen Göttern nachgeahmt wurde, errettete er die Menschheit.

Die Erlösung durch das Blut Gottes – es ist unmöglich, nicht sogleich an Christus zu denken. Sie erinnert auch an den Mythus des Baldur, Odins zweiten Sohn, der von dem blinden Gott Hödr, verleitet von Loki, dem bösen Gott, getötet wurde, und der als blutender und weinender Gott in die Unterwelt herabstieg, von wo er nach der Götterdämmerung zurückkehrte, um, erlöst durch seine Leiden und die Wehklagen der Welt, von neuem in den Himmel zu kommen. Dieser doppelte Vergleich kann nicht verwundern: oft haben sich im europäischen Mittelalter Jesus und Baldur überlagert und miteinander vermischt. Vielleicht ist es kein reiner Zufall, daß die ursprüngliche Bedeutung von „Baldr" Herr ist und daß Jesus Christus „Unser Herr" genannt wird. Wenn die Nahuas von ihrem Erlöser sprachen, sagten sie gewöhnlich „der Herr Quetzalcóatl".

Die Charakteristika des Erlösers Itzamná der Mayas sind denen des asketischen Quetzalcóatl ähnlich. Kukulkán dagegen bewahrt als Gott die Erscheinung des kriegerischen Quetzalcóatl, der im Anáhuac dazu neigt, sich mit Ollin Tonatiuh, dem Kriegsgott zu vereinen, und nimmt in der Ikonographie die Erscheinung Odins an (s. Abb. 11).

4. Das Schicksal der Menschen und Götter in Mittelamerika

Ohne die doppelte Idee von Sünde und Buße würde die Existenz von Himmel und Hölle keinen Sinn haben. Es gab trotzdem Autoren, die versicherten, bei den Nahuas und Mayas habe sich das Geschick der Seelen nach dem Status derjenigen gerichtet, denen sie angehörten: die im Kampf gefallenen Krieger, die beim Gebären gestorbenen Frauen und die den Göttern geopferten durften sich mit der Sonne vereinen, die Bauern und Ertrunkenen wurden in der Vorhölle des Tlalocán aufgenommen, und alle anderen kamen in den Mictlán, die Hölle selbst. Nach Quetzalcóatl war das offenbar nicht mehr so, denn die Erlösung ist ohne Sünde und Buße nicht verständlich. Aber das Blut des Gottes bewirkte nichts anderes als eine Verallgemeinerung des Heils, das individuell schon durch das Blut der Krieger, der Gebärenden und – was unsere Feststellung bekräftigt – der Menschenopfer gesichert war.

Die als solche Ausgewählten wurden durch Teoyamiqui,

die Gattin Titzilopochlis, ins Haus der Sonne, das Paradies der Mittelamerikaner, geleitet. In „Gefährten des Adlers" verwandelt, füllten Kampflieder und Kriegspiele ihr ewiges Leben aus. Täglich begleiteten sie die Sonne bis in den Zenit, wo sie von den beim Gebären gestorbenen Frauen abgelöst wurden. Die vegetativ lebenden Landleute ohne besondere Verdienste und Vergehen kamen ebenso wie die vom Blitz Erschlagenen, die Ertrunkenen, Leprösen und Krätzigen in eine Art irdisches Paradies, wo sie alle Freuden genießen durften, die ihnen im Leben versagt waren.

Die Verdammten wurden in den Mictlán geworfen, eine Unterwelt unter den eisigen und dunklen Steppen des Nordens. Es war das Reich des Mictlantecuhtli, Gott der Toten. Es war gar nicht einmal einfach, bis zu ihm zu gelangen. Von einem Wachhund begleitet, mußte der Verdammte vier Jahre lang unter eisigen Winden und von Ungeheuern verfolgt umherirren, um schließlich neun Flüsse zu überqueren, hinter denen er im Nichts Ruhe fand. Der *Popol Vuh* gibt uns von der Hölle, dem Reich Xibalbás, eine genauere, aber übereinstimmende Schilderung. Für die Quichés-Mayas mußten die Verdammten fünf Stationen durchlaufen, wo sie ebenso viel Strafen erlitten: das Haus der Dunkelheit, das Haus des Eises, das Haus der Tiger, das Haus der Vampyre und das Haus der Messer. Das Buch verrät nicht, wie und ob die Reise einmal endete.

Mit der von einer vagen christlichen Erinnerung gefärbten Hinzufügung des Tlalocán scheint die Auffassung, die die Nahuas und Mayas von Himmel und Hölle hatten, bis in die geringsten Einzelheiten ein Abklatsch der skandinavischen Mythologie zu sein. In Asgard, dem Sitz der Götter auf dem Wipfel der Weltesche Yggdrasill, ist Valhall das „Heim der Gefallenen", wohin die Krieger, die im Kampf heldenhaft fielen, die Kämpen, durch die Walküren, „die unter dem gewaltsam Getöteten Auswählenden", geleitet wurden. Sie haben die doppelte Aufgabe, die Schlachtfelder nach Helden abzusuchen und die häuslichen Pflichten in Walhall zu versehen. Die Kämpen verbringen ihre Zeit essend, Met trinkend und kämpfend. Jeden Tag ziehen sie auf den Kampfplatz und kämpfen untereinander, wobei sie sich gegenseitig töten oder verwunden. Aber jeden Abend gewinnen sie ihre Unversehrtheit oder ihr Leben zurück.

Die übrigen Toten, die Verdammten, werden zur Hel gesandt, an den „Ort der Verbergung" in den unterirdischen Tiefen. Das ist eine eisige und neblige Region, die in neun einander überschneidende Kreise eingeteilt ist, von denen, je tiefer man kommt, einer immer eisiger als der andere ist. Man betritt sie durch ein vom Hund Garmr bewachtes Tor und überschreitet einen Fluß von scharfen Messern und Schwertern, bis man das Reich der Göttin Hel erreicht, wo die Sünder – Mörder, Eid- und Ehebrecher – von Schlangen umgeben ein elendes Leben führen. In der Hel ist auch Loki, der böse Gott, der gefallene Gott, den viele Autoren mit Luzifer in Verbindung bringen.

Der Aufenthalt der Verdammten in der Hölle währt nicht ewig. Eines Tages wird Loki der Hölle entfliehen, sich an ihre Spitze setzen und mit Hilfe der Riesen, der Nachkommen der Familie, die die Sintflut überlebte, des Fenriswolf und seiner Söhne und der Weltschlange, die Thor vergeblich zu fangen versuchte und die Odin in das die Erde umgebende Meer geworfen hatte, Asgard überfallen. Es kommt der Ragnarök, die Götterdämmerung. Die Götter werden besiegt. Der Fenriswolf und die Weltschlange werden, ehe sie im Kampf getötet werden, Sonne und Mond verschlingen. Eisige Kälte bemächtigt sich der Welt, und alles ist zu

Ende. Aber Baldur, der Erlöser, erweckt die Götter zu neuem Leben, und eine neue Welt wird geboren.

Dieselbe Auffassung vom Ende der Welt, wenn auch mit weniger bekannten Einzelheiten, bildet einen Bestandteil des mittelamerikanischen Glaubens. Vier Sonnen oder vier Welten wurden schon zerstört, ehe die unsere aufging: die Sonne der Erde oder der Nacht, die Sonne der Luft, die Sonne des Feuerregens und die Sonne des Wassers. Die fünfte Sonne oder die Sonne der vier Bewegungen wird ihrerseits untergehen, wenn die Ungeheuer der Dämmerung vom Grunde des Westens aufsteigen, aufgestachelt von Tezcatlipoca, dem bösen Gott, um die Lebewesen zu vernichten, während das Ungeheuer der Erde den Erdball in seinem Schlund zermalmt. Dann wird die menschliche Art ausgelöscht. Aber eine sechste Sonne wird geboren, eine neue Welt, in der die Menschen durch Planeten, das heißt Götter, ersetzt werden.

5. Die Religion des Inkareiches

Die Kenntnisse, die wir über den im Inkareich herrschenden religiösen Glauben haben, sind viel geringer als diejenigen, die uns aus Mittelamerika überliefert sind. Vielleicht rührt dieser Unterschied von der Tatsache her, daß Peru keinen Chronisten vom intellektuellen Rang Sahagúns besaß. Doch besteht der fundamentale Grund in der Einfachheit und Reinheit einer Religion, die praktisch der Mythologie entbehrte. Diese Kennzeichen schließen jedoch eine anfängliche Zwiegestaltigkeit nicht aus, die sich in abgeschwächter Form auch noch während der behandelten Epoche bekundete.

Die älteste Schicht der peruanischen Religion wurde durch die achtundsiebzig Götter repräsentiert, die im Göttertempel zu Cuzco die Glaubensbekenntnisse der dem Imperium einverleibten Völkerschaften repräsentierten. Die Inkas duldeten, ja nahmen ihre Götzen sogar günstig auf, weil ihnen das, wie den römischen Cäsaren, politisch zweckmäßig erschien. Einer von diesen Göttern jedoch genoß eine privilegierte Stellung, und der Kaiser selbst ließ sich gelegentlich herab, ihm in seinem großen Tempel am Rimac rituelle Opfer darzubringen. Es war Pachakamak, der Feuergott der Chimús, dessen Name „Beseeler der Erde" bedeutet, der allgegenwärtige Schöpfer, dessen Werk bis heute bei den Aymarás Boliviens in Pachamama, der Mutter Erde, personifiziert ist. Pachakamak ist der ordnende Geist, durch den das Chaos Form und Bestand erhält. Denn *pacha* ist gleichzeitig Erde und Zeit. Leider wissen wir nichts von der peruanischen Kosmogonie, die, wenn sie in fernen Zeiten existierte, durch den kaiserlichen und gebieterischen Sonnenkult aus dem Bewußtsein ausgelöscht worden sein muß.

Unsere Unkenntnis der präinkaischen Theologie umfaßt auch den Zeitabschnitt der *atumuruna*. Was leicht erklärlich ist, da die „Tiahuanacu-Menschen" als Folge ihrer Niederlage auf der Sonneninsel fast alle verschwanden. Die Kontinuität der von ihnen geschaffenen Zivilisation löste sich auf, und das inkaische Reich übernahm eine vereinfachte geistige Erbschaft. Wir wissen jedoch, daß der Glauben der Weißen, die an der peruanischen Küste landeten, von demjenigen nicht sehr verschieden gewesen sein kann, den sie in Mittelamerika zurückließen – die inkaische Religion beweist es.

Die Religion, deren Grundlagen Manko Kapak schuf und

die die Spanier bei ihrer Ankunft kennenlernten, beschränkt sich offensichtlich auf den Sonnenkult. Über den örtlichen Göttern, den Göttern Kanopas, den Beschützern der Heime, und selbst über Pachakamak stand „Unser Sonnenvater", dessen Söhne die Inkas, die Inhaber der höchsten Gewalt, waren. Den Kult um den Sonnenmythus zu konzentrieren, war also eine geschickte Politik, aber nicht mehr. Die Indios beteten die Sonne an, weil die Staatsgewalt, die alle religiösen und zivilen Betätigungen regelte, insbesondere die Landarbeit und die Verteilung der erzeugten Güter, sie in Ausübung des offiziellen Kultes dazu anhielt oder gegebenenfalls sogar dazu zwang. Aber die Inkas, der Kaiser und seine Familie von königlichem Geblüt, hatten gewiß eine höhere religiöse Auffassung.

Ein Chronist der ersten Zeit, der Pater Blas Valera, der Garcilaso zitiert, schreibt dem Inka Tupak Yupanki folgende Worte zu: „Viele sagen, daß die Sonne lebe und daß sie der Vollbringer aller Dinge sei. Es gehört sich, daß er, der eine Sache vollbringt, dabei anwesend ist. Aber es geschehen viele Dinge, wenn die Sonne abwesend ist. Dann ist sie also nicht der Vollbringer aller Dinge. Und daß sie nicht lebt, erhellt daraus, daß sie ständig kreist, ohne müde zu werden. Wäre sie ein Lebewesen, würde sie müde werden wie wir; oder wenn sie frei wäre, würde sie auch andere Teile des Himmels aufsuchen, an die sie niemals gelangt. Sie ist wie ein angeflocktes Tier, das sich immer im gleichen Kreis bewegt, oder wie ein Pfeil, der dorthin fliegt, wohin man ihn sendet, und nicht nach da, wo er gern hinmöchte."

Der Inka Huayana Kapak erklärte die Gedanken seines Vaters, als er dem Hohen Priester antwortete, der ihm vorgeworfen hatte, das Bild der Sonne zu betrachten, obwohl es ein Gesetz gab, das dies als Sakrileg verbot: „Ich sage dir, daß unser Sonnenvater einen Herrn haben muß, der mächtiger als er ist, der die Bahn bestimmt, die er täglich, ohne einzuhalten, zu durchlaufen hat. Wenn er sein eigener Herr und Gebieter wäre, würde er wohl manchmal nach seinem eigenen Geschmacke handeln."

Der höchste Gott Perus nannte sich Kon-Tisci Huirakocha und unterschied sich nicht von dem weißen und bärtigen Gott, der als Mensch den Altiplano zivilisiert hatte: Illa-Tisci Huirakocha, der peruanische Quetzalcóatl. Er war der „Herr der Sonne", von dem Huayana Kapak gesprochen hatte, der Fleisch geworden war, um den Menschen die Verkündung und die Erlösung zu bringen. Als unteilbarer und allmächtiger Gott brauchte er nichts von niemandem. Deswegen wurde ihm keinerlei Kult geweiht noch wurden ihm Tempel errichtet. Derjenige, den ihm der Inka Huirakocha errichtete, dem er im Traum erschienen war, und der aus diesem Grunde seinen Namen angenommen hatte, war einem „Traumbild" von Gott geweiht.

Der Chronist García berichtet, wie nach dem Glauben der Eingeborenen in einer Zeit, als alles noch Nacht war und es noch weder Licht noch Tag gab, einem See in der Provinz Collasuyu (dem Titicaca-See) ein Herr namens Contice-Viracocha (Kon-Ticsi Huirakocha) entstieg, der im gleichen Augenblick die Sonne, den Mond, die Planeten und anderen Gestirne schuf. Er hatte „weder Knochen, noch Glieder, noch Rumpf" und „sah viel und schnell... als Sohn der Sonne, der zu sein er angab".

Pachakamak besiegte ihn und zwang ihn zur Flucht. Indem er die Männer, die ihn verlassen und die sich in Tiere verwandelt hatten, verfluchte, begab sich Kon-Ticsi Huirakocha an die Küste in die Provinz Manta und „stürzte sich mit allen Seinigen ins Meer" nach der Version von García, oder „breitete seinen Mantel über das Meer und verschwand für immer im Schoß des Ozeans", wie Velasco berichtet. Es ist dies die genaue mythische Übertragung der Geschichte Huirakochas, wie wir sie nach der Überlieferung im dritten Kapitel wiedergegeben haben.

Huirakocha ist daher der Schöpfer und der Sohn der Sonne zugleich. Als Schöpfer ist er unkörperlich und allmächtig. Als Erlöser dagegen – Kind seiner eigenen Schöpfung – ist er verletzlich und wird von den Naturkräften besiegt. Wie Quetzalcóatl, mit dem er sich historisch vermengt, wenn nicht als Individuum, so doch als Angehöriger der gleichen Rasse, läßt Huirakocha uns unausweichlich an den Christengott, den Schöpfer und Erlöser, Vater und Sohn seiner selbst, unkörperlich und fleischgeworden, allmächtig und gekreuzigt denken.

Wir haben schon im dritten Kapitel den Ursprung und Sinn des Namens Huirakocha kennengelernt: „Weißer Gott" im Alt-Skandinavischen. Es kann also nicht verwundern, festzustellen, daß Kon – Abkürzung von *konungr* – in der gleichen Sprache König bedeutet. Was Ticsi betrifft, ein Wort, das allgemein, wenn auch willkürlich, mit Schöpfer übersetzt wird, so ist es vielleicht nicht übertrieben, in ihm die Wurzel „Ti" des altgermanischen Tiwaz, Name des Vaters im Himmel, erkennen zu wollen.

Neben so hoher Religionsauffassung interessiert es weniger, zu vermerken – und wir tun es nur der Vollständigkeit halber – daß im volkstümlichen Kult der Mond eine Göttin, die Gattin der Sonne, war, daß eine Dreiheit (Illapa) von „Sklaven der Sonne" (Blitz, Donner und Strahl) verehrt wurde, die keine Götter waren, und daß der Gott Kanopa die sieben bekannten Planeten verkörperte. Wichtiger ist, festzuhalten, daß die inkaische Religion die Unsterblichkeit der Seele und sogar die leibliche Auferstehung lehrte. Den Auserwählten war der über der Erde gelegene Himmel bestimmt, wo sie wie im Paradies auf Erden leben würden, während die Hölle, das Reich des Dämonen Kupay oder Supay, das unter der Erde lag, die Verdammten aufnahm, die dort die schlimmsten Martern erleiden würden.

Erwähnen wir schließlich noch die Überlieferung einer Sintflut ähnlich wie in Mittelamerika: die Wasser vernichteten die ersten Menschen. Nach einer Version überlebten sieben von ihnen und kamen aus einer Höhle, um die Erde von neuem zu bevölkern. Nach einer anderen kamen alle Menschen um, und Huirakocha schuf eine zweite Menschheit. In Quito glaubte man, daß die Sintflut das Ergebnis eines Kampfes mit der Großen Schlange gewesen sei, die soviel Wasser ausspie, daß sie die Welt darin ertränkte.

Alles in allem begegnen wir in der inkaischen Religion denselben Elementen wie in der mittelamerikanischen, aber verschieden verteilt und mit unterschiedlichem relativem Wert. In Peru hat der asketische Quetzalcóatl, der „sanfte und milde", seine Niederlage überstanden und, dank Manko Kapak, sich die „wilden" Überbleibsel der Eingeborenen-Kulte unterworfen und die Erinnerung an den kriegerischen Quetzalcóatl ausgelöscht. Auch der böse Gott und die Kämpfe unter den Göttern sind verschwunden. Es bleibt gerade noch ein leichter Nachgeschmack des Manichäismus in dem Kampf zwischen dem Gott der Materie, Pachakamak, mit dem Gott des Geistes, Kon-Ticsi, und das auch nur als geographisch eng begrenzter Mythus, der obendrein im Begriffe steht, zu verschwinden.

Es gibt auch keinen Herrn der Hölle noch einen Gott der Toten. Alles ist vereinfacht, gesäubert und in Harmonie gebracht worden. Ein zweifacher Gott – Vater und Sohn – dessen sichtbarer Ausdruck und Symbol die Sonne ist, regiert die kosmischen Kräfte und rettet die Menschen durch seine Fleischwerdung. Es handelt sich gewiß noch immer um ein pantheistisches Heidentum skandinavischer Art, aber es ist nicht schwierig, darin einen fremden Beitrag zu erkennen, dem wir schon ebenso definiert, aber weniger gesichert in der Religion Mittelamerikas begegnet sind.

6. Christliche Elemente
in den Religionen Perus und Mittelamerikas

Der fremde Beitrag, von dem wir eben sprachen, ist zweifellos christlichen Ursprungs. Wir wollen gewiß nicht in den Irrtum spanischer Chronisten verfallen, die, wie Garcilaso ironisch feststellt, „Heilige Dreieinigkeiten geschaffen haben... von denen die Eingeborenen keine Ahnung hatten". Es geschah jedoch nicht im Bemühen, die Religionen zu vermischen – daran darf man in allerletzter Linie denken – daß die fraglichen Chronisten, und vor allem die Geistlichen unter ihnen, auf die Ähnlichkeiten hinwiesen und diese sogar übertrieben, die sie zwischen dem Christentum und den indoamerikanischen Religionen antrafen. Es war nicht das Produkt ihrer Phantasie, das sie sogar den Apostel Thomas in Amerika predigen ließ, weil der Name dieses Heiligen eine gewisse phonetische Ähnlichkeit mit „pay Tomé", einem der Namen des Weißen

136

Gottes, aufwies. Es mag sie sogar einige Überwindung gekostet haben, eine derartige intellektuelle Loyalität zu zeigen, da sie die blutigen Eigentümlichkeiten, wie sie zumindest der Kult der Nahuas besaß, verabscheuten. Der Augenschein war zweifellos stärker als ihre Vorurteile und ihre Empfindsamkeit.

Es war auch keineswegs Sympathie oder Hochachtung, aus der heraus die Konquistadoren die Priester der Nahuas *papas* (Päpste) nannten. Nichts kann ihnen unpassender, um nicht zu sagen: als ein Sakrileg, erschienen sein, als diesen „Götzendienern", wenn sie auch schwarze Soutanen mit Kapuzen „wie die Dominikaner" trugen, den Titel des Oberhirten der Christenheit zu geben. Wenn sie es dennoch taten, so weil die Priester des Ollin Tonatiuh und des Quetzalcóatl sich selbst mit diesem Namen bezeichneten.

In der Sprache der Nahuas heißt Priester *tlamacazqui,* und das Wort *papa* gibt es anderseits in ihrer Sprache nicht. Die Indianer verwendeten das Wort, um sich den Weißen verständlich zu machen, was ihnen auch gelang. Aber woher kannten sie den Begriff, den die Spanier gewiß nicht zur Bezeichnung ihrer Kapläne gebrauchten? Wo wurden einfache Priester *papas* genannt? In Irland. Die *papas* (irisch: *paba,* vom lateinischen *papa*) waren die mönchischen Anachoreten, die die Inseln des Nordatlantik besiedelten, einschließlich Islands, ehe die Skandinavier dorthin kamen, die sie sehr wohl kannten und sie *papar* nannten.

Anderseits wissen wir aus den Sagas, daß die Iren Huitramannaland kolonisiert hatten, jenes Gebiet im Süden von Vinland, das nur durch Florida von Mexiko getrennt war, wie es die Landkarte auf Abb. 3 zeigt, und daß sich unter den Siedlern auch Priester befanden. Es wäre unwahrscheinlich, daß die *papas*, die große Seefahrer waren, sich in ihrer amerikanischen Kolonie seßhaft gemacht hätten und nicht weiter nach Süden gezogen wären, um die Indianer zu bekehren. Wir haben also guten Grund, anzunehmen, daß es sich bei dem asketischen Quetzalcóatl der Nahuas und bei dem Itzamná der Mayas um einen *papa* oder um die Personifizierung einer Gruppe von *papas* gehandelt hat. Es gibt keine andere Art, die Berichte der Chronisten zu erklären.

Wenn der Aufenthalt der irischen Mönche genügend lang und ihr Wort genügend eindrucksvoll war, um noch Jahrhunderte später von den Priestern der Nahuas im Wortlaut erinnert zu werden, dann ist das Vorhandensein christlicher Elemente in der mittelamerikanischen Religion, die die Aufmerksamkeit der Konquistadoren erregte, ganz normal. Wir beziehen uns hier nicht nur auf die theologische Lehre – unkörperlicher und allmächtiger Schöpfer, dreieiniger Gott, Fleischwerdung und Erlösung – denn diese Dogmen hätten auch durch die heidnischen Skandinavier mitgebracht sein können, wie wir gesehen haben, obwohl sie tiefe und gleichzeitig sekundäre Aspekte ihres Glaubens darstellten, die mehr oder weniger analphabetischen Kriegern weiterzugeben schwergefallen wäre. Die Elemente, die wir meinen, sind greifbarer und können nur von Christen mitgebracht worden sein.

Wir beziehen uns auch nicht auf die Berichte biblischen Typs, die die Chronisten nach der Konquista sammelten, und die das Produkt der synkretistischen Einbildung der Eingeborenen gewesen sein können. Es lohnt jedoch, wenn auch nur der Kuriosität wegen, zwei Versionen der Sintflut zu erwähnen, in denen man einen doppelten sowohl örtlichen als auch hebräischen Einfluß wahrnimmt. In

Michoacán hieß es, daß Tezpi und seine Gattin der Sintflut in einem Schiff entkamen, in dem sie auch Vögel und Tiere mitführten (!). Nach einiger Zeit ließ der Nahua-Noah einen Geier fliegen, der die Leichen der ertrunkenen Riesen verschlang. Danach sandte er einen Kolibri aus, der mit einem Zweig im Schnabel zurückkehrte. Im Chiapas (dem heutigen Guatemala) erzählte man, daß Votán der Enkel des erlauchten Alten war, der sich auf einem Floß hatte retten können, als der größte Teil der Menschheit in den Fluten umkam. Der Gottmensch wirkte an der Errichtung des Gebäudes mit, über das man in den Himmel gelangen wollte. Teotl erzürnte sich. Er zerstörte die Pyramide durch Feuer, ohne daß diese fertig geworden wäre, gab jeder Familie eine andere Sprache und Votán den Befehl, das Land Anáhuac zu bevölkern.

Dem Mysterium der Fleischwerdung auf der mexikanischen Hochebene zu begegnen, ist gewiß noch überraschender, und es besteht in diesem Fall keine Möglichkeit des Synkretismus, da der Mythus eine der Grundlagen der Theogonie der Nahuas darstellt. Wir haben schon weiter oben erwähnt, daß Ollin Tonatiuh und Quetzalcóatl dieselbe Mutter, Coatlicue (auch Ciuacóatl, Schlangenfrau) genannt, hatten, die ihre Söhne ohne männliche Mitwirkung empfing, den zweiten, indem sie einen Edelstein verschluckte, und den ersten, indem sie in ihrem Schoß eine weiße Feder (einige Texte sagen: einen Federball) verbarg, die sie in einem Tempel gefunden hatte, als sie diesen zur Strafe dafür auskehren mußte, daß sie die verbotene Rose gepflückt hatte. Coatlicue, die die Nahuas Mutter Erde und Unsere Liebe Frau und Mutter nannten, ist also wie die biblische Eva für die Sünde verantwortlich (und für die Schmerzen der Geburt, womit Gott sie strafte) und zugleich, wie die Jungfrau Maria, die Mutter des durch ein Wunder empfangenen Erlösers.

Könnte ein besonders mißtrauischer Forscher an der Authentizität dieser letzteren Übereinstimmungen zweifeln und sie der Gerissenheit der Indios zuschreiben, die sich den spanischen Priestern angenehm machen wollten? Eine derartige Skepsis müßte sich jedenfalls angesichts der Tatsache verflüchtigen, daß es bei den Nahuas vier der sieben Heiligen Sakramente der katholischen Kirche gibt: die Taufe, die Beichte, die Kommunion und die Ehe. Auch die Priesterweihe hat es bei ihnen wohl gegeben (obwohl dafür keine Beweise vorhanden sind), da das Amt des Priesters streng geordnet und organisiert war. Lediglich die Firmung, die im mittelalterlichen Katholizismus wenig lithurgische Bedeutung hatte, kannte man ebenso wenig wie die letzte Ölung, die nichts anderes als eine besondere Form der Vergebung der Sünden ist.

Das Sakrament der Taufe bedurfte bei den Nahuas keines Priesters, dessen Mitwirkung auch bei der christlichen Taufe nicht unerläßlich ist. Sein Meßdiener war die Hebamme, die, wenn sie die Nabelschnur durchschnitten hatte, folgendes Gebet an die Göttin des Wassers Chalchiuhtlicue richtete: „Es ist bereits in eurer Hand. Wascht es (das Kind) und reinigt es, wie ihr wißt, daß es sich gehört. Säubert es von der Unreinheit, die es von seinen Eltern erhalten hat, und die Makel und den Schmutz nehme das Wasser weg und beseitige sie und reinigt es von allem Unrat, der darin sein könnte. Seid so gut, Herrin, daß es gereinigt und sein Herz und sein Leben sauber sei."

Einige Tage später wurde dann unter großen Familienfestlichkeiten die eigentliche Taufe gefeiert. Mit ihren benetzten Fingern spritzte die Hebamme einige Tropfen Wassers auf den Mund des Neugeborenen: „Nimm, empfange dies. Mit diesem Wasser wirst du auf Erden leben, wachsen und gedeihen. Durch es empfangen wir, was uns auf Erden zum Leben nötig ist. Empfange dieses Wasser." Dann benetzte sie in gleicher Weise die Brust des Kindes: „Dies ist das himmlische Wasser. Dies ist das reinste Wasser, das dein Herz wäscht und säubert. Empfange es. Möge es dein Herz reinigen." Dann spritzte ihm die Hebamme einige Tropfen auf den Kopf: „Möge dies Wasser in deinen Leib eindringen und darin leben, dies himmlische, dies blaue Wasser." Schließlich wusch sie den ganzen Körper des Neugeborenen: „Wo du auch immer seist, der du diesem Kinde Schaden zufügen könntest, laß es in Frieden, gehe, hebe dich hinweg von ihm, denn jetzt wird dieses Kind von neuem geboren, unsere Mutter Chalchiuhtlicue formt und gebiert es von neuem."

Das Sakrament der Beichte erhielten die Nahuas wie das *Consolamentum* der Katharer (Ketzer) nur einmal im Leben und auf dem Wege der Ohrenbeichte. Der Priester sagte zum Büßer: „Dies sind deine Sünden, Stricke, Netze und Gruben nicht nur, in die du gefallen bist, sondern wilde Tiere, die töten und Körper und Seele zerreißen... Du hast dich aus eigenem Willen beschmutzt... Jetzt hast du gebeichtet... hast sie alle (deine Sünden) Unserem Herrn offenbart und bezeugt, der der Helfer und Reiniger aller Sünder ist... Jetzt bist du neugeboren, jetzt beginnst du von neuem zu leben, und in diesem Augenblick schenkt dir Unser Herr Gott Erleuchtung und neue Sonne... Es geziemt sich, daß du Buße tust, indem du ein Jahr oder länger im Hause Gottes arbeitest."

Das Sakrament der Kommunion wurde bei den Nahuas einmal im Jahr erteilt, und zwar den Erwachsenen, die es nur erhalten konnten, wenn sie ein Jahr lang Buße getan hatten. Mit von ihnen selbst gemahlenem Mehl bereiteten die Priester den Teig zu, aus dem sie die Gestalt Uitzilopochlis kneteten. Am folgenden Tag schoß ein Mann, der Quetzalcóatl repräsentierte – vielleicht der höchste Priester dieses Gottes – einen Pfeil auf das Herz der Hostie ab. Dann wurde der Körper zerschnitten. Das Herz wurde für den König oder den örtlichen Herrn aufgehoben, der Rest wurde unter den Jungen verteilt. „Jeder aß ein Stück von dem Leib dieses Gottes", sagt Sahagún, „und die es aßen, waren Jünglinge, und sie sagten, es sei der Leib Gottes".

Die Hochzeit wurde mit zwei verschiedenen Zeremonien begangen. Bei der ersten setzten sich die Brautleute um die Feuerstelle, und die Heiratsstifter verknoteten den Umhang des Jünglings mit der Bluse der Jungfrau. Sie waren damit schon verheiratet, aber sie durften die Verbindung erst vollziehen, wenn sie vier Tage im Hochzeitsgemach betend verbracht hatten. Am fünften Tag segnete ein Priester ihre Verbindung, indem er sie mit geweihtem Wasser benetzte.

Wir erwähnten weiter oben, daß die Nahuas das Sakrament der Firmelung nicht kannten. Dagegen stellte dieses bei den Mayas einen der bedeutendsten Riten dar. Er wurde im Hof des Tempels durchgeführt, in dessen vier Ecken sich vier ehrwürdige Alte niedersetzten und ein Seil hielten. In dem so gebildeten Viereck nahmen Mädchen von zwölf und Knaben von vierzehn Jahren Aufstellung. Der Priester in weißer Soutane und vollem Ornat reinigte sie mit Harz – dem Weihrauch Mittelamerikas – und die jungen Menschen bekannten öffentlich ihre Sünden. Nach der gebührenden Ermahnung salbte der Priester jeden einzelnen mit „jungfräulichem Wasser". Wir wissen nicht, ob diese Zeremonie die Taufe und Beichte ersetzte oder nur zusätzlich zu diesen erfolgte. Die Heiratszeremonie der Mayas war derjenigen der Nahuas ähnlich und schloß den priesterlichen Segen ein.

„Christlicher" in ihrer Theologie als die mittelamerikanische war es die peruanische Religion weniger in bezug auf ihre Zeremonien. Wahrscheinlich weil wir sie nur in der Form kennen, die sie im Inkareich angenommen hatten, als der Kaiser, die Verkörperung der Sonne, in seiner Person die politische und religiöse Ordnung zentralisiert und manchmal sogar miteinander vermengt hatte. So hatte die Eheschließung rein zivilen Charakter und wurde für die Mitglieder der königlichen Familie durch den Souverän, für das übrige Volk durch die *curacas* – die eingeborenen Herren – durch einfaches Ineinanderfügen der Hände der Brautleute vollzogen.

Wir wissen nicht, ob es in Peru so etwas wie eine Taufe gab. Dagegen sind wir über die Kommunion sehr gut informiert, die einen Teil der Festlichkeiten des Intip Raymi und des Uma Raymi bildete. Bei der erstgenannten, die Garcilaso mit dem christlichen Pfingstfest vergleicht, und die wie dieses zur Zeit der europäischen Sommersonnenwende (die der Wintersonnenwende auf der südlichen Erdhäfte entspricht) gefeiert wurde, bereiteten die Sonnenjungfrauen für die Inkas und die „doncellas" (Zofen), wie Garcilaso sich ausdrückt, für das einfache Volk gewaltige Mengen eines Teiges aus Maismehl, der *zancu* genannt wurde, und backten daraus runde Brötchen von der Größe eines Apfels, von denen zu Beginn des Mahles zwei oder drei Bissen gegessen wurden.

Am folgenden Tag trat der Kaiser bei Sonnenaufgang auf

den Hauptplatz von Cuzco und nahm in jede Hand einen großen goldenen Becher voll *aquilla*. Den Becher, den er in der rechten Hand hielt, schüttete er in einen großen goldenen Krug, der durch ein Rohr mit dem Haus der Sonne verbunden war. Aus dem Becher in seiner Linken nahm der Inka einen Schluck und verteilte sodann den Rest unter den anderen anwesenden Inkas, von denen jeder ein wenig in einem kleinen goldenen oder silbernen Becher erhielt. Die *curacas*, die sich auf einem anderen Platz befanden, erhielten dasselbe von den Jungfrauen der Sonne zubereitete Getränk, das jedoch nicht vom Munde des Herrschers berührt worden war. Nichts könnte dieser Zeremonie ähnlicher sein als das Abendmahl, wie es in einigen protestantischen Kirchen begangen wird.

Für die zweite der erwähnten Festlichkeiten wurden zwei verschiedene Arten von Maisbrot vorbereitet. Das eine, das aus gewöhnlichem Teig hergestellt wurde, aß man nach Sonnenaufgang zum Frühstück. Das andere wurde aus einem Teig hergestellt, der mit dem Blut von Kindern zwischen fünf und zehn Jahren angerührt war. Man zapfte es ihnen zwischen den Augenbrauen ab. Männer und Frauen bestrichen mit diesem Brot ihren Körper und hefteten es sodann an die Türschwellen ihrer Häuser. Halten wir fest, daß diese beiden Festlichkeiten die einzigen Tage des Jahres waren, an denen die Inkas und ihre Untertanen Brot aßen.

Die Chronisten vermerken auch, daß es in Peru die öffentliche Beichte gab. Aber es bestehen gewisse Zweifel über ihre Bedeutung. Während die Spanier der Konquista ihr einen religiösen Charakter beimaßen, glauben einige Autoren von heute eher, daß es sich um eine vor den zivilen Behörden abgehaltene Art Selbstkritik handelte, was das weiter oben über die Säkularisation des religiösen Lebens in den Zeiten des inkaischen Imperiums Gesagte bestätigen würde.

Die Zeremonien der Nahuas, Mayas und Inkas waren oft von Fasten und Kasteiungen begleitet. Quetzalcóatl selbst, oder vielmehr eine der beiden geschichtlichen Persönlichkeiten, die die Überlieferung unter diesem Namen zusammengefaßt hat, führte ein asketisches Leben, geißelte sich und unterbrach seine Nachtruhe, um zu beten. Aber Quetzalcóatl – „der Herr der Buße" – war „sanft und mild". Nicht so die Nahuas, die sich seiner entledigt hatten. Nach ihrer Auffassung mußte die Selbstkasteiung blutig sein.

Quetzalcóatl „durchstach seine Beine, daß sie bluteten, mit den Stacheln des Maguey" (einer mexikanischen Agaven-Art), was nicht viel mehr als ein auch von mystischen Christen allgemein geübter Brauch ist, und seine Priester folgten seinem Beispiel. Aber die Gläubigen des Uitzilopochli gingen am Vorabend ihrer religiösen Feste oder in noch strengerer Form als Buße nach der Beichte noch viel weiter: sie brachten ihre Ohren zum Bluten und durchstachen sich die Zunge mit einem Maguey-Stachel, worauf sie durch das so entstandene Loch „viele dünne Weidenruten" zogen. Noch schlimmer war es bei den Mayas, die sich sogar das männliche Glied durchstachen.

Das Fasten ging allen Zeremonien voran. Die jungen Mexikaner beispielsweise, die in den Orden der Adler- und Tiger-Ritter eintreten wollten, mußten vorher vierzig bis sechzig Tage lang fasten. Im Land der Mayas mußten sich die Eltern der Konfirmanden und die messelesenden Priester während einer bestimmten Zeitdauer der Nahrung und sexueller Beziehungen enthalten. Auf das Fest des Intip Raymi hatten sich die Inkas und ihre Untertanen mit drei strengen Fastentagen vorzubereiten, während derer sie nur ein wenig rohen Mais essen und sich ihren Frauen nicht beigesellen durften. Dies sind nur einige wenige Beispiele, da diese Art Buße bei unzähligen Gelegenheiten geübt wurde, sowohl in Mittelamerika als auch in Peru.

Kasteiungen und Fasten waren Bestandteil des klösterlichen Lebens, wie es die Nahua-Priester in ihren Klöstern führten, wo sie sich dreimal am Tage und einmal um Mitternacht zusammenfanden, um gemeinsam zu beten. Aber es ist Peru, wo wir die unseren religiösen Orden ähnlichste Institution antreffen, nicht nur in bezug auf die allgemeine Lebensführung, sondern vor allem, was die lebenslangen Gelübde betrifft. Wir meinen die Jungfrauen der Sonne, wirkliche Nonnen, die in den Häusern der Auserwählten unter absoluter Klausur lebten. Die von Cuzco, alle von königlichem Geblüt, waren die Gemahlinnen der Sonne, wie die katholischen Nonnen Christus anverlobt sind.

In den über alle Provinzen verstreuten Nonnenklöstern waren Jungfrauen gemischten Blutes und, als besondere Gunst, sogar reine Indianerinnen die Gemahlinnen des Kaisers, des Sohnes der Sonne, und zwar nicht bloß symbolisch, sondern auch in der Form, daß dieser sich die schönsten unter ihnen zu Konkubinen nahm. Nur in diesem letzteren Falle durften die Nonnen ihre Klausur und das Gebot ewiger Keuschheit brechen. In den Klöstern widmeten sich die Auserwählten neben ihren religiösen Verpflichtungen der Aufgabe, die Gewänder, die der Kaiser trug oder verschenkte, zu spinnen, zu weben und zu nähen. Sie bereiteten das Getränk und das Brot, das der Inka beim „Heiligen Abendmahl" des Intip Raymi und des Uma Raymi gebrauchte. Aber ihre Hauptaufgabe bestand, wie bei den römischen Vestalinnen, darin, das „Neue

Feuer" zu hüten, das die Priester am Tag des Intip Raymi mittels eines Brennspiegels oder, bei bedecktem Himmel, durch das Aneinanderreiben zweier Stäbchen entzündeten.

Das Übereinstimmen der Daten, an denen die amerikanischen Völker ihre wichtigsten Feste feierten, mit dem liturgischen Kalender der Katholischen Kirche kann nur einen Grund haben: den Jahreslauf. Schwieriger ist es schon, damit auch die Übereinstimmung in der Bedeutung der jeweiligen Feste zu erklären, die wir festgestellt haben. Wir sahen bereits, daß das inkaische Fest des Intip Raymi, das Garcilaso mit dem christlichen Osterfest gleichsetzte, wie dieses etwa zur Zeit der nördlichen Sommer-Sonnenwende stattfand. Aber die Zeremonie des Neuen Feuers, die zu diesem Datum begangen wurde, hatte zur südlichen Winter-Sonnenwende keinerlei Sinn. Die südamerikanische Kirche begeht heute den gleichen Irrtum, wenn sie das Neue Feuer, das Symbol der neuen Sonne, in der Oster-Mitternachtsmesse einsegnet, d. h. bei Beginn des südlichen Winters. Denn die Auferstehung des Gottessohnes wie die des Sonnensohnes zu feiern, hat im Frühling Sinn, wenn die Natur erwacht und ein neuer Lebenszyklus beginnt, nicht aber im Herbst oder zum Wintersanfang, wenn die Nacht den Tag verdrängt und die Erde ihren Winterschlaf antritt.

Ursprünglich war Intip Raymi auch der Tag der Toten. Die königliche Familie besuchte die *huaka*, wo die Mumien ihrer Vorfahren ruhten, und in jedem Heim gab es Riten zu Ehren der Kanopa (Penaten, röm. Hausgötter). Aber der Inka Yupanki verschob diese Feierlichkeiten auf November/Dezember und erreichte so eine Übereinstimmung mit dem liturgischen Kalender der Christen wie auch mit dem Totentag der Nahuas. Diese wiederum feierten Ostern im Mai auf ihre Art: auf dem Altar des Tezcatlipoca wurde ein schöner und gebildeter Jüngling, der die Sonne verkörperte, geopfert. Dann wurde auf der Spitze einer Pyramide eine Statue des Uitzilopochli angebracht. Tod und Wiederauferstehung Gottes!

Wir werden später sehen, daß die Vergleiche, die wir angestellt haben, nicht die einzigen Beweise für den Einfluß des Christentums im vorkolumbianischen Amerika sind. Denn es blieben archäologische Spuren von unbestreitbarer Bedeutung. Wir wollen uns hier darauf beschränken, mit den spanischen Chronisten festzustellen, daß das Kreuz in unzähligen Tempeln Mittelamerikas und Perus verehrt wurde und daß die Mayas des Yucatán Kreuze auf ihren Gräbern errichteten. Auf einer Ruine von Palenque, die deswegen heute „Templo de la Cruz" (Kreuzestempel) genannt wird, ist als Flachrelief das christliche Symbol der Erlösung zu sehen, an seiner Seite ein betendes Kind. In Cozumen wurde ein großes Kreuz von zehn Spannen (etwa 2,1 Meter) Höhe verehrt.

Viele ähnliche Fälle mehr könnten angeführt werden. Darunter der, den der Chronist Zamorra nach Eingeborenen-Überlieferungen berichtet: Sua-Kon, auch Hukk-Kon genannt, der von Kon-Ticsi ausgeschickt war, die Völker des peruanischen Nordens zu zivilisieren, lehrte sie, Kreuze auf ihre Umhänge zu malen, damit sie in Gott geheiligt lebten.

Wir wissen natürlich, daß das Kreuz älter als das Christentum ist und daß es in den heidnischen Zivilisationen die vier Elemente, die vier Himmelsrichtungen und, in der Form des Hakenkreuzes, die sich bewegende Sonne symbolisiert. Das ist jedoch nicht der Fall bei ausgesprochen christlichen Kreuzen wie dem sogenannten Malta-Kreuz, das bei den Skandinaviern schon im Mittelalter bekannt war, und es ist gerade dieses, das einen guten Teil der Sinnbilder des Quetzalcóatl ziert. Wir treffen es auch in Tiahuanacu an (s. Abb. 12).

Die „Heiligen Dreieinigkeiten" im präkolumbianischen Amerika, über die sich Garcilaso mokierte, scheinen uns weniger glaubwürdig als die Kreuze. Bóchica, der weiße Gott der Muiscas, hatte einen Leib und drei Köpfe. Statuen dieser Eigenart wurden in Peru gefunden. Es ist jedoch sehr wahrscheinlich, daß sie keinerlei christlichen Ursprung hatten, sondern nur irgendwelche bekannten Dreiheiten wie etwa die von Blitz, Donner und Strahl versinnbildlichten. Dagegen zeigt uns die Ikonographie der Mayas einen unbestreitbar christlichen Itzamná (s. Abbildung 13). Es besteht kein Zweifel, daß der Gegenstand, den er in der linken Hand hält, ein Kelch mittelalterlicher Formgebung ist mit einer Hostie darauf, so wie sie der Priester während der Messe im Augenblick der Weihe hinlegt.

Als die spanischen Soldaten in der Nähe von Cuzco zum ersten Mal einen Huirakocha geweihten Tempel betraten, gelangten sie in die zentrale Kapelle und fanden dort statt des erhofften Goldes die Statue eines hoch aufgerichteten, bärtigen alten Mannes, der an Kette und Halsband ein ihm zu Füßen liegendes Fabeltier hielt. Sie zweifelten keinen Augenblick: es war das ihnen wohlvertraute und von ihnen verehrte Bildnis des Heiligen Bartholomäus.

7. Schlußfolgerungen

Die Analysen dieses Kapitels stützen und bekräftigen die Angaben beträchtlich, die wir den Überlieferungen der Eingeborenen verdanken. Die historischen Persönlichkeiten Quetzalcóatl, Itzamná und Huirakocha erscheinen jetzt als Gottheiten, die mit den von ihnen aus Europa mitgebrachten Göttern mehr oder weniger vermengt worden sind. In Mittelamerika verdeutlicht sich die Dualität, die wir schon zwischen dem kriegerischen Quetzalcóatl (Kukulkán bei den Mayas) und dem asketischen Quetzalcóatl (Itzamná) festgestellt haben, durch die Überlagerung zweier schwer miteinander vereinbarer Religionsformen: eine pantheistische, die sich bis in unbedeutende Einzelheiten ihres mythologischen Ausdrucks mit dem skandinavischen Heidentum deckt, und eine andere, die mit dem Dogma von der Erlösung einen unverkennbar christlichen Geist bekundet. Der Ursprung der erstgenannten ist zweifellos germanisch. Das beweist der Name ihres Sonnengottes Ollin Tonatiuh, in welchem sich die Götter der nordischen Dreiheit, Odin, Thonar (Thor) und Tiu (Tyr) vereinen. Was hier auffällt, ist, daß die beiden letztgenannten Götter mit ihren deutschen und nicht ihren skandinavischen Namen erscheinen. Das erlaubt uns, die dänische Herkunft Ullmans und seiner Gefährten zu präzisieren.

In Peru erscheint uns die Theologie einheitlicher und reiner: christlicher trotz ihres pantheistischen Hintergrundes, da in ihr das Dogma der Fleischwerdung vorherrscht. Kon-Ticsi Huirakocha – der Weiße Gott-König – ist Gott und Mensch zugleich: der ewige Gott, der Menschengestalt annimmt, um die Menschheit zu Ordnung und Frieden zu führen.

Zur Theologie kommt als christlicher Beitrag der Gebrauch der Sakramente hinzu – Taufe, Beichte, Kommunion und Ehe bei den Nahuas; Firmelung, die Taufe und Beichte einschließt, und Ehe bei den Mayas; Kommunion im inkaischen Imperium – von denen sich zwei – Beichte und Kommunion – ausschließlich im christlichen Ritual finden. Vergessen wir nicht die religiösen Feste, besonders nicht das des Intip Raymi, das mit seiner Zeremonie des Neuen Feuers zu einer Jahreszeit wie das christliche Osterfest gefeiert wurde, zur südlichen Winter-Sonnenwende nämlich und nicht zu der des Sommers, wie es logisch gewesen wäre. Es handelt sich da um einen Widersinn, der nur dadurch erklärlich wird, daß ein schon vorher nach den europäischen Jahreszeiten festgesetzten Datum auf die südliche Erdhälfte übertragen wurde, ohne es entsprechend um ein halbes Jahr zu verschieben.

Die Berichte der Konquista erlauben uns, den Ursprung dieses christlichen Beitrags zumindest in bezug auf Mittelamerika zu bestimmen: die *papas*, irische Mönche, die sich nach den skandinavischen Sagen in Huitramannaland nahe dem Golf von Mexiko niedergelassen hatten. Wir wissen jetzt, daß sie, durch den asketischen Quetzalcóatl personifiziert, nach dem Anáhuac kamen und ins Land der Maya, wo man sich ihrer unter dem Namen des Itzamaná erinnert.

Wir wissen nicht, ob das christianisierte Heidentum des inkaischen Peru aus einer Fusion der beiden weißen Gruppen beim Aufbruch Quetzalcóatls nach Südamerika entstand oder aus einer späteren Evangelisation, da auf dem Altiplano der *atumurunas* nur ein Teil ihres neuen Glaubens überlebte, nachdem der größte Teil von ihnen nach ihrer Niederlage auf der Sonneninsel umgebracht worden oder geflohen war.

Philologie

INDIANER, DIE DÄNISCH SPRACHEN
UND RUNEN SCHRIEBEN

1. Die amerikanischen Sprachen

Inmitten der Hunderte von ungebildeten, groben und unbeständigen Mundarten gab es im prähistorischen Amerika und gibt es hier noch heute fünf Sprachen, die aufgrund ihrer Grammatik und ihres Vokabulariums annehmbare Kulturträger sind: das Nahuatl, das Maya, das Quichua, das Aymará und das Guaraní. Dieses letztere, das von den karibischen Inseln bis in die Küstengebiete des heutigen Argentiniens gesprochen wurde, liegt außerhalb unserer Untersuchungen. Das Vorhererwähnte, das Aymará, hatte schon mehrere Jahrhunderte vor der Konquista jede Möglichkeit der Weiterentwicklung verloren, indem sein Sprachraum dem inkaischen Imperium einverleibt wurde, dessen „allgemeine Sprache" das Quichua war; es blieb und bleibt auch heute daher als einfaches Verständigungsmittel auf die Landleute des Altiplano beschränkt.

Nahuatl, Maya und Quichua dagegen waren Sprachen von Völkern mit hohem Kulturniveau und soliden politischen und Sozialstrukturen und bewiesen zu Beginn des 16. Jh. eine kraftvolle Dynamik. Leider sind uns von den entsprechenden Literaturen, die von den spanischen Missionaren rücksichts- und schamlos vernichtet wurden, nur unbedeutende Bruchstücke erhalten geblieben, die noch dadurch an

154

Wert verloren, daß sie mit Hilfe des unangemessenen lateinischen Alphabetes von Priestern mit mehr gutem Willen als philologischen Kenntnissen oder von hispanisierten Indios übertragen wurden, die Latein besser beherrschten als ihre jeweilige Muttersprache.

Das Nahuatl, Maya und Quichua sind agglutinierende (Wörter anheftende) Sprachen wie die der turanischen Sprachengruppe. Obwohl die Deklinationen und Konjugationen des Quichua sich den Beugungen annähern, die die indoeuropäischen Sprachen charakterisieren, werden die drei Sprachen aufgebaut aus Wurzeln mit unveränderlichem Sinn und ebensolcher Form, denen Vor- und Nachsilben angefügt werden, um alle Nuancen eines Gedankens auszudrücken. Im Quichua ist das, um Vicente Fidel López[38] zu zitieren, so: „Wenn wir z. B. das Wort *Hamuni* (ich komme) nehmen, so ist die Grundform *Ham*; aber *Ham* bedeutet allein weder ‚ich komme‘ noch ‚Ankunft‘; es drückt einfach die allgemeine und abstrakte Idee des Kommens aus. Dieser Teil, den wir Wurzel nennen, ist vollkommen unpersönlich... Nach der Wurzel unterscheiden wir ein oder zwei verschiedene Silben, die dem ursprünglichen Wort angeheftet werden und das bestimmen, was wir das Thema nennen. In *Hamuni* ist der zweite Teil auf eine Silbe und einen einzigen Buchstaben beschränkt: das u. Die Wurzel war *Ham;* das Thema ist *Hamu.* Die Hinzufügung dieser Silbe bewirkt, daß die Wurzel aus einem abstrakten in einen konkreten Zustand hinüberwechselt und die Personen oder Dinge bezeichnet, auf die die abstrakte Idee der Wurzel angewendet werden soll. *Ham* drückt die allgemeine Idee des Kommens aus; *Hamu* bezeichnet die konkrete Idee der Ankunft. Schließlich besteht der dritte Teil aus einer oder mehreren Silben, die dem Thema angeheftet werden und dazu dienen, die gegenseitigen Verbindungen und die Beziehungen zwischen Zeit, Raum und Grund zu kennzeichnen… Die Silbe *ni* gibt, wenn sie dem erweiterten Stammwort *Hamu* angeheftet wird, die Beziehung an, in der ich mich in bezug auf die Idee der Ankunft befinde, und das Ganze übersetzt sich mit ‚ich komme'. Die zwischen das Thema *Hamu* und die Endung *ni* eingeschobene Silbe *ri* ist eine Nuance mehr und bestimmt das Verhältnis genauer, in dem ich zu der Idee der Ankunft stehe: *Hamurini* heißt: ich komme wieder. Im gleichen Sinne bedeutet *Hamuchini*: ich lasse kommen, *Hamupayani*: ich komme oft, usw." Mit der Bildung der indoeuropäischen Sprachen gibt es also keine Ähnlichkeit.

Von den drei „politischen" Sprachen der Neuen Welt behalten zwei – das Maya und das Quichua – unsere Aufmerksamkeit. Tatsächlich entdeckte man in ihnen eine beträchtliche Zahl arischer Wurzeln, die aus dem oben angeführten Grund nicht original sein können und daher durch Beiträge außerkontinentaler Gruppen eingeführt worden sein müssen. Wir wissen natürlich sehr genau, welche Gefahren solche linguistischen Analysen bergen: einem „guten" Philologen wird es ohne Schwierigkeiten gelingen, durch das aufeinanderfolgende Auswechseln, Auseinandernehmen, Umkehren und Zusammenfügen einiger seiner Buchstaben jedes Wort von jedem anderen abzuleiten. Wir haben daher nur solche Worte in Betracht gezogen, die essentiell miteinander identisch sind, und diejenigen beiseite gelassen, deren mögliche Beziehung einen Umformungsprozeß, so logisch dieser auch vom philologischen Gesichtspunkt aus sein möge, voraussetzen würde.

So besteht noch die Möglichkeit einer rein zufälligen Übereinstimmung: Mutter heißt *mama* auf Quichua, auf Guaraní, auf Chinesisch, Spanisch und in der Sprache der Kongoneger[31], was ganz gewiß keinen gemeinsamen Ursprung dieser Sprachen noch den Übergang des fraglichen Wortes von der einen in die andere bedeutet. Aber wenn zwei Sprachen Hunderte komplizierter und nicht nur onomatopoetischer, also klangmalender und etwa die spontanen Laute Neugeborener nachahmender Worte gemeinsam haben, so kann uns keine noch so dringend gebotene Vorsicht verbieten, zu der Schlußfolgerung zu gelangen, daß zwischen den Völkern, die sie sprechen, irgendein Kontakt bestand.

Wenn wir hier nur die Maya- und Quichua-Sprache untersuchen, so bedeutet das nicht, daß das Nahuatl und das Aymará für unsere Untersuchung ohne Interesse wären, sondern lediglich, daß in bezug auf diese Letzteren niemals ähnliche etymologische Analysen, wie wir sie wiedergeben, vorgelegt wurden oder daß wir, wenn es solche gibt, sie nicht kennen. Einige gelegentliche philologische Bemerkungen zeigen, daß man sehr wahrscheinlich auch bei den erwähnten Sprachen europäische Wurzeln finden könnte. So erinnert z. B. das Nahuatl-Wort *lan* – und nicht *tlan*, wie häufig gesagt wird – in der Bedeutung von „Ort" lebhaft an das deutsche Wort „Land", und die Versuchung ist stark, diese Ähnlichkeit etwa zur Erklärung des Ortsnamens Gualilán heranzuziehen. Da der Ort dieses Namens in einer goldreichen Gegend liegt und Gold auf Altdeutsch *güel* hieß, wäre die Gleichsetzung von Gualilán und Güelland naheliegend. Ebenso wird es sogar dem Laien auffallen, welche Ähnlichkeit das Aymará-Wort *huta* (Haus) mit dem althochdeutschen *Hutta* und dem dänischen *hytte* hat, oder das der gleichen Sprache zugehörige *sataña* mit der deutschen Saat (lat.: *satus*) usw.

Selbst in völlig untergegangenen Eingeborenensprachen erlauben uns linguistische Arbeiten aus den ersten Jahrhunderten der Konquista, germanische und lateinische Wurzeln zu entdecken. Hermann Leicht[42] weist auf einige von ihnen in dem einzigen vorhandenen Wörterbuch der Mochica-Sprache hin, das im 17. Jh. von dem Mestizen Fernando de la Carrera[43] aufgestellt wurde. Wir finden dabei in der Sprache der Chimúes:

ANMANN, Nachbar. Deutsch: *Anmann,* der Mann von nebenan.

ENG oder INGA, Mutter. Wir haben schon im dritten Kapitel gesehen, daß *ing* in allen germanischen Sprachen eine Nachsilbe ist, die die Zugehörigkeit zu einer Abstammungsreihe bezeichnet.

FEIN, lügen. Latein: *fingere,* vorspiegeln (die gleiche Umwandlung von fin in fein finden wir auch im gleichbedeutenden französischen Wort *feindre*).

JUNGEIS, neugeborene Tiere. Deutsch: *jung.*

MOIN, ich. Deutsch: *mein;* Französisch: *moi,* ich.

PIS, schlecht. Latein: *pejus;* Französisch: *pis,* schlechter; Spanisch: *peor,* schlechter.

SAPP, Mund. Deutsch: saufen.

TAERAEG, faul. Deutsch: *träge.*

TSITSU, Brust. Deutsch: *Zitze.*

Die Untersuchung, über die wir in bezug auf das Maya verfügen, behandelt nicht die im Yucatán gebrauchte Sprache dieses Namens, sondern eine ihrer Varianten, das Qiché, wie es von einem Volk Guatemalas gesprochen wurde, dem wir das im vorhergehenden Kapitel analysierte *Manuscrito de Chichicastenango,* bekannt als *Popol Vuh,* verdanken. Sie wurde vom Abt Etienne Brasseur de Bourbourg angestellt, der 1853 nach Guatemala kam, wo er das Amt eines

Gemeindepfarrers von Rabinal ausübte, einer Ortschaft von sechstausend Indianern der Quiché-Sprache, und in San Juan Sacatepéquez, wo ein dem Quiché sehr ähnlicher Maya-Dialekt, das Cakchikel, gesprochen wurde. Zurück in Paris, veröffentlichte Brasseur de Bourbourg nicht nur den sogenannten *Popol Vuh* im Quiché-Originaltext mit französischer Übersetzung, sondern auch 1862 eine *Grammaire de la langue quichée*[44], die außer philologischen Anmerkungen ein umfangreiches Vokabularium enthält mit einigen dreihundert Worten unter Angabe ihrer dänischen, deutschen, flämischen, englischen, französischen und lateinischen Wurzeln, ohne von den wenigen gälischen zu sprechen, die stets mit germanischen Formen identisch oder ihnen sehr ähnlich sind. Diese Vielfalt der Quellen ist darauf zurückzuführen, daß der Autor mit modernen Wörterbüchern arbeitete.

Tatsächlich haben die deutschen, flämischen und englischen Wurzeln ihren gemeinsamen Ursprung im Althochdeutschen – die flämischen oder niederländischen sind die zahlreichsten, weil die Sprache der Niederlande diejenige ist, die die meisten archaischen Formen bewahrt hat, wie Boubourg feststellt – während die französischen je nachdem aus dem Latein oder dem Althochdeutsch stammen.

Da die Philologie nicht unser Fachgebiet ist, beschränken wir uns darauf, in den folgenden Abschnitten die Angaben des genannten Autors wiederzugeben, wobei wir für jede Gruppe diejenigen Worte ausgesucht haben, deren Herkunft für den Laien am leichtesten zu erkennen ist. Dies Verfahren hat uns bewogen, diejenigen Wörter beiseite zu lassen, deren etymologische Wurzel Brasseur de Bourbourg als englisch angibt, da das Herausfinden der germanischen Urform eine Aufgabe ist, die durchzuführen wir nicht in der Lage sind. Die wenigen französischen Wurzeln auf ihren Ursprung zurückzuführen, hatten wir keine Schwierigkeiten.

Wenige Jahre nach der *Grammaire de la langue quichée* veröffentlichte der umstrittene argentinische Historiker Vicente Fidel López 1871 in Paris ein Werk *Les races aryennes du Pérou*[38], das sich auf eine analoge Entdeckung diesmal in bezug auf das Quichua bezog. Bei der Untersuchung dieser Sprache vom philologischen Gesichtspunkt aus fand er einige eintausenddreihundert Wörter mit Sanskrit-Wurzeln. Daraus schloß er etwas übereilt, daß das Volk der Quichua arischer Rasse sei. Das Absurde dieser Schlußfolgerung nimmt seiner linguistischen Untersuchung gewiß nichts von ihrem Wert. Sie ist jedoch offensichtlich unvollständig. Denn es fehlen in ihr die europäischen Wörter, über welche die Sanskrit-Wurzeln ins Quichua eindrangen. Indem López die Sprache als wesentlich arisch betrachtete, ließ er einen kulturellen Zwischenträger außer acht, den wir für unerläßlich halten.

Die Überlieferungen der Eingeborenen geben uns zwei wertvolle Hinweise auf den Weg, den die fraglichen indoeuropäischen Wurzeln genommen haben. In der Tat wissen wir einerseits, daß die hohen Beamten von Mayapán, der Hauptstadt der Maya-Konföderation, mittels eines Examens ausgewählt wurden, bei dem sie ihre Kenntnisse der „Zuyua-Sprache" zu beweisen hatten, und anderseits, daß die Inkas – also die Angehörigen der weißen Aristokratie Perus – eine „Privatsprache" hatten, die zu lernen den Eingeborenen verboten war.

Man hat vergebens versucht, diese Sprache, die schon in der Zeit der Konquista verschwunden war, zu identifizieren. Alcides d'Orbigny[31] vermutet, daß es sich um das Aymará gehandelt habe, welche Annahme nicht nur billig ist, sondern auch der geringsten ernsthaften Untersuchung nicht standhält, da die Aymarás ein dem inkaischen Imperium unterworfenes Volk waren. Es wäre unverständlich, wenn die Söhne der Söhne sich als heilige Sprache ausgerechnet diejenige der Besiegten ausgesucht hätten. Anderseits sind die wenigen Worte dieser „Privatsprache", die wir durch Garcilaso kennen, nicht Aymará. Jedenfalls war es keine Eingeborenensprache, über die die arischen Wurzeln ins Quichua gelangten. Viel logischer ist es, als Arbeitshypothese anzunehmen, daß die „Zuyua-Sprache" und die „Privatsprache" der Inkas die ursprüngliche europäische Sprache der weißen Götter waren.

2. Dänische Wurzeln des Quiche-Maya

Nachfolgend geben wir – nach Brasseur de Boubourg – eine Liste von Wortstämmen und Wörtern der Quiché-Sprache (groß gedruckt) und daneben jeweils (kursiv gedruckt) die dänische Vokabel, die vermutlich ihren Ursprung darstellt sowie die entsprechende deutsche Übersetzung:

AH, Rohr, Kolben. *Ax,* Ähre (Das h ist im Quiché ein Hauchlaut ähnlich dem ch im deutschen ach)
AMAG, Dorf. *Amt,* Bezirk
AU, säen. *Aul,* Ackerbau
BA, kauen. *Bage,* backen
BAN, machen. *Bane,* möglich machen
BEY, Weg. *Bei,* id
BOX, Feuer anstecken. *Bloese,* id
CAR, Fisch. *Karpe,* Zelt
ETAL, Nachwelt; Zeichen, Ausstellung, Schrein. *Aet,* Ge-

burt, Herkunft; *stald,* Platte, Stand

HACH, schneiden, teilen. *Hakke,* hacken

HAL, trockener Kolben. *Halm,* Halm

HIATZ, Gast. *Giest,* id

HITZ, aufhängen. *Hidse,* hissen, aufhängen

HOC, roden, abholzen. *Hug* und *Hugge* (Bäume), fällen, beschneiden

HUKUB, Schiff. *Hukert,* id

HUL, Loch, Höhlung. *Hul,* id

HUZ, Schlafraum. *Hus,* Haus

IL, Schuld, Übel. *Ilde,* Übel, schlecht

LAG, sammeln, anbringen, bewohnen. *Lak,* Lack; *lag,* Lager

LAM, Hühnerauge; am Gehen hindern. *Lam,* lahm; Haltestelle

LEK, Wasser aus dem Brunnen ziehen. *Laekke* (Wasser), laufen lassen, leck sein

LEM, erklären, übereinkommen. *Lempe,* zurechtmachen, vorbereiten

LITZ, böswillig. *List,* List

LOM, Wangen saugend zusammenkneifen. *Lomme*

LUG, Unkraut jäten; neigen, biegen. *Luge,* Unkraut jäten; *lude,* neigen, biegen

MATZE, geheimhalten, sich bedecken. *Maske,* Maske

NOH, ausstopfen, anfüllen, sättigen. *Nok,* genug

PAH, Maß, messen, wiegen, zählen. *Pagt,* Pakt, Vertrag

PIL, abhäuten, abschälen (Säbel), blank ziehen. *Pille,* id

QOH, Theatermaske; QOHIR, Maske aufsetzen; QOHER, mit Maske tanzen. *Kogler,* Spaßmacher

RAP, Peitsche, Peitschenhieb. *Rap,* Schlag

RATIN, Wirbelsturm. *Rat* und *rattet,* Rad

RIK, entfalten, erweitern, ausbreiten. *Rigelig,* reichlich

TEC, aufschichten, eine Sache über die andere legen.

Toekke, decken
TEM, Balken, Zimmermannsholz. *Timmer*, Zimmermanns-
holz
TEX, Dicke. *Toet*, dick
TIX, plätten, glätten, nähen. *Stik*, Stich, Naht, Spitze
TUT, Mantel mit Kapuze. *Tut*, Ohrenmütze (alte Flügel-
haube)
TZAM, vom Boden aufheben, pflücken. *Samb*, id.

3. Sonstige germanische Wurzeln des Quiche-Maya

Die in der nachfolgenden Liste mit der Abkürzung D. ge-
kennzeichneten deutschen und flämischen (Fl.) Wurzeln sind
im Quiché-Maya zahlreicher als die dänischen. Aber die
drei Sprachen haben ja, wie man bereits im vorhergehenden
Absatz an der Übereinstimmung zahlreicher dänischer Wörter und ihrer deutschen Übersetzung feststellen konnte,
einen gemeinsamen Ursprung. So wie die angeführten flämischen Wurzeln nichts anderes sind als Überbleibsel des
Altdeutschen, ist es sehr wahrscheinlich, daß diese letztgenannte Sprache das Quiché durch ältere Formen des Dänisch
beeinflußt hat, die das moderne Dänisch, das Bourbourg als
Arbeitsgrundlage in Form von Wörterbüchern diente, nicht
mehr kennt.
BAZ, wer, was. D.: *Was*
BUKU, mit dem Bogen schießen. D.: *Bogen*
COC, Schildkröte. Fl.: *kog*, Schale; *koker*, Behälter
COR, Mais-Teig. Fl.: *koren*, Weizen, Korn. D.: *Korn*
COU, stark, kräftig. Fl.: *koen*, kühn (oe wird im Flämi-
schen wie u ausgesprochen). D.: kühn (Mittelhochdeutsch:
kuon)

163

CUM, Kürbis, Tasse. Fl.: *kom*, Tasse, Napf. D.: *Kumm*
und *Kumme*, niederdeutsch und seemännisch mundartlich:
Schüssel, Trog

CHAB, Strahl, Pfeil. Fl.: *schab*, Strahl

CHAI, mißhandeln, verletzen. D.: *schaden*. Fl.: *schaden*,
id

CHAR, zerteilen, trennen. Fl.: *schaer*, Schere. D.: *Schere*,
scheren

CHEK, Knie. D.: *Schenkel*. Fl.: *schenkel*, Wade, Waden-
bein

CHIL, entkleiden, entschälen. D.: *schälen*. Fl.: *schillen*, id

CHIT, Funken sprühen. Fl.: *schieten*, schießen.
D.: schießen

CHOP, zwicken, zerstückeln. Fl.: *schoppen*, mißhandeln

CHUR, zersprengen, spalten. Fl.: *scheuren*, zersprengen,
zerreißen

ER, aufheben. In allen germanischen Sprachen bezeichnet
die Vorsilbe *er* eine Aufwärtsbewegung

GAB, gähnen. Fl.: *gapen*, id. D.: *jappen* (niederdeutsch)
und *japsen* (mitteldeutsch), nach Luft schnappen

GAIL, Galle. D.: *Galle*

GER, gleichen, gleichmachen. D.: *gerecht*, *Gericht*

GULUL, sehr schön. Fl.: *gul*, hell, offen, freimütig, groß-
zügig

HAK, Bissen. Fl.: *haksel*, Stück. D.: *Häcksel*, Schnittstroh

HAN, wann. D.: *wann*

HAR, bis wann. D.: *harren*

HEC, geringschätzen. Fl.: *hekelen*, kritisieren

HEK, aufhängen. Fl.: *haek*, Haken. D.: Haken

HEL, an sich reißen. Fl.: *halen*, fortreißen

HOC, trockenes Blatt. D.: *Hocke*, zum Trocknen zusam-
mengesetzte Garben

KELEY, Stein. Fl.: *kei*, id

KUXIH, beißen, abbeißen. D.: *Kuß*

LACH, sich trennen, scheiden. D.: *lassen*

LIG, sich hinlegen. Fl.: *liggen*, id. D.: *liegen*

LIZ, Bösewicht, Dämon. D.: *listig*

LOBIH, loben. D.: *loben*

LOG, wertvoll, teuer, lieb. Fl.: lokkaes, *Lockspeise*

LU, Luftzug, Geheul. D.: *Luft; Luv*, seemänn.: dem Wind zugekehrte Seite

LUTZ, schielend. Fl.: *losch*, id

MACH, schlagen, verschiedene Arbeiten machen. D.: *Macht; machen*

MAL, beschmieren, malen. D. und Fl.: *malen*

MICH, lügen, täuschen. Fl.: *mis*, falsch

NABE, der nächste. Fl.: *naby*, nahe, der nächste. D.: *nahe-bei*

NAG, anheften, hineinstecken, zusammenfügen. Fl.: *nagelen*, nageln. D.: Nagel; nageln

NAKAHIH, sich nähern. Fl.: *naken*, id. D.: sich *nahen*

NIZ, Furz, furzen. Fl.: *niezen*, niesen. D.: *niesen*

PAN, Schutzhülle für Kleider. Fl.: *pan*, Dachziegel

PAP, sich den Mund vollstopfen. Fl.: *pappen*, mästen

PI, pfeifen. Fl. und D.: *piepen*, id

PIT, Mark. Fl.: *pit*, Mandel, Kern, Mark

POGO, treiben, keimen. D.: *Pocke; pockig*

POH, ohrfeigen. D.: *pochen*

QOT, gravieren, meißeln. Fl.: *kot*, Loch, Vertiefung

QUIMAR, Wachsen des Grases. Fl.: *kiemen*, keimen. D.: *keimen*

RATZ, zerreißen. Fl.: *ryten*, id. D.: *reißen*

TER, folgen. Fl.: *terug*, rückwärts. D.: *zurück*

TI, Fleisch. D.: *Tier*

TZELVACHIH, Geduld haben. Fl.: *op den zell wachten.*
D.: *auf der Schwelle warten*
TZER, schwindlig werden, Augenflimmern bekommen. Fl.:
zeer, Schmerz, Übel
VAC, Sperber. Fl.: *valk,* Falke. D.: *Falke*
VOR, bohren, durchlöchern. Fl.: *boren,* id. D.: *bohren*
VUH, Buch. D.: Buch (wird in beiden Fällen genau gleich
ausgesprochen)
XOP, hüpfend fliegen. Fl.: *schoppen,* das Gleichgewicht
halten, Fußtritte geben
XVAR, Langschläfer. D.: *schwer*
YAN, grunzen. Fl.: *yanksen,* pfeifen
ZEE, Ruderer. D.: *See*
ZIM, wohlschmeckendes Gericht. Fl.: *ziem,* Honig
ZITZ, einen Schiedsspruch, ein Urteil fällen. D.: *Sitz; sitzen,* zu Gericht sitzen; *Sitzung* eines Gerichtshofes, einer
Preis- oder Schiedsrichterkommission

4. Lateinische Wurzeln des Quiche-Maya

Die von Brasseur de Bourbourg im Quiché-Maya gefundenen lateinischen Wurzeln können offensichtlich nicht denselben Ursprung wie die vorhergehend angeführten haben.
Sie sind ohne weitere Angabe kursiv gedruckt.
BOL, rundlich. *Bulla,* jeder runde Gegenstand
BOM, gut, schön, ergiebig. *Bonus,* id
CUL, Kehle, Nacken. *Collis,* Hals
CUN, Intimsphäre der Frau. *Conus,* id
CUR, kreuz und quer gehen. *Curvatim,* gekurvt
CHUB, Spucke, spucken. *Escupere,* spucken
ELEZAH, herausholen, freimachen. *Eligere,* auswählen

EN, Wurzel von ENAH, eingeschlossen halten. *In,* in

EX, Vorsilbe, die ehemals bedeutet. *Ex,* id

GOL, Harz, Salbe. *Colla,* Leim

GUZ, wohlschmeckend. *Gustus,* Geschmack

IR, Vorsilbe, die das Vergangene bezeichnet. *Ire,* gehen

LEU, sich etwas Leichtes auf den Kopf setzen. *Levis,* leicht

LIBAH, gern. *Libenter,* id

LIQUILA, zergehen lassen. *Liquidus,* flüssig

MEL, sanftes Wort, Liebesgeflüster. *Mellis,* süß

MEXQUENA, Hacke. *Machina,* Maschine

MITZ, wegwerfen. *Mittere,* id

MOL, anhäufen. *Molis,* Masse

MOR, rauh hart; foltern. *Mors,* Tod; *mordere,* beißen

MUL, mal (Nachsilbe zählender Umstandswörter). *Multus,* viel; multiplicare, malnehmen. Wurzel von CUMULE, sammelt an. *Cumulare,* ansammeln

MUT, alles Gemahlene. *Molitura,* id

NOR, Gut und Böse verstehen. *Ignorare,* nicht wissen; *gnarus,* der Wissende

PIM, dick. *Pinguis,* id

POPOL, gemeinschaftlich. *Populus,* das Volk

PUH, Fäulnis. *Putrefactio,* id

PUN, legen, stellen, setzen. *Ponere,* id

PUZ, Schimmel, Verfaultes, Stinkendes. *Putrefactio,* Fäulnis

QUIT, abschneiden, wegnehmen. Quittare, id

QUM, Eßkürbis (Gurkenart). *Cumumerus,* Gurke

RAM, großes Stück Holz. *Rama,* Zweig

RARUH, zusammenziehen. *Rarus,* selten, beschränkt an Zahl

REG, die Augen öffnen, sich in acht nehmen, auf der Hut sein. *Regere,* regieren

REL, etwas unterlassen; RELIC, das, was man nicht tut. *Relinquere,* lassen; *reliquiae,* Überbleibsel

TOL, verlassen. *Tollere,* mitnehmen

TZIB, Schrift; TZIBA, schreiben. *Scribere,* schreiben

TZOM, konsumieren. *Sumere,* id

UTUYIH, ein Werkzeug gebrauchen. Vulgärlatein: *usitilia,* Werkzeug, von *uti,* gebrauchen (im Deutschen zu Utensilien verballhornt)

VAGATIRABIC, vagabundieren. *Vagabundus,* Vagabund

VOXLINIC, wiederholt rufen. *Vox,* Stimme

YAM, schon. *Jam,* id

ZEC, etwas Verborgenes finden. *Secretum,* Geheimnis

ZOLIH, sich absondern, zurückziehen. *Solus,* allein

Der Name des *Popol Vuh,* des heiligen Buches der Quiché-Könige, hat für unsere Untersuchung besonderes Interesse. Er ist tatsächlich zusammengesetzt aus dem Substantiv *vuh,* welches Quiché-Wort, wie im Absatz 3 dieses Kapitels vermerkt, in Bedeutung und Aussprache mit dem deutschen *Buch* (nicht jedoch mit dem dänischen *bók*) identisch ist, und dem Adjektiv *popol,* das (nach der oben wiedergegebenen Vergleichstabelle) zweifellos vom lateinischen *populus,* Volk, kommt. Es war ganz einfach „Das Buch des Volkes". Aber die Könige besaßen es, d. h. die Elite, die die „Zuyua-Sprache" beherrschen mußte, wahrscheinlich eine nordische mit lateinischen Ablagerungen.

5. Skandinavische Vokabeln im Quichua

In den vorhergehenden Kapiteln haben wir bereits gesehen, daß sämtliche inkaischen Titel skandinavischen Ursprungs waren. Fassen wir noch einmal zusammen:

AYAR, Titel der vier Gründer des Imperiums. Altskandinavisch Yarl, Kriegsherr, Graf.

INKA (INGA, wie die spanische Schreibweise zur Zeit der Konquista war. Der Buchstabe g existiert in der Quichua-Sprache nicht). *Ing* ist die Nachsilbe, die in allen germanischen Sprachen die Zugehörigkeit zu einer bestimmten Abstammungslinie bezeichnet.

KAPAK, Titel des Inka-Kaisers. Altskandinavisch *kappi*, tapferer Mann, Held, Kämpe, Ritter.

SCYRI, Titel der Könige von Quito. Altskandinavisch *skirr*, glänzend, hell, rein (Komparativ: *skirri*); skira, reinigen (in christlicher Zeit: taufen; *skiri-jón*, Johannes der Täufer).

Diesen schon erwähnten Bezeichnungen können wir noch hinzufügen:

AUKI, königlicher Prinz, Titel, den die Söhne des Inka bis zu ihrer Verheiratung trugen. Altskandinavisch *auki*, Sproß.

PALLAS, Inka-Frau. Der Ursprung dieses Wortes ist zweifelhafter. Die Wortgleichheit mit dem Beinamen der griechischen Göttin Athene darf keinesfalls zu gewagten (und durch nichts zu beweisenden) Parallelen zwischen griechischer und inkaischer Mythologie verführen. Dagegen gibt uns das altskandinavische Wort *félaga*, Gattin, vielleicht einen Hinweis auf den Ursprung des Wortes. Das Quichua kennt den Buchstaben f nicht, der sich in ein p verwandelt haben könnte. Das lang und offen ausgesprochene e kann leicht den Ton eines a annehmen. Das sind Vermutungen, keine Beweise.

Dagegen herrscht absolute Gewißheit über den Namen des Weißen Gottes der Inkas:

HUIRAKOCHA, von *hvitr*, weiß, und *god* der ursprünglichen Form von *gud*, dessen d, nach skandinavischer Art ausgesprochen, sich bei den Quichuas in ein ch verwandelte. Dasselbe gilt auch für die beiden inkaischen Kaisernamen, von denen uns Garcilaso sagt, sie hätten in der „allgemeinen Sprache" des Inkareiches keinen Sinn, was in der „Privatsprache" der inkaischen Aristokratie nicht der Fall gewesen sein kann.

MANKO, Name des Begründers der Dynastie, kommt, wie wir wissen, von *man*, Mann, und *konungr*, König.

ROKA, Name des zweiten Inka-Kaisers, dem das Quichua-Adjektiv SINCHI, tapfer, vorangestellt ist, scheint von dem skandinavischen Vornamen *Hródgar* herzurühren, dem der französische Roger, die deutschen Roderich und Rüdiger und die spanischen Rodrigo und Rogelio entsprechen.

Es gibt eine andere mit der kaiserlichen Würde innigst verbundene Vokabel, von der wir durch Garcilaso wissen, daß sie zur „Privatsprache" der Inkas gehört: COREQUEN-QUE, die Vicente Fidel López richtiger KORAKENKE schreibt, ohne daß die Auswechslung des Vokals die Aussprache merkbar verändert. Es ist dies der Name des Vogels, den die Quichua-Sprache *allkamari* nennt. Er lieferte dem Souverän die beiden weißen und eine schwarze Feder, mit denen er seine Stirn schmückte. López zerlegt das Wort in *korak-inka* und erkennt in *korak* eine Ableitung aus dem Sanskrit-Wort *kârava*, Rabe, was im Griechischen zu κόραξ wurde. Wir haben weiter oben den germanischen Ursprung des Wortes *inka* erklärt: *ing*. Derjenige von *korak* ist nicht weniger eindeutig. Die Ableitungen von *kârava* pflegen den ersten Vokal des Sanskrit-Wortes zu verlieren oder zu verändern. So wird im Lateinischen *corbellus*, Rabe, und *crocire*, krächzen, daraus, im Französischen die Synonyme *corailler* und *croasser*. Nun, auf dänisch heißt Rabe *krage*. Da es im Quichua kein Wort gibt, das mit zwei verschiedenen Konsonanten anfängt, ist es nur logisch, daß zwischen dem k und dem r dieses Wortes ein Vokal eingeschoben wurde. *Krage* wurde so zu *korage* und, da es im Quichua kein g gibt, zu *korak*. KORAKENKE bedeutet also auf dänisch Inka-Rabe, der Rabe, der der weißen Aristokratie und besonders dem Kaiser gehört.

Halten wir hier ein bezeichnendes Detail fest: nach Garcilaso lebte der *korakenke* im Tal von *Villkanuta*, dicht bei Cuzco. Nun, VILKA (oder HUILKA nach heutiger Schreibweise) ist Festung und kommt vom skandinavischen *virk*, das die gleiche Bedeutung hat. Und was den Wortteil KANUTA betrifft, so müssen wir zwangsläufig an *Canuto* denken, wie die Spanier *Knud* schreiben, den Namen mehrerer norwegischer und dänischer Könige.

KUNDINAMARKA (Cundinamarca nach spanischer Schreibweise) ist der Name, den die Hochebene von Bogotá (Kolumbien) am Nordrand des Inkareiches zur damaligen Zeit trug und auch heutzutage noch trägt. MARKA hat im Quichua die gleiche Bedeutung wie im Altskandinavischen (und im Deutschen), die der Grenzmark, des Landes an der Grenze. KUN oder KON (erinnern wir uns daran, daß u und o im Quichua ein und derselbe Vokal sind) kann entweder von *konr*, Edelmann, „Abkomme einer adligen Familie" (r ist die Endung des Nominativs und verschwindet in den anderen Deklinations-Fällen) kommen, oder von *konungr*, König, welches Wort im modernen Dänisch die abgekürzte Form von *konge* angenommen hat. Bleiben die beiden Silben DINA, in denen wir eine Abwandlung von DANE nach der Konquista erkennen. Tatsächlich heißt Dänemark (dänisch: Danemark, später Danmark) auf spanisch *Dinamarca*. Es ist logisch, daß die zeitgenössischen Chronisten, die gewiß keine Philologen waren, KUN-

DANEMARKA in *Cundinamarca* abwandelten. Das ursprünglich dänische Wort bedeutet also „Dänisches Grenzland des Adels" oder „Dänisches Grenzland des Königs".

KUSKU war die originale Schreibweise der heute in hispanisierter Schreibweise Cuzco genannten Hauptstadt des Inkareiches. Garcilaso verrät uns, daß auch dies Wort zur „Privatsprache" der Inkas gehörte und „Nabel der Welt" bedeutet. Der Ursprung dieses Namens ist merkwürdigerweise nicht altskandinavisch, sondern finnisch: *keskus*, Mitte. Den Skandinaviern waren die Finnen durchaus bekannt; sie nannten sie *skraelinger*, Schwächlinge, mit welchem Namen sie auch die Eskimos und Indianer belegten. Einige germanische Wörter drangen in die Sprache der Lappen ein, z. B.: *kuningas*, König (von *konungr*) oder *kaunis*, schön (von *skounis*). Auch das Umgekehrte wäre daher nicht ausgeschlossen. Es können sogar auch Finnen an der Expedition Ullmans teilgenommen haben, da die Wikinger oft auch ausländische Soldaten anwarben. Es gibt aber eine noch befriedigendere Erklärung: als die *atumuruna* Peru eroberten, gaben sie der meistbevölkerten Eingeborenenstadt einen finnischen Namen, vielleicht ähnlich wie wir eine uns so wenig eigenartige Einrichtung wie die nordamerikanischen „supermarkets" bei uns mit ihrem ausländischen Namen bezeichnen.

6. Indoeuropäische Wurzeln des Quichua

Wir haben nicht die Absicht, hier das „Vocabulario ario-quichua" (!) wiederzugeben, das in dem Werk von Vicente Fidel López 44 Seiten einnimmt. Es kann nur Fachleute interessieren. Wir wiederholen, daß es anderseits nur hinweisende Angaben enthält, während die Analyse der enthaltenen Vokabeln im Hinblick auf die altskandinavische und lateinische Sprache zu tun bleibt. Beschränken wir uns also darauf, einige Beispiele aus dieser unvollständigen Arbeit zu geben. Wir werden uns nur in einigen Fällen erlauben, als Anmerkung des Verfassers in Klammern das eine oder andere selbst uns als Laien bekannte skandinavische oder lateinische Wort hinzuzufügen, wenn es nach unserem Dafürhalten den direkten Ursprung der fraglichen Vokabel darstellen könnte.

AKKA, aus Mais hergestelltes Bier. Sanskrit: *aka**), fermentiertes Getränk. (Latein: *aqua*, Wasser; Gotisch: *ahva*, id.; Dänisch: *akvavit*, Branntwein.)

ALLPA. Erde. Sanskrit: *halá*, pflügen. (Altskandinavisch: *alpia* Gebirge.)

AMAUTA, die Astronomen in Peru. Sanskrit: *amata*, *amati*, Zeit, Jahr, Mond. (Altskandinavisch: *amala*, Wahrsager.)

ANKA, Adler (wörtlich: Klaue). Sanskrit: *nak'a, nak'am*, Fingernagel, Klaue; Griechisch: ὄνυξ; Latein: *unguis;* Deutsch: Nagel. (Dänisch: *negl*, Klaue.)

ANKALLINI, sich beschweren, schreien. Sanskrit: *ahas*, *ahatis*, Schmerz; *azanh*, Schmerz; Griechisch: ἄγχω, drükken, ersticken; ἄχος, Schmerz; Latein, *ango, angustus, anxius.*

ARARIHUA, Gärtner, Haushofmeister. Griechisch: ἀρόω*)

---

*) Das Wort *aka* figuriert in keinem der von uns zu Rate gezogenen Wörterbücher der Sanskrit-Sprache.

 *) Wir halten uns an den Text von López, obwohl er alle von ihm benutzten griechischen Verben in der ersten Person des Präsens Indikativ anführt, die französische Übersetzung jedoch im Infinitiv.

ackern, ἀροτήρ, Landarbeiter; ἄροτρον, Pflug; ἄροτος, Zeit der Feldbestellung; Latein: *arare, arator, aratio, aratrum, arvus, arvum;* Gotisch: *arjan* **), ackern; *aha, aran,* ackern. (Altskandinavisch: *ard,* Pflug.)

APANI, mitnehmen, aufnehmen. Sanskrit: *apa;* Zendavesta: *apa;* Griechisch: ἀπό, von ἄφ; nach rückwärts; Latein: *ab, abs;* Gotisch: *af,* außerhalb von; Althochdeutsch: *aba.* (Dänisch: *af,* von, außerhalb von.)

AYMURALLU, rohrgedeckter Schuppen zur Aufbewahrung der Ernte. Sanskrit: *ahi,* Schlange, davon hergeleitet: Bogen, Ort; *mur,* umkreisen, bekleiden; Latein: *murus,* Mauer.

AYRI, Axt. Sanskrit: *ir,* verletzen, schlagen; Latein: *ira,* Haß; *arma,* Waffe.

AYUNI, Ehebruch begehen. Sanskrit: *yu,* zusammenfügen, vereinen; *yoni,* sexuelle Vereinigung. (Latein: jungere, zusammenfügen, vereinen.)

KAKKA, Berggipfel. Sanskrit: *kakút,* Gipfel. (Altskandinavisch: *hár,* hoch; Deutsch: hoch; Dänisch: *hög,* id.)

KALLA, Spindel. Sanskrit: *krt,* spinnen, weben. (Lateinisch: *collus,* spinnen.)

KIKALLU, Sprache. Sanskrit: *gr',* verschlingen; Griechisch: γλῶσσα, Sprache; Lateinisch: *glutire, gula; kal,* rufen; Griechisch: καλέω, rufen. (Dänisch: *kalde,* rufen.)

KOLLI, Feuerstelle, Asche. Sanskrit: culli, Feuerstätte. (Skandinavisch: *kol,* Kohle.)

KUNANI, raten, predigen. Sanskrit: *kun,* das Wort an jemand richten, einen Rat geben. (Dänisch: *kundgöre,* veröffentlichen, bekanntgeben.)

**) Der Text von López gibt *ayan* an, wobei es sich wahrscheinlich um einen nicht korrigierten Druckfehler handelt.

KUS, Husten. Sanskrit: *g'us'*, Geräusch machen; *kas*, husten; Litauisch: *koster*. (Dänisch: *hoste*, Husten.)

KUTANI, mahlen. Sanskrit: *kut*, teilen, zerbrechen. (Englisch: *cut*, schneiden.)

K'KAMANI, schöpfen, fortpflanzen. Sanskrit: *kama*, Liebe, Verlangen. (Lateinisch: cama, enges Bett.)

K'KATANI, umgeben, bedecken. Sanskrit: *c'ad*, bedecken, Schatten spenden; Griechisch: σκότος, Dunkelheit; Gotisch: *skadus*, Schatten; Englisch: shade, Schatten; Litauisch: szétra, Zeltplane.

K'KAUNI, die grünen und zum Füttern getrockneten Blätter des Mais. Griechisch: κάω, καίω, verbrennen; καῦμα, Verbrennung; Gotisch: *hais*, Fackel; *hauri*, Kochtopf; Litauisch: *kaistu*, heiß sein.

K'KEA, Eiter, Verdorbenes. Griechisch: κάκη, Unrat; κακάω, Unrat machen; Lateinisch: *caca;* Litauisch: *szizu*, id. (Deutsch: Kacke.)

K'KOO, Haufen. Griechisch: χέω, ausschütten; χύμα, χεῦμα, χύσις, Trankofer; χόος, Erdhaufen, Mauer; Lateinisch: *fons, fondere;* Gotisch: *giuta*, ausschütten.

K'KORI, Gold. Sanskrit: *hir-anam;* Zendavesta: *zaranu,* Gold; Griechisch: χρυσός, χρυσίον; Gotisch: gulth; Deutsch: Gold. (Dänisch: guld.)

KOCHA, Meer, See, Wasserbehälter. (Althochdeutsch: cocho, Schiff.)

CHAKRA, Garten. Sanskrit: *c'akra*, Provinz, Bezirk; Griechisch: κύκλος, Kreis; κίρκος, Ring; Lateinisch: *circus*, Zirkus; circum, rundum; Althochdeutsch: kring. (Dänisch: *ring; kreds*, Bezirk, Kreis; *ca*, rundum.)

CHAPUNI, Erde kneten, formen. Sanskrit: *kopati*, graben; Griechisch: σκάπτω, umrühren; Litauisch: *kapas*, Grab; Gotisch: *ship*, Pflug; Deutsch: schaffen; Englisch: *shape*, Form.

CHUPE, Suppe. Sanskrit: *supa.* Tunke. (Deutsch: Suppe; Dänisch: *suppe.*)

HAKKALLU, Grünschnabel. (Deutsch: Hacke; Dänisch: *hakke,* hacken.)

HAMUNI, kommen. Sanskrit: *ga, gam, hamm,* gehen; Zendavesta: *ga, gam; j'am,* kommen; Griechisch: βαίνω, gehen; Lateinisch: *betere, arbiter, venio;* Oskisch und Umbrisch: *ben,* kommen; Gotisch: *quiman, queman, koman,* kommen. (Deutsch: kommen; Dänisch: *gå, gehen;* Englisch: go, gehen.)

HANAK oder HANAN, oben (HANA PACHA, Himmel). Griechisch: ἀνά, auf, nach; ἄνω, oben; Gotisch: *ana;* Slawisch: *na,* nach, auf, oben.

HARKANI, beschützen, bewachen. Griechisch: ἀλαλκεῖν, bewahren, bedecken; ἄρκέω; Lateinisch: *arx, arca, arceo.*

HATUN, groß. Sanskrit: *att,* übersteigen, herausragen, sich erheben. (Altskandinavisch: *yötun,* Riese.)

HUAKU, Sperber (wird fast wie VAKU ausgesprochen). Sanskrit: *vaka,* Vogel, Dämon. (Dänisch: falk, Deutsch: Falke.)

HUASI, Haus. Sanskrit: *vas,* bewohnen. (Dänisch: *hus;* Deutsch: Haus.)

HUAHUA, Kind. Sanskrit: *su,* zeugen; *sutas, sunnus,* Sohn; Zendavesta: *hunu,* Sohn; Gotisch: *sunus;* Slawisch: *synus;* Litauisch: *sunus;* Deutsch: Sohn; Englisch: son; Griechisch: φυνός, φυιός, υἱός, υεός, Sohn; Irisch: *hua, ua,* Sohn. (Dänisch: *sön.*)

HUILKA, Heiliger oder Heiligtum, Anbeginn (spricht sich fast wie VILKA aus)*). Sanskrit: *vil,* bedecken, verbergen;

---

*) Im Quichua wird das Wort fast immer im Sinne von Festung gebraucht.

Nachsilbe *ka*, Myterium. (Skandinavisch: virk, Festung.)

MAKTA, Jüngling, kräftig, jung. Sanskrit: *mahat*, groß, stark. Griechisch: μέγας; Lateinisch: *magnus;* Litauisch: maknu. (Dänisch: *magt*, Stärke, Macht; Deutsch: Macht; Englisch: might.)

MARKA, Turm, Grenzfestung**). Gotisch: *mark*, Grenze. (Altskandinavisch: marka.)

MUKA, Opossum***). Sanskrit: *mushas*, Ratte; Griechisch: μῦς; Lateinisch: *mus;* Slawisch: mysi. (Dänisch: *mus;* Deutsch: Maus.)

NAKKANI, töten, erwürgen. Sanskrit: *naç*, verschwinden, vergehen; Zendavesta: *naçu*, Leichnam; Griechisch: νεκρός, Leiche; Lateinisch: *nex, necare;* Gotisch: *naus, navis,* Tod, Leiche.

PAKTA, Vorsicht, List, Gleichheit, Examen. Sanskrit: *paç*, betrachten, prüfen, sich vorsehen. (Dänisch: *pagt;* Deutsch: Pakt.)

PILLU, Feder, Krone, Guirlande. Sanskrit: *plu*, fliegen; Lateinisch: pluma, Feder.

PIRKA, Mauer, Wall. Sanskrit: *prç*, binden, verbinden; Griechisch: πύργος, πέργαμος, Deutsch: Burg; Englisch: borough; Altdeutsch: *purg*. (Dänisch: *borg*, Burg, Festung.)

PIRRHUA, Kornspeicher. Sanskrit pura; Griechisch: πυρός, Weizen.

RIMANI, sprechen. Sanskrit: *ruh, ru,* sprechen; Griechisch: ῥῆμα; Wort. (Dänisch: *rim; rimelig*, vernünftig; Deutsch: Reim.)

**) Tatsächlich: Grenzprovinz.

***) Übersetzungsfehler von López. Auf dem Altiplano gibt es keine Opossums. Es muß sich um irgendein anderes Nagetier handeln.

RUMI, Stein. Lateinisch: *roma, ruma,* Stein; *ficus rumi-nalis.*

TAUNA, Stock, Stengel. Sanskrit: *tan,* verlängern; *tanu,* schlank; Lateinisch: *tenuis.*

YSKAY, zwei. Sanskrit: *dva;* Deutsch: zwei; Englisch: two. (Dänisch: to.)

7. Die Schrift

Mit dem philologischen Teil unserer Untersuchung ist das Problem der Schrift eng verbunden. Das Vorhandensein zahlreicher Wörter europäischen Ursprungs in den ameri-kanischen Sprachen der vorkolumbianischen Zeit wirft die Frage auf, wie es möglich ist, daß die Nahuas, Mayas und Quichuas keine phonetische Schrift gehabt haben. Eine ein-fache Erklärung wäre die, daß die nach Amerika gekom-menen Wikinger Analphabeten waren, was im europäi-schen Hochmittelalter in den besten Kreisen vorkam, und daß der Einfluß der *papas* nicht stark und dauerhaft genug war, um den Eingeborenen eine so komplizierte Technik beizubringen.

Aber wir müssen diese Ansicht verwerfen, denn die Über-lieferung stellt ganz eindeutig fest, daß Quetzalcóatl den mexikanischen Völkern die Schrift brachte. Es konnte sich dabei nicht um die Hieroglyphen gehandelt haben, die von Nahuas und Mayas zur Zeit der Konquista benutzt wur-den und die keinerlei Beziehung zu den Schriftsystemen der Alten Welt hatten. Anderseits scheint die Überliefe-rung vage darauf hinzuweisen, daß früher eine andere Art Schrift benutzt worden ist, die aber später in Vergessen-heit geriet.

Die Peruaner hatten eine deutlichere Erinnerung. Monte-sinos berichtet mit Einzelheiten, die zu erfinden ihm seine natürliche Verständnislosigkeit verboten haben würde, daß zu einer Zeit, die er als *chilhi* näher bezeichnet – ein Wort, das er mit „unglücklich" übersetzt – fremde Stämme Peru angriffen und seine Dynastie vernichteten. *Chilhi* hat nie-mals „unglücklich" bedeutet, aber die Männer des Kaziken Cari, die die *atumuruna* besiegten, waren Chilenen. Zu jener Zeit berichtet der Chronist, daß der Gebrauch der alphabetischen Schrift verlorenging. Tatsächlich erklärten die Priester dem Topa Kauri Pachacutek, dem Führer der Überlebenden des Desasters, die sich in den Bergen von Tambo-Toko (Tampu-Tuku, das Heim der Zuflucht) ver-borgen hatten, daß der Gebrauch der Buchstaben der Grund für das ihnen widerfahrene Unheil gewesen sei.

Nunmehr verbot der Fürst unter strengsten Strafen für-derhin den Gebrauch von Pergament und Blättern der Ba-nanenstaude, um darauf irgendwelche Schriftzeichen zu malen. Der Befehl wurde so genau befolgt, daß das Alpha-bet außer Gebrauch und in Vergessenheit geriet. Einige Jahre später erfand ein *amauta*, ein Weiser, eine neue Schrift. Aber er mußte auf dem Scheiterhaufen sterben. Die Maßnahme konnte natürlich weder den Plünderungen der Invasoren Einhalt gebieten noch verhindern, daß das Land in seinen wilden Urzustand zurückfiel, aus welchem es dann die Inkas wieder herausführten.

Bestand dieses Verbot der alphabetischen Schrift tatsäch-lich? Benutzten die Priester die herrschenden Zustände, um durch ein totales und endgültiges Autodafé eine welt-liche Kultur zu vernichten, die ihre Macht gefährdete? Oder ging die Schrift ganz einfach als Folge der Niederlage und der Flucht aller *atumurana*, die sie zu gebrauchen wußten, verloren? Wir wissen es nicht. Aber eine Tatsache scheint unleugbar: die Weißen des Altiplano besaßen ein Alphabet, dessen Gebrauch in der Zeit des kulturellen Rückschritts nach der Schlacht auf der Sonneninsel verschwand.

Aus der Zeit davor sind uns zwei peruanische Inschriften von unbestreitbar alphabetischem Charakter erhalten geblieben. Die eine befindet sich an einem Gebäude der Sonneninsel im Titicaca-See, dem Chinkana, dem Kloster der Sonnen-Jungfrauen (s. Abb. 14). Auf ihr erkennen wir ohne größere Schwierigkeiten einige lateinische Schriftzeichen: zwei A, ein H mit verkürzten Senkrechtstrichen und ein M oder N, das durch die Umrandung deformiert ist. Die zweite ist auf einem der behauenen Steine von Sahhuayacu, einige dreihundert Kilometer nordöstlich von Cuzco angebracht (s. Abb. 15).

Es kommt eine Reihe von Schriftzeichen hinzu, mit denen Kleider und Gewänder hoher Persönlichkeiten des Inka-Imperiums verziert wurden (s. Abb. 16), so wie sie in der Mitte des 16. Jh. der Mestize Felipe Guamán Poma de Ayala[45] entwarf. Man könnte in diesem letzteren Falle eine nicht zeitgerechte Übertragung posthispanischer Symbole argwöhnen, obwohl ein solcher Fehlgriff unverständlich wäre, da der Autor doch mit den Illustrationen zu seinem Buch[45] einen genauen Begriff davon geben wollte, was die Welt der Inkas war. Anderseits wird diese Möglichkeit auch durch die Übereinstimmungen ausgeschlossen, die zwischen zweien dieser Zeichen und denjenigen festzustellen sind, die sich auf dem Stein von Sahhuayacu befinden (s. Abb. 17).

Wahrscheinlich würde systematisches Forschen, das niemals erfolgte, an anderen Orten Süd- und Mittelamerikas zahlreiche Inschriften ähnlicher Art zutage fördern. Diese Ansicht wird dadurch gestützt, daß es mitten im Gebiet des oberen Amazonas den zogenannten „Bemalten Felsstein" (Piedra Pintada) gibt, einen auf weiter Ebene freistehenden gewaltigen Felsblock, der in einer Ausdehnung von etwa sechshundert Quadratmetern mit Malereien bedeckt ist. Seine wichtigsten Teile geben wir nach dem Forscher Marcel Homet[19] wieder. Dabei fehlen alphabetisch scheinende Zeichen nicht, von denen einige mit den Schriftzeichen der vorher erwähnten Inschriften übereinstimmen (s. Abb. 18 und 19).

Noch interessanter ist die Ähnlichkeit dieser Zeichen mit den Buchstaben der Runenschrift (s. Abb. 18). Man weiß, daß die Runen für die nordischen Völker des hohen Mittelalters eine doppelte Bedeutung hatten. Einerseits waren sie ein aus dem Griechischen und dem Lateinischen abgeleitetes Alphabet, anderseits hatte jeder einzige Buchstabe einen symbolischen, ja magischen Sinn. Es ist daher nicht verwunderlich, an Kultstätten und -gegenständen einzelne Runenzeichen als Verzierung anzutreffen.

Wir können in diesem Zusammenhang die von Bernardo da Silva Ramos[46] bekanntgemachten amazonischen Inschriften nicht unerwähnt lassen, die Pierre Honoré in einem Buch von beschränkt wissenschaftlichem Charakter[47] in der Region von Manaos gesehen zu haben behauptet (s. Abb. 20). Ramos war ein fast völlig ungebildeter *seringueiro* (Kautschuksammler), der auf den von ihm gefundenen Steinen phönizische Inschriften erkennen wollte und sie sogar – übersetzte. Allerdings haben die von ihm kopierten Zeichen nicht viel Ähnlichkeit mit der Schrift von Sidon und Tyrus. Sie sind im Gegenteil ausgesprochene Runen, die man sogar in einigen Zusammenstellungen leicht lesen kann.

181

In lateinische Schrift übertragen, ergibt die Gruppe 1 auf Abb. 20 mit kaum einem leichten Zweifel in Bezug auf den vorletzten Buchstaben: ATEPUOMN. Von den vier Buchstaben der zweiten Gruppe sind drei zu entziffern: UT.T. Die Gruppe 3 wiederholt die drei ersten Buchstaben der ersten Gruppe: ATE. Bedeuten diese Zusammenstellungen etwas in irgendeiner europäischen oder amerikanischen Sprache? Wir überlassen die Beantwortung der Frage den Philologen. Aber die Tatsache, daß Ramos sich über die Natur – oder vorsichtiger ausgedrückt: die Ähnlichkeit – der von ihm wiedergegebenen Schriftzeichen nicht klar war, spricht für die Authentizität seiner Entdeckung. Alles in allem besteht in dieser Hinsicht keine absolute Gewißheit, und jedenfalls ist das Datum der Inschriften nicht festgestellt.

Das Auftauchen von Runen im Amazonas-Gebiet könnte im ersten Augenblick überraschen. Bedenken wir jedoch, daß die Wikinger bei der Besetzung Perus notwendigerweise an den gewaltigen Strom gelangen mußten und daß sie, so wie wir sie kennen, der Versuchung schwerlich haben widerstehen können, seinen Lauf stromab weiter zu verfolgen. Anderseits haben wir schon oben auf das Vorhandensein von „weißen Indianern" in diesem Gebiet hingewiesen.

Neben den alphabetischen Inschriften nimmt noch eine andere peruanische Schriftform unsere Aufmerksamkeit in Anspruch. Auf der Mondinsel (Koaty) und in Sampaya, dem Hafen der Halbinsel Copacabana im Titicaca-See, wurden Pergamente mit Aymará-Texten in ideographischen (begriffsschriftlichen) Lettern gefunden: die sogenannten *kellka* (s. Abb. 21). Diese Texte sind Teile von Katechismen, die im 17. Jh. von Missionaren für die Evangelisation der Indianer niedergeschrieben wurden, aber der größte Teil ihrer Ideogramme (Begriffszeichen) stammt aus der Zeit lange vor der Konquista. Wir wissen aus der Überlieferung, daß tatsächlich Inschriften der gleichen Art in die Gold- und Silbertafeln eingraviert waren, mit denen die Tempel auf der Sonnen- und Mondinsel geziert waren, und die die Spanier raubten und einschmolzen. Die Missionare bedienten sich einer bereits vorhandenen Schrift, um ihre *Doctrina christiana* in Gestalt der *rezapaliche* zusammenzustellen, wie die Aymarás die katholischen *kellka* nannten.

Nun ist diese ideographische Schrift aber nicht peruanischen Ursprungs oder muß, wenn sie es ist, in die Alte Welt gelangt sein. Wir begegnen ihr tatsächlich in einem Grab in Kivik, Schweden (s. Abb. 22), das trotz des Fehlens einer genauen Zeitbestimmung und im Gegensatz zu der allgemein verbreiteten Auffassung nicht älter als aus dem 9. Jh. sein kann. Denn man findet darin auch ein Keltenkreuz (zwei sich rechtwinklig schneidende Balken innerhalb eines Kreises), das die Skandinavier erst nach der Eroberung Hibernias (Irlands) im Jahr 800 von den Iren übernahmen. Die *kellka* haben eine merkwürdige Besonderheit, die als *Boustrophedon* (Verlauf der Spur des Ochsen beim Pflügen) bekannt ist: um sie zu lesen, beginnt man in der ersten Zeile von rechts nach links und fährt in der zweiten von links nach rechts fort, um – wie der Ochse beim Pflügen – mit der nächsten Reihe stets dort anzufangen, wo die vorhergehende aufgehört hat. Wir begegnen dieser Lesart nicht nur in Peru, sondern auch in einigen Katechismen, die in Nahuatl kurz nach der Konquista ideographisch niedergeschrieben wurden, in Manuskripten der indianischen Ureinwohner Panamas und in den *rongorongos* (s. Abb. 21),

183

den bisher noch nicht entzifferten Texten der Osterinsel, deren Zeichen einige Ähnlichkeit mit denen der *kellka* und ganz allgemein mit der Symbolik und dem Stil der Bildhauer von Tiahuanacu haben, was nicht verwundern kann, da wir aus den Überlieferungen der Eingeborenen bereits wissen, daß die *atumuruna* über den Pazifik auf die Inseln Ozeaniens flohen.

Die Skandinavier waren es also, die die Schrift in die Neue Welt brachten, und diese Schrift war, wie es nicht anders sein kann, die der Runen. In Mittelamerika war ihr Aufenthalt zu kurz, um etwas anderes als eine vage Erinnerung zurückzulassen: wahrscheinlich waren die Krieger, die nach dem Fortgang Quetzalcóatls in Mexiko verblieben, Analphabeten. In Peru dagegen gebrauchten die Weißen ihre Schrift etwa zwei Jahrhundert lang, und die Runen, deren Zeichen im Gegensatz zum lateinischen Alphabet im 10. Jh. noch nicht genau festgelegt waren, entwickelten sich weiter, um sich den phonetischen Notwendigkeiten der Eingeborenensprachen anzupassen, bis sie teils eigne Formen annahmen. Mit der Niederlage auf der Sonneninsel ging das Geheimnis der alphabetischen Schrift verloren. Es blieb nur eine ideographische Schrift – vielleicht skandinavischen Ursprungs – übrig, die die *atumurana* sehr wahrscheinlich – wie später die Spanier – zur Unterweisung der analphabetischen Indianer verwendeten.

8. Schlußfolgerungen

Die sprachlichen Überlegungen, die wir in diesem Kapitel zusammengefaßt haben, zeigen uns, daß die weißen Menschen, die im 10. Jh. nach Amerika kamen, dänisch, deutsch und lateinisch sprachen, da wir in den zur Untersuchung stehenden beiden Eingeborenensprachen Wurzeln und vollständige Wörter aus den erwähnten Sprachen gefunden haben. Die Dänen waren im 10. Jh. einem starken deutschen Einfluß ausgesetzt, was hinlänglich erklären würde, daß sich in einer Gruppe von Wikingern auch Personen des eigentlich deutschen Sprachkreises befunden haben könnten. Was die Iren betrifft, so kam ihr Beitrag zu den amerikanischen Sprachen, auch wenn sie in diesen, was freilich nicht ganz sicher ist, einige gälische Worte zurückließen, vor allem über das Lateinische, die Kult- und Liturgiesprache der mittelalterlichen Christenheit und damit auch der *papas*, die, wie wir wissen, nach Mittelamerika gelangten. Es gibt jedoch keinen Beweis dafür, daß sie es waren, die lateinische Wortwurzeln und sogar einen der Namen des Huirakocha – Justus – nach Peru brachten.

Die Überlieferung hat uns einen vagen Hinweis auf das Vorhandensein der „Zuyua-Sprache" im Maya-Land gegeben, deren Eigenart wir nicht kennen. Dagegen ist sie in bezug auf die „Privatsprache" der Inkas, die diese weiter benutzten, kategorisch. Sie war nach den aus ihr überlieferten Worten dänisch, was durch zwei Ortsbezeichnungen, die keinen Zweifel offen lassen, bestätigt wird.

Mit den europäischen Sprachen gelangte auch das Alphabet nach Amerika, oder vielmehr zwei Alphabete, das der Runen und das lateinische. Die phonetische Schrift ging mit der Zeit sowohl in Mittelamerika als auch in Peru verloren. In letzterem Gebiet blieb eine ideographische Schrift erhalten, die auch in Skandinavien benützt wurde. Es bleiben uns indessen einige nicht entzifferte Inschriften und einzelne als Schmuck verwendete Zeichen. Hier muß es sich im ersteren Fall um die Angleichung eines oder beider europäischen Alphabete an die Phonetik der Eingeborenen handeln und im zweiten Fall um Erinnerungen oder Schriftzeichen, die in symbolischem oder magischem Sinne gebraucht wurden. Tatsächlich geben die fraglichen Zeichen fast immer nordische Runen wieder oder erinnern an sie.

Kosmographie

DER ARISCHE TIERKREIS DER INKAS

1. Die beiden Kalender

Unter allen Gestirnen, die sich von der Erde aus beobachten lassen, heben sich zwei hervor, nicht nur weil sie uns näher als die anderen sind, sondern weil sie auch zyklische Phänomene auf unserem Planeten bestimmen, die unsere Lebensbedingungen beeinflussen: Mond und Sonne. Den aufeinanderfolgenden Mondphasen entspricht der biologische Rhythmus der Frau, und die scheinbare Verschiebung der Sonne innerhalb der „fixen Sternbilder" führt den Wechsel der Jahreszeiten und damit auch des Klimas und seiner Einflüsse auf die Vegetation herbei. Der Mond-Zyklus ist wegen seiner Beständigkeit und Kürze am leichtesten zu begreifen. Den verwickelteren Sonnen-Zyklus genau zu bestimmen, hat größere praktische Bedeutung, weil davon die Landbestellung abhängt.

So kommt es, daß nomadische oder auch seßhafte Völker, die unter einem vorwiegend theokratischen System lebten, sich nach einem Mondkalender richteten, während diejenigen, die ein höheres Zivilisationsniveau erreicht hatten oder hauptsächlich von landwirtschaftlicher Produktion abhängig waren, ihre Zeit nach dem Lauf der Sonne rechneten. Wir wissen, daß im alten Ägypten beide Kalender nebeneinander existierten, der erste für religiöse, der andere für zivile Zwecke. Diese Situation bestand auch bei den Nahuas und den Mayas.

Es ist nicht unsere Absicht, die chronometrischen Systeme im Anáhuac und auf Yucatán zu untersuchen. Das haben klassische Werke[14] in allen Einzelheiten und sogar unzählige populärwissenschaftliche Bücher getan. Wir wollen lediglich feststellen, daß die fraglichen Völker mit beträchtlichen Unterschieden für ihr religiöses Leben einen Kalender von 260 Tagen benutzten, die bei den Nahuas in dreizehn und bei den Mayas in zwanzig „Monde" (Monate) eingeteilt waren. Daneben hatten sie für ihr ziviles Leben ein Sonnenjahr von 365 Tagen: achtzehn Monate von je zwanzig Tagen und ein Rest von fünf „bösen Tagen". Beide Systeme stimmten in einem „großen Jahr" von 18 980 Tagen überein, das zweiundfünfzig Sonnenjahren und dreiundsiebzig Mondjahren gleichzeitig entsprach.

Es gab eine Zeit, in der das Mondjahr der Nahuas ein Teil ihres Sonnenjahrs war. Aber später gingen die Namen der ohnehin sehr relativen „Monde" verloren, und ihre Tage wurden, wie bei den Mayas, nach einem Zyklus, der der des Planeten Venus zu sein scheint, von eins bis dreizehn numeriert. Was den Sonnenkalender betrifft, so war er von unzureichender Genauigkeit, da er nicht die überschießenden sechs Stunden des Jahres berücksichtigte, die heute durch die alle vier Jahre erfolgende Einschiebung eines Schaltjahres verrechnet werden.

Diese Dualität der Kalender kann spontan entstanden sein, da das Mond-System zu einem bestimmten Zeitpunkt dem inzwischen erreichten Zivilisationsniveau und auch der angenommenen Lebensweise nicht mehr entsprach. Die mittelamerikanischen Astronomen mögen ein angemesseneres Verfahren gesucht und gefunden haben. Ebenso gut ist es möglich, daß der Sonnen-Kalender den Nahuas und

189

Mayas, wie die Überlieferung berichtet, von Quetzalcóatl gebracht wurde. Was diese zweite Hypothese bekräftigt, ist die Feststellung der Chronisten und besonders des Bischofs Diego de Landa, daß das zur Zeit der Konquista gültige Sonnenjahr einen Rückschritt gegenüber einer früher hier üblichen Zeiteinteilung dargestellt habe, die mit Perioden von dreihundertfünfundsechzig Tagen und sechs Stunden, eingeteilt in Monate von je dreißig Tagen zuzüglich der zur Vervollständigung der Rechnung notwendigen Zeiteinheiten rechnete.

Das wäre unverständlich, wenn der so deformierte Kalender autochthon gewesen wäre, d. h. den wirklichen Notwendigkeiten entsprochen hätte, die gewiß nach wie vor gegeben waren. Es ist dagegen logisch, wenn es sich um ein von außen gekommenes und von augenblicklichen Gewalthabern künstlich eingeführtes System handelte. Nach Quetzalcóatls Abgang geriet sein Kalender nach und nach außer Gebrauch, und man kehrte zu dem früheren ungenauen, aber gewohnheitsmäßig benutzten zurück, der keine Zeit gehabt hatte, um aus den Gebräuchen oder gar dem Gedächtnis zu verschwinden.

Wenn sich der Sonnengott in Mittelamerika festgesetzt hätte, so hätte sich sein chronologisches System zweifellos allgemein durchgesetzt und sicherlich sogar den Mondkalender beseitigt. Wir können das versichern, weil sich genau dies in Peru zutrug.

Das inkaische Imperium benutzte einen Kalender mit einem Jahr von dreihundertfünfundsechzig Tagen, eingeteilt in zwölf Monate von je dreißig Tagen zuzüglich der jeweils zur Ergänzung der Rechnung notwendigen Zeitpartikel, und mit einem alle vier Jahre eingeschobenen Schaltjahr von dreihundertsechsundsechzig Tagen. Aber das war nicht immer so. Bis zu einer bestimmten Zeit hatten die Peruaner einen in zwölf Monate von je neunundzwanzig Tagen eingeteilten Mondkalender von dreihundertachtundvierzig Tagen. Natürlich war eine jährliche Differenz von siebzehn Tagen gegenüber dem Lauf der Sonne untragbar. Um sie auszugleichen, wurde ein Zyklus von sechzig Mondjahren oder 20 880 Tagen aufgestellt, die mehr oder weniger achtundfünfzig Sonnenjahren (20 880:58 = 360) entsprachen. Es genügte die Hinzufügung eines Mondjahres, um die Rechnung mehr oder weniger in Ordnung zu bringen. Aber nur mehr oder weniger, denn natürlich ergab sich auch innerhalb dieses sechzig-Jahr-Zyklus eine fortschreitende Verschiebung der Jahreszeiten.

Nach dem Chronisten Montesinos war der Kalenderwechsel das Werk eines präinkaischen Herrschers, Inti Kapak, der im 15. Jh. vor der Zeitwende regiert haben soll. Ohne jeden kritischen Sinn und dazu in dem Bemühen, die peruanische Chronologie bis in das biblische Diluvium zurückzuverlegen, ist Montesinos in bezug auf Daten und Namen der am wenigsten glaubwürdige Chronist. Aber wenn er von Astronomie spricht, darf man ihm blind vertrauen, denn er beweist, daß er von dem, was er berichtet, absolut gar nichts versteht, was bei ihm die beste Garantie für getreue Wiedergabe darstellt.

Seinen sogenannten Inti Kapak gab es allerdings niemals. Der Name bedeutet in Quichua Sonnenkönig und bezieht sich offensichtlich auf Huirakocha, der der Überlieferung nach tatsächlich den Kalender nach Südamerika brachte. Und der Kalenderwechsel fand nicht im 15. Jh. statt, da es zu dieser Zeit weder einen Huirakocha noch irgendjemand gab, der sich in einem Volk ohne geschriebene Geschichte auf ein dreitausend Jahre zurückliegendes Ereignis hätte beziehen können.

Unsere Auslegung wird von Montesinos selbst bestätigt, indem er erzählt, daß die Nachkommen des angeblichen Inti Kapak nach einer erfolgreichen Erhebung in die Berge flüchten mußten, was in der Tat, wie wir gesehen haben, den *atumurunas* von Tiahuanaco widerfuhr. Anderseits ist es gleichfalls Montesinos, der berichtet, wie ein anderer angeblicher präinkaischer Herrscher namens Sinchi Apuski „den Namen des höchsten Gottes wechselte", indem er diesen Huirakocha nannte. Das sollte eine ergänzende Maßnahme zur Abänderung des Kalenders sein, der das Jahr angeblich mit der Wintersonnenwende am 23. September anfangen ließ. Das ist eine für Montesinos typische Angabe, denn das Datum des 23. September paßt zur Wintersonnenwende wie Huirakocha ins 15. vorchristliche Jahrhundert. Am 23. September beginnt weder auf der nördlichen noch auf der südlichen Erdhälfte der Winter, sondern hier der Frühling und dort der Herbst. Aber das einzige, was uns hier interessiert, ist die Beziehung zwischen dem Kalenderwechsel und dem Erscheinen des Sonnenkönigs.

2. Der inkaische Tierkreis

Der Übergang vom Mond- zum Sonnenkalender konnte sich bei Völkern, die eine besondere Begabung für Astronomie bewiesen, nicht ohne ein vertieftes Studium des Sonnenlaufes am südlichen Himmel, d. h. im Verhältnis zu den „fixen Sternbildern", vollziehen, besonders wenn man die Tatsache berücksichtigt, daß der Sonnengott ein Seefahrer war, zu dessen Alltagsgewohnheiten das Navigieren mittels Beobachtung der Sterne gehörte, da weder Skandinavier noch Iren zu jener Zeit den Kompaß kannten. Die Kenntnisse, die wir über die mittelamerikanischen Völker besitzen, liefern uns in dieser Hinsicht keinen für unsere Untersuchung nützlichen Hinweis, es sei denn den einen, der, gesondert betrachtet, keine Bedeutung hat, so merkwürdig er auch ist: bei den Nahuas hatte das Sternbild des Skorpion die gleiche Bezeichnung wie in Europa. In Peru dagegen sind die Übereinstimmungen so reichlich, daß sie nicht nur das Ergebnis des Zufalls sein können.

Der größte Teil der Informationen, die wir über die peruanische Astronomie besitzen, beschränkt sich auf eine Nomenklatur der Gestirne, die uns der Pater Acosta, ein höchst ernsthafter und glaubwürdiger Chronist, in ungeordneter Form gegeben hat. Vicente Fidel López[38] gelang es, auf dieser Grundlage fast die Gesamtheit des inkaischen Tierkreises zu rekonstruieren und zu beweisen, daß dieser mit dem aus Asien über Babylon nach Europa gekommenen und dort während des Mittelalters wie auch heute noch für die Sterndeutung verwendeten identisch war. Wir können hier nichts anderes tun, als uns eng an den argentinischen Philologen und Historiker halten. Denn seine Arbeit ist vollkommen.

Der Tierkreis wird durch die beiden äußersten Punkte bestimmt, zwischen denen sich die Sonne während ihres Jahreslaufes bewegt. Der erste oder Wendekreis des Krebses entspricht den drei Monaten des nördlichen Winters (von Ende Dezember bis Anfang März), während der zweite oder Wendekreis des Steinbocks die drei nördlichen Sommermonate von Ende Juni bis Anfang September umfaßt. Die beiden Wendekreise stehen auf der Tierkreis-Ellipse einander genau gegenüber. Es ist unnötig hinzuzufügen

– obwohl viele spanische Chronisten, und besonders Montesinos, sich über das Phänomen nicht klar waren – daß die Jahreszeiten und daher auch die sphärischen Winkel, die sie innerhalb der Ellipse beschreiben, sich beim Übergang von der nördlichen in die südliche Hemisphäre umkehren. In Südamerika steht der Sommer im Zeichen des Steinbocks und der Winter in dem des Krebs. So finden wir es im peruanischen Tierkreis bestätigt, der den *Venado* (Hirsch) in den Wendekreis des Sommers und den *Cangrejo* (Krebs) in den des Winters stellt.

Die Völker des Altiplano kannten die Gattung der Ziegen nicht, und der Name Steinbock war daher ins Quichua nicht übersetzbar. Aber es gab Hirsche, deren Geweih den Hörnern der Ziegen ähnlich war. So verwandelte sich der Steinbock in den *Tarukka* (spanisch: *Venado*; deutsch: Hirsch) der Quichua. Das Wesentliche war, daß es sich dabei um ein gehörntes Tier handelte. Die Ziege symbolisierte jedoch den nördlichen Winter und entsprach daher nicht der durch den Wechsel der Hemisphäre bedingten Umkehrung.

Alles scheint darauf hinzuweisen, daß diejenigen, die den europäischen Tierkreis nach Südamerika brachten, sich der Schwierigkeit bewußt waren. Denn sie fügten dem Tiernamen *Tarukka* das Adjektiv *topa* (glühend) hinzu, und zwar im doppelten Sinn, den dieses Wort im Quichua hat: glühend in bezug auf die sommerliche Sonne wie auch auf den Geschlechtstrieb des Ziegenbocks. So erhielten sie das lediglich seinem zoologischen Metier angepaßte Tierkreiszeichen und wiesen gleichzeitig auf den vollzogenen Wechsel der Jahreszeit hin. Nichts könnte logischer, nichts einfacher sein.

In der nördlichen Hemisphäre stammt der Name des Tierkreiszeichens Krebs daher, daß die Sonne, wenn sie ihren Wendepunkt erreicht hat, eine Rückwärtsbewegung nach Süden beginnt. In der südlichen Hemisphäre vollzieht sich das gleiche Phänomen in umgekehrter Richtung: die Sonne zieht sich zur winterlichen Ruhepause auf sich selbst zurück. Der Sonnengott brauchte hier kein neues Symbol zu suchen. Der Krebs war als Krabbe oder Languste an der Küste des Pazifik bekannt. Man nannte ihn *Machak-huay*, den „betrunkenen Wanderer".

Man brauchte seinem Namen nicht einmal ein Beiwort hinzuzufügen, das winterliche Eigenschaften ausdrückte, denn der Krebs, der sich nach der Seite und schwankend fortbewegt, erweckt den Eindruck nicht nur eines Trunkenen, sondern auch den eines Schlaftrunkenen, Gestalten, die für die winterliche Jahreszeit kennzeichnend sind. Wie Vicente Fidel López feststellt, sind die Wörterbücher *machak-huay* mit Schlange als Synonym von *amaru* zu übersetzen, aber er fügt ergänzend hinzu, daß die Indios, die noch Quichua sprechen, im vergangenen Jahrhundert deutlich zwischen *amaru* (Schlange), *katari* (Viper) und *machak-huay* unterschieden, mit welchem Wort sie die sonstigen Reptilien und sogar Skorpione und Krustentiere wie den Krebs bezeichneten.

Prüfen wir nunmehr, ob die gleiche Übereinstimmung auch bei den anderen Tierkreiszeichen besteht. Wir werden es unter Zugrundelegung der systematisierten Arbeit von Vicente Fidel López in der Reihenfolge, in der sie bekannt sind, tun.

Widder. Den Hammel der alten Welt gab es in Amerika nicht. Seine Rolle für die Volksernährung übernahm bei den Quichuas und Aymarás das Lama, das der deutsche Landsknecht und erste Chronist Argentiniens, Utz Schmidl, daher bezeichnenderweise das „amerikanische Schaf" nannte. Das Fleisch des männlichen Tieres wurde, da hart und übelriechend, nicht gegessen, wohl aber das des weiblichen und mit Vorliebe der neugeborenen *k'katu*. Obwohl die zeitgenössischen Wörterbücher für dieses Wort als Übersetzung nur die von „Fleischmarkt" abgeleitete Bedeutung verzeichnen, gibt ihm der Pater Acosta den Sinn von Lamm, Hammel, Schaf, natürlich stets in bezug auf das Lama. So kommt es, daß *K'katu-chillay*, eines der peruanischen Sternbilder, „Sternbild des Schafes" bedeutet, was mit unserem Widder identisch ist.

Stier. Auch Rindvieh gab es im prähispanischen Peru nicht, weshalb der Stier nicht als Sinnbild des tierischen Paarungstriebes, der im Mai der nördlichen Hemisphäre erwacht, benutzt werden konnte. Aber die Art ist hier von zweitrangiger Bedeutung. Worauf es ankommt, ist das männliche Geschlecht, *urku* auf Quichua. Und tatsächlich gibt es in Peru das Sternbild (oder Tierkreiszeichen) des Männchens: *Urku-chillay*. Wir wissen leider nicht, ob die Völker des Altiplano es nach europäischer Art für April/Mai verwandten, wie es die Spanier taten, als sie in Südamerika unbesehen einen liturgischen Kalender gebrauchten, der so einen großen Teil seines Sinnes verlor, oder ob sie das Zeichen auf Oktober/November verschoben, um so seine Bedeutung zu wahren.

Zwillinge. Den Monaten Mai/Juni entsprechend symbolisiert das in Gestalt zweier Jünglinge dargestellte Zeichen der Zwillinge die Tagundnachtgleiche und gleichzeitig den Beginn der lebenspendenden Wärme. *Mirku-k'koyllur* hat bei den Quichuas genau diesen Sinn: das Sternbild der Einheit oder besser: die vereinigten Sterne.

Krebs. Dieses Zeichen haben wir schon bei der Behandlung der Wendekreise erwähnt.

Löwe. In Europa beherrscht das Sternbild des Löwen den Himmel gegen Ende Juli, wenn die Sonne sich vom Krebs abwendet, ihren Lauf wiederaufnimmt und ihre Strahlen gen Süden richtet. In Peru befindet sich die Sonne zu dieser Jahreszeit im unteren Teil des Tierkreises. Sie verläßt die Dunkelheit des Nordens und schickt ihre Strahlen der südlichen Hemisphäre entgegen. Die Griechen, bemerkt Vicente Fidel López, sprachen von den Pfeilen Apolls. Die Quichuas bezeichnen die Sonnenstrahlen als Lanzen. *Chukin-chinka-chay* heißt in der Tat „Rückkehr der Lanze des verborgenen Tigers". *Chay* ist Rückkehr; *chinka* ist der Tiger oder besser: der amerikanische Jaguar, der sich auf die Erde duckt, wenn er zum Sprung ansetzt; *chuki* bedeutet Lanze, wobei das angehängte *n* den Artikel darstellt. Das Sinnbild ist vollkommen. Halten wir fest, daß es in Südamerika Löwen nur in Zoologischen Gärten gibt, und daß der Puma, der auf spanisch zuweilen als *león* (Löwe) bezeichnet wird, eine Raubkatze ist, die mehr Ähnlichkeit mit dem *chinka* als mit dem afrikanischen Löwen hat.

Jungfrau. Nach der Ernte kehrt die Erde in Europa gegen Ende August, Anfang September in ihren jungfräulichen Zustand zurück, in dem sie bereit ist, von neuem befruchtet zu werden. In der südlichen Hemisphäre verliert das Zeichen seinen Sinn, es sei denn, die Peruaner hätten es auf die Monate Februar/März verschoben, was wir nicht wissen. Jedenfalls begegnen wir auch im inkaischen Tierkreis einer Frau: *Mama Hana*, Himmelsmutter. Eine gewisse Ähnlichkeit, wenn auch nicht unbedingt Sinngleichheit, ist also auch zwischen diesen Zeichen festzustellen.

Waage. Die Waage versinnbildlicht auf der nördlichen Erdhälfte die Herbst-Tagundnachtgleiche, das heißt das beginnende Übergewicht der Nachtstunden im September/

Oktober. Für das südliche Amerika kehrt sich diese Bewegung um, kennzeichnet aber dasselbe wachsende Ungleichgewicht, das die Quichuas mit dem Sinnbild der Leiter, *Chakkana*, vielleicht noch treffender als mit dem der Waage ausdrücken.

Skorpion. Dies war für die Völker des Altertums und des Mittelalters das Zeichen der Krankheit, das im Oktober/November den Beginn der kalten Jahreszeit versinnbildlichte. Eine gleichwertige Idee drückt der peruanische Tierkreis mit *Huakra-Onkoy* aus, der „peinigenden Krankheit". Vicente Fidel López weist darauf hin, daß der Frühlingsanfang in der gesamten tropischen Zone Südamerikas durch das Ausbrechen von Fieber-Epidemien gekennzeichnet ist. Das könnte die Erklärung sein unter der Voraussetzung, daß das Zeichen im südlichen Tierkreis den gleichen Monaten (Oktober/November) gegolten hätte wie sein Gegenstück im nördlichen. Es scheint tatsächlich so gewesen zu sein, denn *Huakra-Onkoy* hätte mit dem Aufstieg der Plejaden nach Norden übereinstimmen müssen, welchem Sternbild die Quichuas unter anderen Namen auch den eines Sternbilds der Krankheit, *Onkoy-k'koyllur*, gegeben hatten. Aber es tritt nie in die Projektion des Tierkreisplanes ein, so daß der Name sich wohl auf ein benachbartes Sternbild bezieht.

Schütze. Hier ist in dem Namensverzeichnis des Paters Acosta eine Lücke. Wir wissen nicht, wie das entsprechende Zeichen auf Quichua hieß.

Wassermann. Das Zeichen versinnbildlicht das Ansteigen der Flüsse infolge der Schneeschmelze. Im gleichen, ja noch zutreffenderem Sinn begegnen wir ihm im peruanischen Tierkreis. *Miki-k'kiray* bedeutet „Augenblick des Wassers". Im Januar/Februar schmilzt der Schnee der Hochkordillere, und die von den Bergen kommenden Flüsse schwellen heftig an.

Fische. Wir kennen den Quichua-Namen dieses Zeichens nicht.

Zusammenfassend ist festzustellen, daß uns der peruanische Tierkreis mit zehn Zeichen und zwei Unbekannten überliefert wurde. Von den zehn bekannten Zeichen sind sieben mit denen des europäischen Tierkreises praktisch identisch: das Schaf (Steinbock), das Männchen (Stier), die Vereinigten Sterne (Zwillinge), der Krebs (Krebs), die Rückkehr der Lanze des verborgenen Tigers (Löwe), der Hirsch (Steinbock) und der Augenblick der Wasser (Wassermann); eines ist sehr ähnlich: Himmelsmutter (Jungfrau); und zwei haben die gleiche Bedeutung, aber verschiedene Symbole die Leiter (Waage) und die peinigende Krankheit (Skorpion). Der Zufall kann eine derartige Ähnlichkeit nicht erklären. Fraglos wurde der Tierkreis aus Europa nach Peru gebracht, und das konnten nur Europäer tun.

3. Sonnenwenden und Tagundnachtgleichen im inkaischen Tierkreis

Nicht weniger aufschlußreich ist die Einteilung des inkaischen Jahres in vier Jahreszeiten, die durch die Sonnenwenden und die Tagundnachtgleichen voneinander abgegrenzt sind, deren jede wie in Europa ihren bestimmten Feiertag hat. Montesinos berichtet uns darüber unter Irrtümern, die gleichzeitig seine Unwissenheit über die Materie wie auch seine Gutgläubigkeit beweisen. Tatsächlich schreibt er, daß die Frühlings-Tagundnachtgleiche (Mai)

Quira-toca-corca und die des Herbstes (September) *Camay-topa-corca* genannt wurde. Tatsächlich haben diese Namen genau die umgekehrte Bedeutung von derjenigen, die ihnen der Chronist gibt.

„Montesinos", heißt es bei Vicente Fidel López, „verlegt die Frühlings-Tagundnachtgleiche auf den Mai, obwohl ihr Quichua-Name, den er richtig zitiert, von Herbst spricht. *K'kiray* heißt Zweig, Seite; *toka* Schatten, Dunkelheit; und *korka* Abteilung. Der vollständige Ausdruck wird also mit „Abteilung der dunklen Seite" übersetzt. *Kamay-topa-korka* dagegen heißt „Abteilung der schöpferischen Wärme" (*kamay* = Schöpfer), der Frühling. Montesinos hat offensichtlich die Umkehrung der Jahreszeiten auf der südlichen Erdhälfte nicht berücksichtigt.

So ergeben die europäischen vier Jahreszeiten, wenn man sie, wie sich das von selbst versteht, umkehrt, damit sie der Wirklichkeit des südlichen Himmels entsprechen, folgendes Bild:

1. *Situa* oder *Kamay-topa-korka,* der Frühling, der zur Tagundnachtgleiche des Frühlings (September) mit dem Fest *Umu-raymi* oder *Uma-raymi* begann, dem wichtigsten von allen, weil mit ihm das Erwachen der Natur gefeiert wurde. *Raymi,* erklärt uns Vicente Fidel López, kommt von der Wurzel *ra,* die wir auch in dem Verb *raurani* (flammen, Flammen sprühen) finden. Ray ist der Infinitiv eines verlorengegangenen Verbs, *rani.* Die Nachsilbe *mi* ist die dritte Person des Zeitworts sein. *Raymi* heißt also wörtlich Fackel. *Uma* bedeutet Kopf. Die dichterische Freiheit, mit der López *Uma-Raymi* als „Stirn oder Haupt der Sonne" und den gleichzeitig gebrauchten Ausdruck *Umu-Raymi* als „das heilige Mysterium der Sonne" übersetzt, scheint gefährlich, ganz abgesehen da-

von, daß ihr die grammatikalische Regel des im Quichua vorangestellten Genitivs entgegensteht. Tatsächlich hat *Uma-Raymi* einen ebenso eindeutigen wie ausdrucksvollen Sinn: „die Fackel des Kopfes", d. h. des Anfanges. *Umu-Raymi* (die Fackel des Priesters) ist offensichtlich nichts weiter als ein Übertragungsfehler der spanischen Chronisten, herbeigeführt durch die bereits erwähnte eigenartige Aussprache des Quichua.

Zusammen mit dem *Uma-Raymi* feierten die Peruaner das Fest des *Huaraka*, ähnlich der Zeremonie, bei welcher die römischen Jünglinge die männliche Toga empfingen. Nach Beendigung ihrer Schulausbildung legten die jungen Leute Prüfungen in Wissenschaft, Grammatik, Leibesübungen und Taktik ab. Dann hatten sie durch Fasten und Kämpfe eine Reihe von Mut- und Härteproben zu bestehen, um danach den *huaraka*, das Zeichen der Männlichkeit, und die Waffen des Soldaten zu empfangen.

2. Der Sommer hatte keinen Namen, oder wir kennen ihn wenigstens nicht. Vielleicht wurde er mit dem des Festes *Raymi* oder *Kapak-Raymi* (Höchste Fackel) oder *Kuski-Raymi* (Fackel der Freude) bezeichnet, mit dem die Feierlichkeiten zur Sommer-Sonnenwende (Dezember) begannen: ländliche Zeremonien und Erstlingsopfer für die Sonne.

3. Asitua (*Situa* entgegengesetzt) oder *K'kiray-toka-korka*, der Herbst, begann im Herbst mit einem Dankfest, das den Beginn der Verteilung der gemeinsam erzeugten Güter bedeutete.

4. Auch der Winter hatte keinen uns bekannten Namen, wohl aber das Fest, mit dem er am Tag der Winter-Sonnenwende (Juni) begann: *Intip-Raymi*, die Fackel der Sonne. Denn wie bei den arischen Völkern kennzeichnete

der Wintersanfang den Beginn eines neuen landwirtschaft-
lichen Zyklus mit dem Versprechen künftiger Ernte. Es
wurde das alte heidnische Fest des Neuen Feuers begangen, das die Katholische und die Orthodoxe Kirche ihrer
Weihnachtsliturgie einverleibten. Der höchste Priester ent-
zündete ein Stück Baumwolle, indem er mittels eines metallenen Hohlspiegels die Strahlen der Sonne darauf kon-
zentrierte. Dieses göttliche Feuer wurde in die Tempel
überführt, wo sich die Sonnenjungfrauen der Aufgabe
widmeten, es zu nähren.

Diese vier Feste entsprechen genau dem nordischen Ritual,
wenn man, nur einen Fall ausgenommen, die Umkehrung
der Jahreszeiten berücksichtigt. Die alten Skandinavier
feierten im September (Herbst-Tagundnachtgleiche) das
Erstlingsfest mit Menschenopfern, wenn die vorhergehende Ernte schlecht gewesen war. Im Dezember bezeichnete
das später in Weihnachten umgewandelte *yulfest* die zyklische Fortdauer des Lebens. Es war das Fest der Familie
und, vor der Christianisierung, der Toten. Im März (Frühlings-Tagundnachtgleiche) wurde die Rückkehr der Sonne
durch die Segnung des Neuen Feuers (später Ostern) und
mit dem Rollenlassen von brennenden Scheiben und Rä-
dern symbolisiert. Im Juni schließlich (Sommersonnenwende) fand das Feuerfest statt, welcher Brauch sich zum
gleichen Datum im Johannes-Feuer bis heute erhalten hat.
Die Übereinstimmung kann kaum größer sein. Sie erscheint sogar übertrieben, da das Feuerfest in Peru zum
gleichen Zeitpunkt wie in Europa (Juni) stattfand, während es doch, um seinen Sinn zu wahren, auf den Dezember, d. h. die südliche Sommersonnenwende, hätte verlegt
werden müssen.

Erinnern wir uns, daß die Nahuas den Tod und die Wiederauferstehung der Sonne mit mehr Berechtigung als die Quichuas im Frühling (Mai) feierten, da sie ja nördlich des Äquator lebten.

4. Schlußfolgerungen

Die Koexistenz zweier Kalender in Mittelamerika, des auf den Mond und des auf die Sonne bezogenen, und die Erinnerung in Peru an die Ersetzung des ersteren durch den letzteren bestätigen die Überlieferungen, nach denen Quetzalcóatl und Huirakocha das in Europa herrschende chronometrische System in die Neue Welt brachten. Noch überzeugender in bezug auf die Herkunft dieser Kenntnisse ist die von Vicente Fidel López festgestellte Übereinstimmung zwischen dem inkaischen Tierkreis und demjenigen, der aus dem Orient über Griechenland nach Westeuropa gekommen war, wo er im Mittelalter durch die Astrologie große Verbreitung gefunden hatte.

Von den zehn inkaischen Tierkreiszeichen, die uns überliefert werden, sind sieben praktisch mit den europäischen identisch und zwei haben die gleiche Bedeutung, wenn auch verschiedene Versinnbildlichung, während das zehnte dasselbe Symbol und einen ähnlichen, wenn auch nicht den gleichen Sinn hat. Anderseits war das Jahr in Peru durch Sonnenwenden und Tagundnachtgleichen mit den dazugehörigen Festen in vier Jahreszeiten eingeteilt. Wir haben schon gesehen, daß das Fest des Neuen Feuers wie in Europa im Juni gefeiert wurde, während doch die Umkehrung der Jahreszeiten verlangt hätte, es auf Dezember zu verlegen, was die Herkunft des Ritus aus nördlichen Breiten beweist.

Wenn die religiösen Feste sowohl einen heidnischen als auch christlichen Ursprung haben können, da sich die Katholische Kirche darauf beschränkte, bereits existierenden Zeremonien eine neue Bedeutung zu geben, so ist das gleiche beim Tierkreis nicht der Fall. Die heidnischen Skandinavier kannten ihn nicht, während die Astrologie ihn paradoxerweise unter den schon christianisierten Völkern bekanntgemacht hatte. Ist er also mit den Iren in die Neue Welt gekommen, die, wie wir wissen, unter den Nahuas und Mayas evangelisierten? Das ist nicht ausgeschlossen, obwohl wir gerade in Mittelamerika keinerlei Spur des Tierkreises entdecken können. Falls es nicht so wäre, müßten wir einen neuen christlichen Beitrag auf direktem Weg zwischen Europa und Südamerika vermuten.

Archäologie

NORDISCHE STADT TIAHUANACU

1. Auf Vinlands Spuren

Die skandinavischen Expeditionen nach Vinland zu Anfang des 11. Jhs. und die spätere Errichtung von Niederlassungen gleichen Ursprungs in diesem Gebiet haben für unsere Untersuchung kein direktes Interesse, da wir wissen, daß Ullmann verschiedene Jahrzehnte vor der Reise Leif Eirikssons nach Mexiko gelangte. Sie bekommen für uns jedoch dadurch Bedeutung, daß sie die Möglichkeit und damit die Wahrscheinlichkeit der Landung von Pánuco beweisen. Die isländischen Sagas sind gewiß glaubwürdig. Mehr noch sind es die Spuren, die die Wikinger in Nordamerika zurückließen und die uns die Archäologie offenbart.

Seit Mitte des vergangenen Jahrhunderts wurden in Kanada und den Vereinigten Staaten häufig Ruinen entdeckt, die skandinavischen Siedlern zugeschrieben wurden, über die jedoch begründete Zweifel auftauchen. Dagegen besteht in drei Fällen fast absolute Gewißheit. Wir wollen uns auf sie beschränken.

Der erste ist die in den achtziger Jahren von dem Professor Eben Horsford in Massachusetts gemachte Entdeckung von Gebäuden, die Leifsbudir zugeschrieben werden. Wir zitieren Cronau[2]: „Dieser Mann der Wissenschaft hat am Ufer des Charles River nahe Cambridge nicht nur Überreste von

zwei aus Blöcken gebauten großen Häusern gefunden, sondern auch solche von fünf Bauernhütten, deren Grundriß und Gestaltung genau denjenigen entspricht, die die Gebäude normannischen Ursprungs in Grönland hatten. In der Nachbarschaft dieser sehr alten Wohnhäuser gab es drei große Fischreusen, die dazu bestimmt waren, die von der Meeresströmung in den Fluß hineingeschwemmten Fische beim Zurückgehen der Flut zu fangen, wobei die auf dem Trockenen gebliebenen Meeresbewohner von den Fischern mit großer Leichtigkeit eingesammelt werden konnten. Das Vorhandensein dieser Art Fischreusen ist in den alten Überlieferungen aufgezeichnet, die die grönländische Kolonisation behandeln. Wie Horsford beobachten konnte, bauten diese Kolonisatoren auch Kanäle, Staudämme und Versammlungsplätze in Terrassenform. An den Orten, die der erwähnte Gelehrte untersuchte, wurden Steine als Gegengewicht für die Netze gefunden... wie auch ein großer Mörser aus Stein ähnlich denjenigen, wie sie in weit zurückliegenden Zeiten in Norwegen zum Mahlen von Weizen und anderem Getreide verwendet wurden." (Aus dem Spanischen rückübersetzt.)
Die zweiten zweifelsfreien Ruinen wurden 1963 von der Expedition Helge Ingstad in der Nähe von L'Anse-au-Meadow auf der nördlichen Halbinsel Neufundlands entdeckt. Sie bestehen aus einem Haus grönländischer Bauart von siebzig mal fünfzig Fuß und anderen kleineren. Bei den durchgeführten Ausgrabungen konnten eine steinerne Spindel und ein Amboß aus Stein typisch norwegischen Stils gefunden werden.
Viel eindrucksvoller ist die dritte Entdeckung, wenn auch die entsprechenden Ausgrabungsarbeiten eben erst begonnen haben. Wir verdanken sie dem Pater René Levesque,

dem Präsidenten der *Société d'Archéologie de la Côte Nord* in Quebec. Sie besteht aus den Ruinen zweier Dörfer an der Bucht von Bahore gegenüber Neufundland, von denen sich eines in der Nähe des derzeitigen Dorfes Blanc-Sablon, das andere auf der Pointe des Belles Amours befindet. In beiden Fällen wurden rechtwinklige oder quadratische Häuser gefunden, die ersteren von dreißig mal zwanzig Fuß, umgeben von runden Hütten, eine Kombination, die für die grönländische Bauweise charakteristisch ist. In Blanc-Sablon kam aus einer leider geplünderten Grabstätte ein Bündel aus zusammengenähter Baumrinde zutage, das kunstvoll mit bunten Malereien verziert und mit europäischem Kupfer eingefaßt war. Es besteht kein Zweifel, daß die Arbeiten des Paters Levesque uns in den nächsten Jahren noch viel reichhaltigeres Material liefern werden. Was bisher schon entdeckt wurde, genügt jedoch bereits, um den Komplex der Bucht von Bradore als eine große und ständige skandinavische Kolonie anzusehen.

Zu den hier erwähnten Ruinen kommen noch einige Gegenstände (s. Abb. 23) von zweifelsfrei norwegischer Herkunft hinzu, die in den *mounds* gefunden wurden, Grabhügeln, die die Indianer von Massachusetts auf skandinavische Art für ihre Beerdigungen verwendeten. Überlassen wir wiederum Cronau das Wort: „Ich möchte die Aufmerksamkeit der Forscher auf einige bisher kaum bekannte Gegenstände lenken, die sich unter den Schätzen des Königlich Ethnographischen Museums in Kopenhagen befinden. Sie sind in dem mit der Nummer 41 bezeichneten Schrank oder Schaukasten enthalten und bestehen aus verschiedenen Gegenständen aus Bronze, Kupfer und Silber, die in indianischen Grabstätten in der Nähe von Middleborough und Four Corners (Massachusetts) gefunden und seit dem Jahr 1843 in dem genannten Museum aufbewahrt wurden.

Unter besagten Gegenständen scheinen uns von größter wissenschaftlicher Bedeutung zu sein der äußere Deckel und einige Stücke eines Trinkgefäßes aus sehr feinem Silberblech, einige Bronze- und Kupferlöffel, zwei Pfeilspitzen aus Bronze und Bruchstücke eines sehr eigenartigen Gürtels. Die oberflächlichste Betrachtung der fraglichen Gegenstände genügt zu der Feststellung, daß ihre Hersteller eine einzigartige Geschicklichkeit in der Metallbearbeitung besaßen, und ferner bemerkt man, daß die hier verwendete Bronze von schöner und wohlverstandener Mischung war. Die Ureinwohner Nordamerikas und der atlantischen Küsten wußten niemals Metalle zu schmelzen und konnten diese daher höchstens kalt bearbeiten; sie beherrschten also auch nicht die Kunst, verschiedenartige Metalle miteinander zu Legierungen wie Bronze zu verschmelzen. Außerdem sei darauf hingewiesen, daß die Form der Löffel und Pfeilspitzen, von denen wir sprechen, beträchtlich von derjenigen indianischer Gegenstände dieser Art abweicht.

Die Urbewohner Amerikas pflegten, wie das auch die heutigen Indianer noch tun, ihre kompakten und niemals stumpfen Pfeilspitzen mit Hilfe von Sehnen oder Nervensträngen von Tieren derart zu befestigen, daß die um den Pfeilschaft geschlungenen Sehnen an zwei Erhebungen befestigt wurden, die sich an diesem wie auch am Oberteil befanden. Die Pfeilspitzen, auf die wir uns beziehen, haben in ihrer Mitte die eine ein rundes, die andere ein quadratisches Loch und zeigen, daß die beschriebenen Befestigungsmittel durch Schnürre oder Fäden aus Wolle ersetzt wurden, womit sie von der alten wie auch der gegenwärtigen Gebrauchsart vollkommen verschieden sind. Gleichermaßen bemerkenswert sind die Formen der Löffel, die wir als Zeichnung in einer vorhergehenden Abbildung wiedergegeben haben, besonders die des längeren, der aus Kupfer ist und an europäische Haushaltutensilien dieser Art erinnert, während es unter solchen indianischer Herkunft äußerst schwierig sein wird, etwas Ähnliches zu finden. Die Öse oder der Ring am Ende des Löffelstiels scheint auf seine europäische Herkunft hinzuweisen, denn dies Detail bezweckte wahrscheinlich, ihn an einem Nagel an der Wand aufhängen zu können. Die Ureinwohner Amerikas kannten und kennen noch heute weder Nägel noch die Gewohnheit, an ihren Gebrauchsgegenständen Aufhängevorrichtungen anzubringen.

Die alten Skandinavier und die Kolonisatoren Grönlands dagegen gebrauchten schon lange Zeit vorher ähnliche Löffel.

Gleich merkwürdig sind die Bruchstücke eines auf den Hüftknochen eines Skelettes gefundenen Gürtels, das im Jahr 1831 bei Hall River ausgegraben wurde. Er ist aus einer Reihe kurzer Rohrstäbchen gemacht, die innerhalb eines Bezuges aus Kupfer, wie man auf der Abbildung feststellen kann, untereinander mit Lederschlaufen oder Wollschnüren verbunden sind.

Wir sind der Ansicht, daß diese Gegenstände, vor allem die Pfeilspitzen und Löffel, europäischen Ursprungs sind, und daß sie auf dem Weg des Handelsaustausches oder unter anderen unbekannten Umständen aus den Händen von Seefahrern in den Besitz der Eingeborenen von Massachusetts gelangten.

Viele Stücke der gleichen Herkunft müssen in Zeiten gefunden und zerstört worden sein, als man ihren Wert noch nicht richtig einschätzen konnte, und andere müssen noch unbekannt in Museen und privaten Sammlungen schlummern. Eine besondere Erwähnung verdienen die in der Gegend der Großen Seen gemachten Funde, auf die wir uns bereits bei Erwähnung der Expedition von Poul Knudsson bezogen haben.

Im Jahr 1898 fand Olaf Ohman, ein in der Nähe von Kensington in Mittel-Minnesota ansässiger schwedischer Bauer, beim Roden einer Pappel, von deren Wurzeln umschlugen, einen Stein von siebenundsiebzig Zentimeter Länge, vierzig Zentimeter Breite und fünfzehn Zentimeter Höhe, der mit Runenzeichen bedeckt war. Der wenig mehr als analphabetische Ohman verstand nicht, worum es sich bei seinem Fund handelte, und versuchte auch später nie, irgendwelche Vorteile daraus zu ziehen. Er übergab die Felsplatte dem Bankier des Ortes, der sie an die Universität von Minnesota weiterleitete, wo ein Fachmann in skandinavischer Kultur, Professor O. J. Breda, sie ohne größere Schwierigkeiten fast vollständig entziffern konnte. Nur einige Zeichen blieben unverständlich, die später als Ziffern identifiziert wurden.

Der vollständig übersetzte Text der Inschrift lautet: „Acht Gothen und zweiundzwanzig Norweger auf Forschungsreise nach dem Westen Vinlands. Wir haben unser Lager nahe bei zwei Felsinseln einen Tag weit im Norden dieses Steines aufgeschlagen. Und wir fischten einen Tag lang. Bei der Rückkehr trafen wir zehn Männer blutüberströmt und tot an. AV M, erlöse uns von dem Übel. Wir haben zehn am Meer zur Überwachung unseres Schiffes zurückgelassen, vierzehn Tage Reise von dieser Insel entfernt. Jahr 1362."

Die Buchstaben AV M waren lateinische und stellten die gebräuchliche Abkürzung von AVE MARIA dar.

Professor Breda betrachtete den Stein als eine Fälschung, da die Sprache und die verwendeten Schriftzeichen einer viel späteren Zeit als dem 11. Jh. zugehörten, der Epoche der Reisen Leif Eirikssons und seiner Brüder. Dagegen

211

stimmten sie vollkommen mit der Sprache und der Schrift des 14. Jh. überein. Als man später das Datum der Inschrift entzifferte, begannen sich die Zweifel über die Authentizität derselben zu verflüchtigen, umso mehr, als das Alter des von Ohman gerodeten Baumes bewies, daß sich der Stein schon zwischen 1850 und 1860 am Fundort befunden haben mußte, d. h. zu einer Zeit, als es in dieser Gegend nur ganz wenige weiße Bewohner inmitten von Indianern vom Stamm der Sioux gab. Die Geologen versicherten anderseits, daß die geographische Beschreibung der Zone auf dem Stein tatsächlich dem 14., aber nicht dem 19. Jh. entspreche, da sich der See inzwischen in einen Sumpf verwandelt habe und die Inseln als solche verschwunden seien, ein Vorgang, der nur einem Spezialisten habe bekannt sein können.

In der Zeit nach der Entdeckung des Steines von Kensington wurden zahlreiche Gebrauchsgegenstände – durchlöcherte Steine, wie sie die Wikinger zum Verankern ihrer Schiffe gebrauchten, Eisen zum Feuerschlagen, Streitäxte, Lanzen, Medaillons usw. – gefunden, die einige den Skandinaviern zuschrieben, über deren genauen Ursprung jedoch unter den Wissenschaftlern keine Einmütigkeit besteht. Zugunsten ihrer Authentizität ist festzuhalten, daß sie in der Nähe des Red River und des Cormorant Lake (des Sees mit den beiden Felsinseln) und im Westen Minnesotas längs des Weges gefunden wurden, den Knudsson genommen haben muß. 1931 entdeckte man in der Nähe von Beardmore in der kanadischen Provinz Ontario zahlreiche mittelalterliche Stücke eindeutig skandinavischer Herkunft, aber es besteht ein gewisser Verdacht, daß sie dort erst in jüngerer Zeit eingegraben worden sind.

Die Echtheit des Steins von Kensington hat sich in das

Thema einer leidenschaftlichen Auseinandersetzung[48] verwandelt, in der es leider nicht allein um die wissenschaftliche Seite des Problems geht. Es steht uns gewiß nicht zu, darüber eine endgültige Meinung zu äußern. Beschränken wir uns darauf, zu sagen, daß die positiven Argumente uns viel solider erscheinen als die negativen, und daß die Frage offiziell zugunsten der Ersteren entschieden wurde, als der Stein vor einigen Jahren der Sammlung des Nationalmuseums der Vereinigten Staaten einverleibt wurde, das von der Institution Smithsoniana in Washington verwaltet wird. Damit wird indirekt auch die These von der Echtheit mindestens eines Teiles der in jener Gegend gefundenen Gegenstände erhärtet.

Wir sind in den vorhergehenden Abschnitten ein wenig von dem Problem der europäischen Bauten im vorkolumbianischen Amerika abgeschweift. Wir haben auf diesem Gebiet noch den bekannten Turm von Newport zu erwähnen, der in der Umgebung von Boston liegt (s. Abb. 24). Es handelt sich um einen runden Bau, dessen Tor sich in vier Meter Höhe befindet, der also mit defensiven Absichten gebaut wurde und außerdem als Wachtturm diente. Der Turm ist nicht nachkolumbianisch, und die Indianer haben nie etwas Ähnliches gebaut. Dagegen treffen wir in Irland und in der Bretagne gleichartige Bauten an – wie den Turm von Lanleff in der letzterwähnten Landschaft – die aus dem 9. Jh. und danach stammen. War der Turm von Newport ein Werk der Iren von Huitramannaland? Das ist nicht gewiß, denn die Wikinger hatten in Irland die Kunst der Rundbauten erlernt.

2. Männer weißer Rasse in der präkolumbianischen Ikonographie

Das archäologische Material, das uns Mittel- und Südamerika liefern, ist natürlich viel reichhaltiger als das aus
dem Norden des Kontinentes stammende. Es bietet uns
nicht nur Überreste von Gebäuden und einigen wenigen
Gegenständen, sondern auch zahlreiche ikonographische
Darstellungen von Menschen weißer Rasse. Wenn wir hier
einige von ihnen als Beispiele vorstellen, lassen wir natürlich, im Gegensatz zu Thor Heyerdahl[6] die bärtigen Figuren mit mongolischen Gesichtszügen weg, die in Mexiko
und besonders an der Pazifikküste überreich vorhanden
sind. Vielleicht handelt es sich um Mestizen, was jedoch
nicht sicher ist, da nicht alle Indianer völlig bartlos sind,
und ihnen der Bart manchmal noch im Alter zu wachsen
beginnt, wie das auch bei den Asiaten der Fall ist.
Die Persönlichkeit, die wir auf der Bildtafel 9 vorstellen,
ist ein Adler-Ritter, also ein Mitglied des aztekischen Mili-
tär-Ordens. Die drei ersten auf der Abbildung 25 kommen
aus Chichen Itzá im Land der Mayas und der vierte aus
Tiahuanacu. Ausführliche wissenschaftliche Gutachten darüber fehlen nicht. Die physiognomischen Züge sprechen für
sich: es handelt sich nicht nur um bärtige weiße Männer,
sondern noch genauer um Personen nordischer Rasse.
Die Fresken des Tempels der Krieger von Chichen Itzá (s.
Bildtafeln 6–8) bestätigen die steinernen Zeugnisse. Der
erste zeigt uns eine Kampfszene in der Stadt zwischen
Weißen und Indianern, die Gefangennahme Weißer durch
die Eingeborenen und anscheinend (oben links) auch durch
andere und nach indianischer Art gekleidete Weiße und die
Wiedereinschiffung der Weißen in ein Schiff, das die Form
eines „snekkar" der Wikinger hat.

Auf der zweiten Tafel sehen wir – wiederum unter Beteiligung eines „snekkar" – ein Seegefecht zwischen Indios und weißen und blonden Männern. Auf der dritten wird ein weißer und blonder Gefangener von zwei Indianern auf einen Opferstein niedergebeugt. Diese Fresken beziehen sich wahrscheinlich auf den Abzug – einen erzwungenen, wenn unsere Interpretation richtig ist – des Quetzalcóatl aus Yucatán nach Anáhuac. Der erigierte Penis der weißen Gefangenen (Bildtafel 6, unten links) macht einen der Gründe hinreichend offensichtlich, die die Eingeborenen für ihre Klagen gegen die Wikinger hatten. Denn um Wikinger handelt es sich. Das beweisen nicht nur die Rassenmerkmale der Dargestellten, sondern auch die so ganz besonderen Formen ihrer Schiffe. Eine ähnliche Szene wie die auf dem ersten Fresko findet sich auf einer Platte von Chimbote an der Nordküste Perus (s. Bildtafel 9).

3. Der Städtebau

Alle Städte der Nahuas und Mayas waren nach dem gleichen Schema entworfen: zwei einander kreuzende Hauptstraßen teilten das Gemeinwesen in vier Viertel ein, die die Grundlage der Organisation ihrer Verwaltung bildeten. Die Straßen waren, soweit das die Beschaffenheit des Geländes gestattet, gradlinig und parallel zu den Hauptstraßen. So ergab sich die schachbrettartige Aufteilung in durch vier Straßen abgegrenzte gleichförmige Häuserviertel, wie sie noch heute den größten Teil der hispanoamerikanischen Städte kennzeichnet. Auch Cuzco war nach dem gleichen Plan mit vier Stadtteilen errichtet, obwohl sein hügeliger Erdboden nicht gestattete, auch in sonstiger Beziehung zu einer so strengen Einteilung wie in Mexiko zu gelangen.

Außerhalb Amerikas begegnen wir der Bebauung in Schach-
brettform als Norm nur bei den militärischen Bauten der
Römer und der Dänen im hohen Mittelalter. Die befestig-
ten Lager von Trelleborg in Seeland, von Aggersborg und
Fyrkat in Jütland und von Odensee in Fyn waren durch
zwei kreuzförmige Hauptstraßen in große Viertel und
diese wieder in kleinere eingeteilt. Wenn daher der amerikanische Städtebau nicht dem Zufall zu verdanken war, so
kann seine Herkunft vom 10. Jh. an keine andere als eine
dänische gewesen sein.
Diese Schlußfolgerung wird durch die Analyse der in Tiahuanacu verwendeten Maßeinheit bekräftigt, d. h. in einem
städtebaulichen Komplex, der in Abwesenheit jeder Ein-
geborenen-Kultur in dieser Gegend, von den *atumuruna*
entworfen worden sein muß. Es ist dies ein von Mittelamerika und der peruanischen Küste sehr verschiedener
Fall, wo die Weißen eine sehr entwickelte Architektur angetroffen hatten. Leider ist in der Hauptstadt des Altiplano
nichts mehr intakt. Von den Konquistadoren geplündert,
für die Errichtung der Kirche und der derzeitigen Ortschaft
Tiahuanacu als Steinbruch verwendet, von skrupellosen
Gelegenheits-Archäologen im wahrsten Sinne des Wortes
umgegraben und schließlich von den englischen Ingenieuren
praktisch dem Erdboden gleichgemacht, die die Wände,
Pfeiler und sogar Statuen dazu benutzten, um den Unter-
grund für die von ihnen gelegten Eisenbahnschienen aufzu-
füllen, verschwanden die Gebäude nach und nach, so daß
es heute unmöglich geworden ist, genaue Messungen der so
beseitigten Überreste vorzunehmen. Zu Anfang des Jahrhunderts, als Arthur Posnansky eine Aufnahme der Ruinen
durchführte, waren die Schwierigkeiten noch geringer. Leider war die Genauigkeit nicht die beherrschende Eigenschaft

dieses Ingenieurs, und die Messungen, die er in seinen Arbeiten anführt, sind alle nur annähernd.

Trotzdem glaubte Posnansky[49], die von den Architekten Tiahuanacus verwendete Maßeinheit entdeckt zu haben. Er wies in der Tat nach, daß die Balkonwand des großen Tempels von Kalasasaya „fast genau" 4,845 Meter maß, aus welcher Zahl, teilt man sie durch drei, sich 161,51 Zentimeter ergeben, wobei ihm, nebenbei bemerkt, noch ein kleiner Rechenfehler unterlief, da 4845:3 = 1615 ist. Es würde sich nach Posnansky um eine bei sämtlichen Monumenten angewandte anthropometrische Maßeinheit handeln.

Wäre dem so, so stünden wir vor einer in der Welt einzigartigen und wenig logischen Tatsache. Bis zur Festlegung des Meters als Maßeinheit verwendeten tatsächlich alle Völker anthropometrische Maßeinheiten: Fuß, Elle, Daumen- und Handbreite, aus dem einfachen Grunde, weil ursprünglich Messungen mit einem dazu dienlichen Körperteil des Menschen vorgenommen wurden. Niemals wurde die auf horizontale Objekte nicht anwendbare Größe des Menschen als Einheit benutzt. Das will nicht sagen, daß es das fragliche Maß in Tiahuanacu nicht gab. Aber wenn es angewendet wurde, so stellte es keinesfalls eine Grundeinheit dar. In der Tat entsprechen 161,50 Zentimeter fast genau fünfeinhalb dänischen Fuß und die Länge der Balkonwand von Kalasasaya – 4,845 Meter nach Posnansky – 16,5 dänischen Fuß.

Der dänische Fuß von 29,33 Zentimeter ist die besonders bei der Konstruktion des festen Lagers Trelleborg verwendete Maßeinheit. Er ist eine Variante des römischen Fuß (29,57 Zentimeter), dem wir gleichfalls bei anderen dänischen Bauten der Wikinger-Zeit begegnen.

Die Benutzung des Fuß von 29,33 Zentimeter in Tiahuanacu wird durch die sonstigen Messungen Posnanskys bewiesen. Zum Beispiel: Außenumfang des Kalasasaya 130,00 Meter oder 477 dänische Fuß; Außenwand des Zentralgebäudes (dem „Allerheiligsten" nach der Bezeichnung Posnanskys) 64,50 Meter oder 220 dänische Fuß; Mittelwand des gleichen Gebäudes 50,90 Meter oder 173,5 dänische Fuß; Innenwand desselben 40,60 Meter oder 138,5 dänische Fuß. Die Umwandlung von Metern in Fuß ist nicht ganz genau (z. B. 219,84 statt 220 Fuß), aber die Unterschiede sind offensichtlich auf die Ungenauigkeiten der Messungen Posnanskys zurückzuführen, der nicht einmal Zentimeter, geschweige denn deren Bruchteile berücksichtigte.

Die Verwendung des dänischen Fuß als Maßeinheit in Peru wird durch die Tatsache bestätigt, daß die inkaische *lega* (annähernd 6900 Meter) mit einer Differenz von nur 54 Zentimeter 23 800 dänischen Fuß entspricht.

4. *Die christlichen Baudenkmäler von Tiahuanacu*

Die gewaltigen Gebäude von Tiahuanacu (s. Abb. 26) lagen schon in Trümmern, als die Inkas das Gebiet des Titicaca-Sees in Besitz nahmen. Immerhin befanden sie sich damals noch in einem viel besseren Zustand als heute. Das galt sogar noch für die Zeit um 1540, als der Chronist Cieza de León sie untersuchen konnte, und selbst für den Anfang unseres Jahrhunderts, wie wir gesehen haben, als Posnansky seine Erhebungen anstellte. Zwei dieser Bauwerke, die bedeutendsten, fesseln unsere Aufmerksamkeit: der *Ak kapana*, ein von gewaltigen Schutzmauern und einer Art Burggraben umgebener künstlicher Hügel, der in bezug auf seine Bauweise eine dem Danevirk von Schleswig sehr ähnliche Festung darstellte, und der Kalasasaya oder große Sonnentempel, wie ihn Posnansky nannte, von dem heute nicht mehr erhalten ist als die Grundmauern, die Pilaster, die Freitreppe, ein aus einem Steinblock gehauenes Tor und eine Statue.

Beschäftigen wir uns zunächst mit dieser letzteren. Es handelt sich um einen zwei Meter hohen Monolithen, der eine in Tunika und Hosen gekleidete menschliche Gestalt darstellt. Der stets phantasiereiche Posnansky will in ihr eine schwangere Frau erkennen. Der gesunde Menschenverstand kommt der Wirklichkeit näher: niemand in Bolivien nennt ihn anders als „Der Mönch" („El Fraile"). In ihrer rechten Hand trägt die Gestalt einen zylindrischen Gegenstand, dessen Formen durch die Verwitterung ungenau geworden sind, in der Linken etwas Rechteckiges, das alle Eigenschaften eines mittelalterlichen Breviers zeigt. Nichts könnte überzeugender sein als dies: der metallene Verschluß des Gebetbuches ist so deutlich wie möglich dargestellt, und selbst alle Einzelheiten seiner Scharniere sind zu erkennen (s. Bildtafel 13). Diese Tatsache wäre schon merkwürdig genug, selbst wenn der Mönch keine Kopie der Statue eines unbekannten Apostels wäre, die in der Kathedrale von Amiens links vom Hauptportal (von innen gesehen) aufgestellt ist (s. Bildtafel 12). Der Stil ist anders, aber es handelt sich unbestreitbar um die gleiche Person mit ihrem von einem metallenen Schloß verzierten Buch und dem zylindrischen Stab. Mehr noch: Man kann sogar, soweit das der Grad der Konservierung der Mönchsgestalt gestattet, eine wirkliche Ähnlichkeit der Gesichtszüge und eine völlige Übereinstimmung in den Proportionen der beiden quadratischen Gesichter mit ihrer gewölbten Stirn feststellen.

Wir verdanken diese überraschende Eröffnung dem ehemaligen Professor der Universität Buenos Aires, Héctor Greslebin. Dieser Spezialist der Architekturgeschichte hat dreißig Jahre seines Lebens dem Studium der Baudenkmäler von Tiahuanacu gewidmet. Er hat uns ermächtigt, hier die wichtigsten Schlußfolgerungen seines noch unveröffentlichten Werkes, mit dem er sie begründet, zusammenzufassen. Sie sind für uns absolut überzeugend.

Der Mönch war nicht der Ausgangspunkt der Untersuchungen Greslebins, sondern das aus einem Block gehauene und allgemein unter dem Namen „Puerta del Sol" („Sonnentor") bekannte Kunstwerk (s. Bildtafel 13), das sich umgestürzt und zerbrochen innerhalb des Kalasasaya befand. Halten wir gleich fest, daß es sich nicht um eine Art Triumphbogen, sondern tatsächlich um ein Tor im vollen Sinn dieses Begriffes handelt. Man sieht an ihm die Spuren, die die Bewegung der Türangeln zurückgelassen hat, und d'Orbigny konnte noch Anfang vorigen Jahrhunderts auf dem Stein den von den Bronze-Angeln herrührenden Grünspan feststellen. Die geometrischen Vertiefungen der Rückseite zeigen außerdem, daß es den Bestandteil einer Wand gebildet haben muß, und der Mangel an Politur auf der oberen Seite scheint darauf hinzudeuten, daß sich darüber ein Tragbalken befunden hat. Über der Öffnung des Tores befindet sich ein Fries in Form eines Flachreliefs, der eine zentrale Gestalt und weitere Figuren in vier horizontalen Reihen darstellt.

Vergeblich haben die Spezialisten den Sinn der Darstellung zu ergründen versucht. Die Aufgabe war gewiß nicht einfach. Denn Greslebin hat festgestellt, daß der fragliche Fries in dem besonderen Tiahuanacu-Stil die Anbetung des Lamms darstellte, so wie er nach dem 5. Kapitel der Apokalypse (Offenbarung des Johannes) im Giebelfeld gotischer Kathedralen des 13. Jh. und ganz besonders über dem Hauptportal derjenigen von Amiens wiedergegeben ist. Es ist nicht unsere Absicht und wir haben auch nicht die Möglichkeit, hier Greslebins Beweis lückenlos zu wiederholen. Wir werden uns darauf beschränken, auf einige seiner Gesichtspunkte hinzuweisen.

Das zentrale Motiv des Frieses wird von einer sitzenden Menschengestalt gebildet, die bis in die kleinsten Einzelheiten der apokalyptischen Beschreibung des Lamms entspricht, wie sie das Teilschema auf der Bildtafel XIV deutlich zeigt, das zu veröffentlichen uns Greslebin gestattet hat. Dieses provisorische Schema enthält zwei Numerierungsfehler. Oben muß es heißen Exodo (2. Buch Mose) 39, 30 (statt 20) und rechts Apocalipsis (Offenbarung des Johannes) 5 (statt 1). Wir bemerken darin tatsächlich das Buch mit den sieben Siegeln (Off. 5, 1), die sieben Augen (Off. 5, 6) und die vor dem Lamm niedergefallenen vier Tiere und vierundzwanzig Ältesten (Off. 5, 8). Die sonstigen Angaben beziehen sich auf die Amtskleider der Zentralfigur (Off. 5, 13), wie sie im 31. Kapitel des 2. Buch Mose eingehend beschrieben sind: die beiden Schulterstücke (2. B. M. 39, 4), der Gurt (2. B. M. 31, 5), den Brustschild, „viereckig und zweifach" und verziert mit vier Reihen von Edelsteinen (2. B. M. 39,8 ff.), die goldenen Ketten und Ringe des Brustschilds (2. B. M. 39, 15), die beiden Fassungen der Schulterstücke (2. B. M. 39, 18) und das Stirnblatt, die heilige Krone (2. B. M. 39, 30).

Die 48 Figuren der drei oberen Bildreihen – die gleiche Zahl wie in Amiens und Chartres – stellen die zwölf Apostel, die zwölf kleinen Propheten und die 24 goldgekrönten Ältesten (Off. 4, 4) mit ihren Harfen und goldenen Schalen voll Räucherwerk (Off. 5, 8) dar. Unten bemerkt man (s. Abb. 27) vier posaunenblasende Engel (Off. 7, 1 und 8, 7 ff.). Dies ist ein Punkt von fundamentaler Bedeutung, da diese Art Instrument im präkolumbianischen Amerika nie gebraucht wurde. Beachten wir, daß die Gestalten mit Menschengesicht ein eindeutig indogermanisches Profil haben (s. Abb. 28).

Wenn das Sonnentor – bleiben wir bei diesem Namen – mit einem Fries verziert ist, dessen apokalyptisches Motiv im Giebelfeld der großen Kathedralen des europäischen Mittelalters bildlich dargestellt ist, so ist die Annahme berechtigt, daß der Kalasasaya eine christliche Kirche war. Diese Überlegung drängte sich auch Greslebin auf, und die technische Untersuchung der Ruinen des Bauwerkes – er ist Architekt – gestattete ihm, sie zu bestätigen. Er konnte sogar ein Modell des Gebäudes anfertigen, so wie es ausgesehen hätte, wenn es fertiggestellt worden wäre. Mehr noch: er bewies, daß sein Plan dem Goldenen Schnitt entsprach, das heißt dem weisesten Prinzip der griechischen Architektur, das den Erbauern unserer gotischen Kathedralen bekannt war und von ihnen angewandt wurde.

Diese Arbeit wurde durch eine ergänzende Entdeckung ermöglicht. Einen Kilometer von Tiahuanacu entfernt befindet sich eine gewaltige Anhäufung von im Stil des Sonnentores behauenen Steinblöcken einschließlich eines Tragbalkens, verschiedener monolithischer Tore usw. Posnansky, den seine orientalische Phantasie nie verläßt, wollte darin die Ruinen eines Mondtempels erkennen. Die These entbehrt der Grundlage, da sich in Puma Punka, wie die Eingeborenen den Ort nennen, weder Plan noch Fundamente des Gebäudes fanden. Greslebin konnte feststellen, daß die fraglichen Bauelemente für den Kalasasaya bestimmt waren und die notwendigen Formen und Ausmaße hatten, um den bereits vorhandenen Gebäudeteil zu vervollständigen, nämlich seine Grundmauern, Pilaster, Freitreppe und Portal.

Puma Punka war nichts anderes als die Freiluftwerkstatt, in der die zum Bau der Kirche von Tiahuanacu bestimmten Steinblöcke behauen und bearbeitet wurden. Das genügt bereits, um die von José Imbelloni[51] und einigen anderen aufgestellte Behauptung zu verwerfen, der Kalasasaya sei nichts anderes gewesen als eine Aneinanderreihung aufrechter Felssteine. Diese Bedeutung hat gewiß der Aymará-Name, den das Bauwerk heute trägt. Aber er bezieht sich auf die Ruinen, wie sie die Eingeborenen kennen. In den Zeiten der *atumuruna* muß die Kirche einen anderen Namen, wahrscheinlich einen dänischen oder lateinischen gehabt haben, der sich auf den im Mönch dargestellten unbekannten Apostel bezog.

Diese Kirche war nicht fertiggestellt, als die Schlacht von der Sonneninsel im Jahr 1290 den Tod oder die Flucht ihrer Erbauer bewirkte. Die Zeit des Beginns der Bauarbeiten und daher der Christianisierung der Weißen vom Altiplano muß um das Jahr 1250 herum angenommen werden. Die Kathedrale von Amiens wurde von 1220–1288, ihr Hauptportal zwischen 1225 und 1236 gebaut.

5. Der Teppich von Ovrehogdal

Das Vorhandensein architektonischer Elemente ausgesprochen europäischer Eingebung im vorkolumbianischen Amerika hat sein Gegenstück in dem skandinavischen Teppich von Ovrehogdal (s. Bildtafel 15), der allgemein der Zeit gegen Ende des 11. Jh. zugeschrieben wird, aber auch jünger sein könnte. Er zeigt tatsächlich, daß man schon im Mittelalter in Europa Tiere kannte, die ausschließlich in Peru vorkamen.

Der fragliche Teppich besteht aus vier horizontalen Bahnen und – rechts unten – einer halben senkrechten. Die dritte Horizontal-Bahn von oben ist eine einfache Dekorationszeichnung, enthält aber zwei „Tiahuanacu-Kreuze" (s. Abb. 12). Auf der zweiten Bahn sehen wir außer zwei Wikinger-Schiffen mehrere Hirsche verschiedener Größe, einen davon mit großem, an den Enden abgeplattetem Geweih, das den Schaufeln eines nordamerikanischen Elches ähnelt. Man sieht weiter eine Großkatze, deren hohe Hinterläufe sie nicht identifizieren lassen, und ein Lama, das durch sein langes und wie ein Vorhang bis auf den Boden fallendes Fell (s. Abb. 29) charakterisierte peruanische Kamel.

Auf der zweiten Bahn sind die dargestellten Tiere mit einer einzigen Ausnahme, bei der es sich um ein Pferd handeln könnte, dessen Reiter eine „boleadora" (die „boleadora" [Wurfkugel] ist eine sehr wirkungsvolle Jagd- und Kampfwaffe der Pampa-Indianer, bestehend aus zwei oder drei kugelförmigen Steinen, die, untereinander verbunden, an einem langen Riemen um den Kopf gewirbelt und dann auf das Ziel losgelassen werden) schwingt, durch ihren langen Hals, kleinen Kopf und die geometrischen Formen ihrer Silhouette leicht als Lamas zu erkennen. Auf der vierten schließlich finden wir Hirsche, Lamas, ein Wildschwein und ein schwieriger zu bestimmendes Tier, das ein *ucumari* (südamerikanischer Brillenbär) sein könnte. Mit dem durch Pferd und Reiter auf der zweiten Bahn notwendig gemachten Vorbehalt – obwohl eine derartige Ausdeutung keineswegs sicher ist – bezieht sich der hier beschriebene Teil des

Teppichs eindeutig auf die amerikanische Fauna, die durch die präinkaischen Kreuze der dritten Bahn örtlich näher bestimmt wird.

Der senkrechte Streifen ist dagegen ausgesprochen skandinavisch. Wir sehen darauf ein Wikinger-Schiff und zwei unverkennbare Pferde mit Reitern sowie christliche Kreuze und Hakenkreuze. Der ganze Teppich mit Ausnahme der rein dekorativen Bahn ist mit Symbolen und Figuren übersät, deren Ähnlichkeit mit denen auf den *kellka* des Altiplano ins Auge springt (s. Abb. 21).

Der Teppich von Ovrehogdal schließt sich also der Landkarte von Waldseemüller (Abb. 5) mit dem Beweis an, daß im mittelalterlichen Europa nicht nur Südamerika, sondern auch seine Fauna bekannt war.

6. Schlußfolgerungen

Wir wollen hier nicht auf die archäologischen Daten der skandinavischen und irischen Niederlassungen in Nordamerika zurückkommen; sie interessieren uns nur indirekt. Wir wollen uns auf Mittel- und Südamerika beschränken. Hier finden sich überreiche und endgültige Beweise dafür, daß weiße Menschen schon lange vor Kolumbus im Anáhuac und Yucatán und auf dem Altiplano Boliviens waren.

Wir finden in diesen drei Gebieten tatsächlich Skulpturen, die weiße und bärtige Männer mit Gesichtszügen der nordischen Rasse darstellen. Die Fresken von Chichen-Itzá zeigen uns Szenen von Land- und Seegefechten und sogar einen „snekkar" der Wikinger, wobei gemäß der Überlieferung die Niederlage der Weißen dargestellt wird.

Auf einem ganz anderen Gebiet haben wir nachgewiesen,

daß der schachbrettartige Entwurf der präkolumbianischen Städte in der ganzen Welt nur ein Vorbild hat: den militärischen Städtebau der Dänen. Es erstaunt uns daher nicht, festzustellen, daß die Maßeinheit der Bauten von Tiahuanacu der dänische Fuß war.

Anderseits ist es die Stadt der *atumuruna,* die für uns die größte Überraschung bereithält. Wir erfahren durch die Arbeit des Professors Greslebin, daß tatsächlich das gewöhnlich mit dem Namen Kalasasaya bezeichnete große Gebäude eine im Bau befindliche christliche Kirche war. Sein Plan war nach dem Goldenen Schnitt der griechischen und mittelalterlichen Architektur entworfen. Der Fries seines Hauptportals stellt in anderem Stil, aber bis ins kleinste Detail die apokalyptische Szene der Anbetung des Lamms dar, wie sie sich im Giebelfeld fast aller mittelalterlichen Kirchen befindet. Schließlich ist die Statue des „Mönch", von ihrem Stil abgesehen, die genaue Kopie derjenigen eines unbekannten Apostels, die das Hauptportal der Kathedrale von Amiens ziert.

Es bestand daher Mitte des 13. Jhs. eine Verbindung zwischen den Dänen des bolivianischen Altiplano und ihren Landsleuten in Europa. Der Teppich von Ovrehogdal liefert uns dafür einen zusätzlichen Beweis.

Ethnologie

WER BRACHTE ES IHNEN BEI?

1. Die Merkmale der Macht

Als die Konquistadoren in Mexiko und Peru landeinwärts vordrangen, war es für sie die größte Überraschung, hier nicht Menschenfresser wie auf den Inseln der Karibischen See anzutreffen, sondern zivilisierte Völker, deren Städte, Paläste, Märkte, Straßen usw. es nicht nur mit dem aufnehmen konnten, was sie aus Spanien gewohnt waren, wenn sie es nicht sogar übertrafen, sondern deren Gewohnheiten auch so verfeinert waren wie die der Europäer.

Gewiß hätte es so sein können, daß die Nahuas, Mayas und Quichuas die Probleme, die sich auf beiden Seiten des Atlantik in gleicher Weise präsentierten, von sich aus so wie in der Alten Welt gelöst hätten. Aber es war nicht so. Die Ethnologie zeigt, daß es nicht bloß eine Ähnlichkeit der Antwort auf die gleiche Herausforderung der Lebensnotwendigkeiten, sondern in gewisser Hinsicht sogar eine völlige Übereinstimmung bis ins Detail gab, die nicht zufällig gewesen sein kann.

Das ist in erster Linie bei den Symbolen der Macht der Fall. Jedoch gibt es nichts Willkürlicheres als die Zeichen und Insignien, durch welche sich die Inhaber der Macht auf jedem Gebiet gesellschaftlicher Betätigung hervorheben. Nicht, daß die fraglichen Symbole stets der Geschichte entbehren: oft kann man bei ihnen einen logischen Ursprung entdecken, allerdings keinen notwendigen Ursprung im vollen philosophischen Sinn des Wortes. Warum ist der Purpur die Farbe der Kardinäle, der Fürsten der Kirche? Weil sie sie von den römischen Cäsaren übernahmen, die sie wiederum von den griechischen *basileis* als Erbe der Perserkönige erhalten hatten. Aber es hätte doch auch jede andere Farbe die gleiche symbolische Funktion ausüben können.

Es fällt auf, daß die aztekischen Kaiser und die inkaischen Souveräne den Purpur als Kennzeichen der obersten Autorität gebrauchten, die ersteren in ihrem Zeremonien-Mantel, die letzteren in ihrem Kopfschmuck, einem breiten, mehrfach um den Kopf geschlungenen Band, das vorne mit einer Quaste verziert war, und das einige Autoren mit einem Turban verwechselten. Es wäre noch näherliegend gewesen, wenn die Söhne der Sonne von Tenochtitlán und Cuzco sich die gelbe Farbe vorbehalten hätten.

Es ist wahrscheinlich, daß die Wahl der roten Farbe auf christliche Einflüsse zurückging, da diese für die Skandinavier keine besondere Bedeutung hatte, wohl aber für die Katholische Kirche. Diese Auslegung wird durch die Mitra bestätigt, die von vorne derjenigen der katholischen Bischöfe ähnelt, obwohl sie weniger hoch ist, und die der Azteken-Kaiser anstelle einer Krone benutzte, wie das auch der ihm religiös untergeordnete Höchste Priester tat. Und wenn auch der Souverän Mexikos kein goldenes Szepter trug wie die Inkas, so zeigte sich doch Quetzalcóatl, der Asket, gelegentlich mit einem unverkennbaren Bischofsstab (s. Abb. 30).

Den gleichen Ursprung kann auch der Thron haben, auf dem die Monarchen Mexikos und Perus saßen, und sogar die Sänfte, auf der getragen sie sich fortbewegten, die damals in ganz Westeuropa in Gebrauch war, nicht aber, soweit wir wissen, in Skandinavien. Zweifelhafter ist die Herkunft der Wappenschilde, die wir sowohl in Peru als auch in Mexiko antreffen. Im Mittelalter entstand das Wappen aus der Notwendigkeit, auf dem Schlachtfeld zwischen Rittern, also Angehörigen des Adels, und gewöhnlichen Kriegern zu unterscheiden, die wegen der gleichartigen Bewaffnung nicht mehr auseinanderzuhalten waren. Später verwandelte sich das Wappen in das Zeichen einer Familie, einer Gemeinschaft oder einer besonderen Würde. Mexikaner und Inkas wandten das gleiche Verfahren an, und die hier gezeigten Wappen beider Art (s. Abb. 31) beweisen deutlich die Ähnlichkeit mit europäischen Wappenschilden. Doch im 10. Jh. pflegten die Wikinger keine Wappen auf ihre Schilde zu malen, wohl aber begannen die Iren wie alle Westeuropäer damit.

2. Die Waffen

Was ein kriegerisches Volk zuletzt aufgibt, sind die Waffen, an die es gewöhnt ist, denn sie sind die Instrumente seiner Macht. Nachdem die Skandinavier die mittelamerikanischen und peruanischen Völker besiegt hatten, müssen wir bei diesen logischerweise Spuren der Bewaffnung ihrer Konquistadoren finden. Und so ist es in der Tat.
Die Wikinger benutzten ein breites Schwert, die Lanze, den Wurfspieß, Pfeil und Bogen und vor allem die Streitaxt, die im 10. Jh. im übrigen Europa schon nicht mehr in Gebrauch war. Es sind dies diejenigen Waffen, die wir in Mexiko und Peru vorfinden, mit Ausnahme (was das letztgenannte Land anbetrifft) des Schwertes, das die inkaischen

Soldaten durch zahlreiche andere Waffen ersetzten. Aber in beiden Ländern erscheint die Streitaxt, die in Peru zuweilen die Form einer Partisane, einer spießartigen Stoßwaffe mit Doppelschneide, annimmt. Fügen wir noch hinzu, daß sowohl der mexikanische als auch der peruanische Bogen aus einem nach europäischer Art bearbeiteten Holz hergestellt wurden (s. Abb. 32).

Erwähnt sei schließlich noch, daß das mexikanische Schwert aus Holz mit einer Spitze aus Feuer- oder Gallmatzstein war, und das die Nahuas zum Abschießen ihrer Pfeile häufig ein der Armbrust ähnliches Gerät, wenn auch von kleineren Ausmaßen, verwendeten. Die Mayas kannten weder das Schwert noch den Bogen, wohl aber die sonstigen Waffen der Wikinger einschließlich der Streitaxt. Diese war in Mittelamerika aus dem vulkanischen Gallmatzstein, in Peru aus Bronze (s. Abb. 33).

Zu ihrem Schutz gebrauchten Mexikaner und Peruaner den schon erwähnten Rundschild. Sie trugen in Ausübung des Kriegshandwerkes eine Tunika aus gesteppter Baumwolle mit rundem Halsausschnitt und kurzen Ärmeln wie die Skandinavier. Die Kopfbekleidung wechselte, vom Helm aus Holz oder Metall in Peru bis zu einer Mütze aus gesteppter Baumwolle in Mexiko. Indessen war auch im letztgenannten Land der metallene Helm nicht unbekannt. Als der Prinz Teutitle, von Moctezuma geschickt, zu Cortés kam, erbat er einen vergoldeten Helm als Geschenk, weil dieser so ähnlich aussah wie der von Quetzalcóatl benutzte. Wir wissen anderseits, daß bei der Verteilung des von den Indios von Potonchán in der Nähe von Pánuco gezahlten Lösegeldes ein gewisser Juan de Grijalba einen „Helm aus Gold mit zwei Hörnern und einem Schweif schwarzer Haare" erhielt.

Die Sache mit den Hörnern ist von besonderem Interesse, denn es ist bekannt, daß der Helm der Wikinger oft mit den Hörnern des Auerochsen verziert war. Leider wissen wir nicht, wie der Beutehelm des erwähnten Spaniers genau aussah. Aber es gibt da einen wertvollen Hinweis: das Bildnis des Netzaualcoyotzin, König von Toxcoco im 15. Jh., das wir auf der Bildtafel 16 wiedergeben. Dieser Herrscher, der als Dichter, Philosoph und Redner von Ruf seiner hohen Kultur wegen berühmt war, erscheint darauf – wir können es nicht anders ausdrücken – als Wikinger verkleidet: Tunika mit kurzen Ärmeln, Rundschild und breites Schwert. Aber das bezeichnendste ist sein „Helm" aus gesteppter Baumwolle mit zwei Hörnern, die offensichtlich aus dem gleichen Material hergestellt waren, und an deren Spitzen Pompons hingen. Was könnte dieser Kopfschmuck anders sein als eine beinahe rührende Nachahmung des skandinavischen Helmes? In Mexiko gab es natürlich keine Auerochsen noch überhaupt irgendwelches Rindvieh. Um so wie seine Vorfahren auszusehen, mußte sich der Fürst mit ausgestopften „Hörnern" begnügen.

Da wir schon bei der Bekleidung sind, wollen wir auch die heute noch für die Bewohner des Altiplano so typische Spitzmütze erwähnen, die bei den Nahuas und Quichuas allgemein üblich war (s. Abb. 34). Sie hatte genau die gleiche Form, wie sie in Skandinavien gebraucht wurde. Es ist die gleiche, die wir, wenn auch mit einer kleinen Abwandlung, ebenso in Mexiko auf Bildern des Quetzalcóatl wie in nordischen Ländern auf solchen des Gottes Frey antreffen.

Auf militärisches Gebiet zurückkehrend, bleiben uns zwei interessante Punkte zu behandeln. Der erste ist die Symbolisierung des Vaterlandes (oder des Souveräns, der es verkörperte) sowohl in Mexiko als auch in Peru durch die Fahne, die die Soldaten mit ihrem Leben verteidigten, und deren Verlust dem Kampf ein Ende setzte. Wir wissen sogar Einzelheiten wie die, daß die Fahne des Inka Roca hellgrün und dunkelblau war. Im inkaischen Imperium führten gewisse Einheiten statt Fahnen Feldzeichen, die dem *labarum* der Römer ähnelten, einer Standarte, die sich, besonders bei berittenen Einheiten, bis in die Neuzeit erhalten hat.

Der zweite Punkt, auf den wir hinweisen wollen, ist die Einteilung des peruanischen Heeres in Zehner- und Hundertschaften, die mit den *decuriae* und *centuriae* der römischen Legionen identisch sind. Dafür sind offensichtlich nicht die Wikinger, sondern die bekannten Rationalisierungsbemühungen der Inkas verantwortlich. Immerhin war aber im damaligen Europa bei den Germanen bereits das Dezimalsystem üblich, während die übrigen Völker des Alten Kontinents, die im Gegensatz zu den Mittelamerikanern und Peruanern nicht einmal die Zahl 0 kannten, das Duodezimalsystem benutzten, wie wir das heute noch tun, um Stunden und Eier zu zählen.

3. Sauna, Quipu, Schiffe und anderes

Im bürgerlichen Alltagsleben ergibt sich die deutlichste Übereinstimmung zwischen Skandinavien und dem präkolumbianischen Amerika durch die Sauna. Alle Welt kennt die Eigentümlichkeiten dieses in den Ländern Nordeuropas heimischen Dampfbades: in einen geschlossenen Raum werden erhitzte Steine gebracht, über die man Wasser aus Eimern schüttet. Der Badende muß den heißen

Dampf bis zum äußersten aushalten, sich sodann in den Schnee oder in ein Becken mit kaltem Wasser werfen, woraufhin sein nackter Körper mit Birkenreisern geschlagen wird.

In Mexiko hatte jede Familie ihre Sauna, den *temascal*. Unsere Abbildung 35, die einem Nahua-Kodex aus der Zeit vor der Konquista entnommen ist, zeigt, daß nicht einmal das Detail des Rutenschlagens fehlte. Das anschließende kalte Bad wurde in irgendeinem nahen Fluß genommen, dessen Wasser wegen der Höhe des Anáhuac stets kalt war. Diese Besonderheit gab es im tropischen Land der Mayas nicht. So kommt es, daß hier die Sauna, der *zampulche,* aus zwei Abteilungen bestand: dem eigentlichen Dampfbad, *ut supra,* und einem anderen Raum mit einem Becken für das kalte Wasser. Die Einrichtung war also wesentlich komplizierter und daher bei den Mayas nicht privat, sondern öffentlich.

Es fehlt nicht an einigen sekundären Gesichtspunkten, die hier erwähnt zu werden verdienen: der Gebrauch von Tellern und Löffeln, nicht dagegen von Gabeln – genau wie im mittelalterlichen Europa – die Ähnlichkeit einiger Musikinstrumente – Trommel, Trompete und in Peru Hirtenflöte – der Gebrauch, gleichfalls in Peru, der römischen Waage und des *quipu.* Wir haben bereits erwähnt, daß die inkaischen Völker in Ermangelung der Schreibschrift ein ganz besonderes System verwendeten, das aus Knoten bestand, die an verschiedenfarbigen Fäden auf verschiedene Weise angebracht wurden. Das gleiche Verfahren war auch in Skandinavien, und nur hier, bekannt, wo es keine Schrift zu ersetzen brauchte, die vorhanden war, sondern zum Wahrsagen verwendet wurde.

Wir können einige Spiele der Nahuas nicht unerwähnt las-

sen: den Klettermast und den Rundlauf (s. Abb. 37), die es
auf allen Kirchweihfesten im nordischen Europa und sogar
in Frankreich bis zu Beginn unseres Jahrhunderts gab, und
die man auch heute noch hier und da auf ländlichen Volks-
festen antreffen kann. Noch interessanter ist für uns der
pok-a-tok der Mayas, ein dem Korbball verwandtes Ball-
spiel, das vielleicht noch unmittelbarer an dasjenige erinnert, das die germanischen Völker, je nach Gegend, *Knattleikr, Soppleikr* oder *Skofuleikr* nannten.
Bleibt schließlich noch die Frage der Schiffahrt zu behandeln. Es ist schwer vorstellbar, daß die Ankunft der großen
Seefahrer, die die Wikinger waren, ohne Auswirkungen
auf die Gebräuche der von ihnen beherrschten Küstenvölker
geblieben sein sollte. Tatsächlich bauten die Mayas – diejenigen von Chikin Chel waren als „die Herren der See"
bekannt – große Schiffe für bis zu vierzig Ruderern, von
denen einige mit einem lateinischen Segel versehen waren.
Die Kanus wurden gewöhnlich aus einem Zedern-Stamm
angefertigt, nicht aber die großen Schiffe, da wir wissen,
daß man Pech verwendete, um sie abzudichten.
Die Peruaner der inkaischen Epoche dagegen hatten ihre
alten Traditionen verloren und fuhren nur noch mit Flö-
ßen zur See, mit denen sie allerdings lange Reisen bis nach
Panama durchführten, ganz zu schweigen von der Expedition des Inca Yupanki nach den Galápagos-Inseln oder
noch weiter in den Pazifik hinaus. Wir sagen, daß sie ihre
Traditionen verloren, nicht nur weil wir wissen, daß die
Weißen nach Ekuador in Schiffen aus Seehundsfellen gelangten, sondern auch weil wir Beweise in Form bildlicher
Darstellungen dafür haben, daß es früher Schiffe von aus-
gesprochenem Wikinger-Typ gab (s. Abb. 36). Die Chronisten García, Acosta und Velasco berichten, daß sich die

Eingeborenen an Seefahrten erinnerten, die ihre Vorfahren mit Schiffen aus Seehundsfellen bis zu den „Ponento-Inseln" machten. Das bedeutet, daß sich die skandinavischen Gebräuche eine Zeitlang erhielten und erst nach und nach verloren gingen.

4. Schlußfolgerungen

Die Ethnologie liefert uns nur wenige Hinweise, die aber für unsere Untersuchung sehr wichtig sind. Die Symbole der Macht, die die aztekischen und peruanischen Herrscher auszeichneten, waren die gleichen wie die, die in christlichen Ländern gebraucht wurden, viele davon in der Katholischen Kirche selbst. Die Waffen dagegen glichen in beiden Gebieten den skandinavischen.

Vielleicht kennzeichnender als alles andere ist das Vorhandensein der Sauna sowohl im Anáhuac als auch im Maya-Land. Aber neben anderen Übereinstimmungen hat auch die Feststellung größte Bedeutung, daß die inkaische Knotenschrift *quipu* in Skandinavien, wenn auch zu anderen Zwecken, bekannt war, daß die Peruaner Schiffe aus Seehundsfell benutzten und daß die Nahuas Korbball spielten wie die nordischen Völker das sehr ähnliche *Knattleikr*.

Soziologie

EINE MITTELALTERLICHE GESELLSCHAFT

1. Feudalismus und Zentralisierung

Nichts kommt dem europäischen Feudalismus des Mittelalters näher als die politische Organisation, die die Konquistadoren in Mittelamerika vorfanden. Die Grundeinheit
war tatsächlich die Gemeinde, an deren Spitze ein durch
Erbfolge oder Wahl bestimmter Herr stand, ihm zur Seite
ein nach Art der spanischen *cabildos* (Gemeinderäte) mit
bedeutenden Machtvollkommenheiten ausgestatteter Ältestenrat. Ehe die Azteken nach dem Anáhuac kamen, war
der Stadtstaat in Mexiko souverän und blieb es im Maya-
Land bis zum Anfang des 16. Jhs. Die Stadt- oder Dorfgemeinden hatten jede für sich ihre eigene Lebensordnung
und ihr eigenes Gewohnheitsrecht und wurden nach einem
Schema verwaltet, das zwar in den großen Zügen seiner
Sozialordnung überall gleich war, in seiner praktischen Anwendung aber beträchtliche Unterschiede aufwies.
Der griechischen πόλις (polis = viele, Gemeinde, Stadt)
ziemlich ähnlich führten die Gemeinden ein selbständiges
Eigenleben, verbündeten oder bekämpften sich je nach den
Umständen untereinander und schufen so ein stets wechselndes und reichlich chaotisches Bild. Jede von ihnen hatte
ihre natürliche politische Struktur mit einem einheitlichen
und starken Führungsorgan: auf ihrem beschränkten Gebiet herrschte Ordnung. Aber in dem aus vielen kleinen und
kleinsten Feudalherrschaften zusammengesetzten größeren

Gebiet gab es keinerlei übergeordnete Autorität, so daß eine durch vorübergehende Abkommen kaum gemilderte Unordnung die Regel in den Beziehungen zwischen den Gemeinden war.

Wir wissen durch die Überlieferung, daß es Quetzalcóatl war, der den Mexikanern ihre Gesetze gab. Es verwundert uns daher nicht, die Ähnlichkeit zwischen der politischen Organisation des Anáhuac und der skandinavischen Länder im 10. Jh. festzustellen. Weder diese noch jener hatten schon die monarchische Einheit des Staates erreicht. Beide waren in kleine Feudalherrschaften aufgeteilt, deren Führung aus einer Mischung von Erbfolge und Wahl bestimmt wurde. Zwar ging sie für gewöhnlich vom Vater auf den Sohn über, aber die großen Entscheidungen faßte das *Thing*, d. h. die Versammlung der um ihren Herrn gescharten adligen Familienchefs.

Es ist wahrscheinlich, daß Quetzalcóatl versucht hat, die so organisierten Gemeinden zusammenzuschließen, um der von ihm geschaffenen Sozialordnung mehr Zusammenhalt und Stabilität zu verleihen. Offenbar blieb ihm nicht die Zeit, um diese Aufgabe durchzuführen, und es gibt, wie Maurras sehr richtig sagt, keine Föderation ohne Föderator. Griechenland einigte sich, als Alexander von den Bergen herabstieg; Frankreich, als die Kapetinger durch Krieg oder Diplomatie Provinz auf Provinz ihrer ursprünglichen Feudalherrschaft anschlossen; die Schweiz, als die alten Kantone sich zusammentaten, um dem österreichischen Vordringen Einhalt zu gebieten; Deutschland, als Bismarck vor hundert Jahren den tausendjährigen Traum vom Reich wiederaufleben ließ.

Vielleicht wäre die „Liga von Mayapán" vom lockeren Bund zur Konföderation und später zu einem festen Einheitsstaat gelangt, wären die Spanier nicht dazwischen gekommen. Wir wissen es nicht. Wohl aber lehrt uns die Geschichte, wie die Azteken, ein im 13. Jh. von Norden nach Mexiko gekommener kriegerischer Volksstamm, nach und nach ihre Autorität zunächst den Gemeinden des Anáhuac und später sämtlichen Provinzen auferlegten, aus denen dann das Imperium der Nahuas entstand. Das Interessante für uns ist, daß die Föderation durch ein ähnliches Verfahren erreicht wurde, wie man es seit Jahrhunderten in Westeuropa anwandte, d. h. durch die Errichtung von Vasallen-Verhältnissen. Weit davon entfernt, die besiegten Gemeinden zu zerstören oder zu Kolonien zu machen, indem man ihnen fremde Herren und Gesetze aufzwang, beschränkten sich die Souveräne von Tenochtitlán darauf, sich die örtlichen Herrscher unterzuordnen, wobei die Rechte der Gemeinde respektiert und geschützt wurden. Der bis dahin unabhängige Fürst wurde zum *tecuhli,* was der Kaiser selbst und seine höchsten Würdenträger auch waren. Er zahlte seinem Souverän Tribut und leistete ihm im Kriege Waffenhilfe. Aber dafür wurde seine Autorität durch die Macht des Reiches gestützt.

Natürlich hatte ein solches System in Mexiko wie in Europa auch seine Nachteile. Die Vasallen, mächtiger, aber weniger frei als vor ihrer Unterwerfung, gerieten in die Versuchung, sich gegen den Kaiser zu erheben, um sich von seiner Autorität und seinen Auflagen zu befreien, oder sogar um seine Rolle als Föderator selbst zu übernehmen. So kamen zu den Feldzügen zwecks Unterwerfung noch unabhängiger Gebiete häufige kriegerische Auseinandersetzungen im Innern hinzu. Als von vornherein kriegerisches Volk mußten die Azteken es weiter bleiben, um ihre Macht zu erhalten und zu erweitern.

Gleichzeitig erforderten die Regierung des Reiches und die Eintreibung der Tribute eine immer üppiger wuchernde Verwaltung, während der Reichtum Tenochtitláns, das Ergebnis der Tribute, und der darauf sprießende Luxus eine ständig wachsende Zahl seiner Bewohner in künstlerischen oder dienstleistenden Berufen beschäftigte und jedenfalls von der eigentlichen Produktion abzog. Wie das Rom der Cäsaren verwandelte sich die Hauptstadt der Azteken schnell in eine aristokratische Stadt, die von hohen Zivil- und Militär-Beamten und denjenigen bewohnt wurde, die sie in der einen oder anderen Weise zu bedienen hatten.

Zur Zeit der Konquista hatte der Azteken-Kaiser schon nicht mehr viel von den Stammes-Führern, die seine Vorfahren gewesen waren. Er war ein Halbgott, der vorgab, von Quetzalcóatl selbst abzustammen. Im Kreis der kaiserlichen Familie durch den kleinen Rat der vier Hauptwürdenträger des Hofes – wie die skandinavischen Könige durch das *Thing* – gewählt, neigte er immer mehr dazu, diese doch eigentlich zum Mitregieren Bestimmten zu bloßen Beamten zu machen. Die *tecuhli* und die *calpullec* – von den Einwohnern eines bestimmten Bezirkes auf Lebenszeit gewählte Führer – die ursprünglich nicht nur in ihrem Bereich die oberste Autorität ausübten, sondern die auch die von ihnen repräsentierte Bevölkerung gegenüber der Zentralgewalt vertreten sollten, verwandelten sich in einfache Beauftragte des Kaisers, ohne dessen ständige Bestätigung ihre Bestallung keine Gültigkeit mehr besaß, und der sie immer häufiger direkt und ohne Befragung der Regierten ernannte.

Zu Beginn des 16. Jhs. war der Prozeß der Zentralisierung in Mexiko schon soweit fortgeschritten, daß das Land mit seinen Gerichtshöfen in zwei Instanzen, seinen Schulen und

Hochschulen, seinen Hospitälern und Invalidenheimen, seiner Post, seinem Standesamt und seiner Steuerbehörde dem Rom der Cäsaren viel ähnlicher als dem feudalen Europa war. Mit der gleichmachenden und lähmenden Bürokratie von heute gab es jedoch keine Ähnlichkeit: das Aztekenreich wäre dem Durchschnittsbürger unserer Tage als wahrer Hort der Liberalität erschienen.

Wir wissen nicht, welche politisch-sozialen Strukturen Peru in der Zeit der *atumurunas* hatte und können daher nur diejenigen des inkaischen Imperiums untersuchen. Hier ist die Ausgangslage von der in Mittelamerika festgestellten sehr verschieden. Als Manko Kapak in Cuzco zu regieren begann, gab es keine organisierten und wohlhabenden Gemeinden, sondern nur Ortschaften ohne festen Zusammenhalt und wilde Stämme. Anderseits stellten die Inkas, wie wir im folgenden Absatz sehen werden, eine rassisch andersartige aristokratische Minderheit dar. Die Schaffung des Imperiums war daher mehr Eroberung und Strukturierung als Föderierung. Cuzco war kaiserliche Hauptstadt, ehe es noch ein Imperium gab, und der Inka war Gott aus eigener Machtvollkommenheit, ja fast möchte man sagen von Natur aus.

In Peru gab es daher keinen Feudalismus noch irgendetwas ähnliches, sondern ein kluges Kolonial-Regime. Der Kaiser achtete die Gebräuche der unterworfenen Völkerschaften und bestätigte ihre Führer in der Macht. Aber über diese wurden die zivilen, militärischen und religiösen Beauftragten inkaischen Blutes gesetzt. Das Quichua wurde als „allgemeine Sprache" eingeführt, und oft wurden ganze Bevölkerungsgruppen von einem Gebiet in ein anderes umgesiedelt, um die ethnische Einheit einer Provinz von zweifelhafter Loyalität zu brechen und so den Drang nach

Unabhängigkeit und die Möglichkeiten der Insurrektion zu
verringern.

2. Die soziale Schichtung

Der Unterschied zwischen der politisch-sozialen Strukturen
Mittelamerikas und Perus kommt grundsätzlich von der
verschiedenartigen Zusammensetzung der Führungsschichten hier und dort. Im Anáhuac und Yucatán hatte sich die
Aristokratie wie im Europa des Hochmittelalters langsam
aufgrund einer funktionellen Auslese gebildet. Anfangs
waren alle Ämter wählbar, und jeder freie Mann konnte
sich um die gesellschaftlich höchsten Stellungen bewerben.
Das war ganz natürlich, denn alle gehörten der gleichen
oder doch einer verwandten Rasse an. Es war schon lange
her, daß sich das Blut der wenigen Deserteure aus den Reihen Quetzalcóatls mit dem der Ureinwohner vermischt
hatte. Doch nach und nach wirkte sich die Spezialisierung
in der Amtsführung aus, so daß die Fähigsten zur Ausübung eines bestimmten Amtes immer häufiger diejenigen
wurden, deren Väter es schon bekleidet hatten.
So kommen alle erblichen Aristokratien ohne Rassenprivi-
legien zustande. Anderseits hatten die Adligen größere
Möglichkeiten, ihren Kindern eine glänzende Schulbildung
und angemessene Erziehung zuteilwerden zu lassen. Die
mexikanische Aristokratie war zu Beginn des 16. Jhs. freien
Männern, die sich durch Tapferkeit, besonders auf militärischem Gebiet, ausgezeichnet hatten, keineswegs verschlos-
sen. Aber der Adel hatte erbliche Privilegien, und nur seine
Söhne wurden, mit einer Ausnahme, auf die wir noch zurückkommen werden, zu den hohen Schulen zugelassen.

Dagegen unterschied sich die inkaische Aristokratie ethnisch von den Völkern, die sie regierte. Die „orejones" (Langohren), wie die Spanier die peruanischen Adligen wegen ihres – übrigens auch vom Maya-Adel geübten – Brauches nannten, sich die Ohrläppchen künstlich derartig in die Länge zu ziehen, daß sie fast bis auf die Schultern reichten, waren, wie wir gesehen haben, von nur leicht mit Indianerblut gemischter weißer Rasse. Die Nachkommen des Manko Kapak und seiner Gefährten, die Inkas, heirateten streng nur untereinander, und die noch strengere kaiserliche Familie hatte den Inzest als Geschwisterheirat zur Regel gemacht. Alle hohen Ämter in Staat, Heer und Kirche waren in Cuzco und in den Provinzen den Weißen vorbehalten.

Die „Ehren-Inkas", Abkommen der indianischen Verbündeten des Manko Kapak, die er geadelt hatte, rangierten unmittelbar, wenn auch in großem Abstand, unter dem Rassen-Adel und vermischten sich natürlich nicht mit diesem durch Heirat. Eine dritte Adelsschicht schließlich, diejenige der *curacas,* setzte sich aus den Familien der örtlichen Eingeborenen-Häuptlinge zusammen, die jedoch immer jedem Inka untergeordnet blieben. Im Gegensatz zur mittelamerikanischen Aristokratie stellte der peruanische Hochadel nicht einen Stand, sondern eine ausdrücklich geschlossene Kaste dar. Er verdankte seine Überlegenheit nicht seiner Fähigkeit im Amt, sondern seine Fähigkeit seiner ethnischen Überlegenheit. Neben einem Sohn der Sonne war der erhabenste der *curacas* nicht mehr als ein einfacher Bauer, und es gab keine menschliche Vernunft, die sich dem Gebot eines lebendigen Gottes hätte widersetzen können.

Dieses Kasten-Regime erklärt, warum es unterhalb der drei Adelsklassen keine organisierten Stände gab, oder, wenn es sie gab, warum uns die Chronisten nichts über sie berichtet haben: der inkaische Sozialismus machte alle gleich, die nicht der weißen Minorität oder ihren engsten Mitarbeitern zugehörten. In Mittelamerika dagegen stoßen wir auf eine ständische Struktur, ganz ähnlich wie sie im mittelalterlichen Europa bestand. Die Handwerker waren in Zünften und die Kaufleute in Gilden organisiert, jede mit ihren Rechten und frei gewählten Körperschaften. Der Staat mischte sich seinem feudalen Geist getreu nur ein, um die Ordnung zu wahren und die Steuern einzutreiben. In allem andern ließ er den Bürgern vollkommene Handlungsfreiheit.

Den Bürgern, aber nicht den Sklaven. Kriegsgefangene oder Schutz suchende Flüchtlinge wurden wie Frauen und Kinder, wenn auch auf einem niedrigeren Niveau, den Familien einverleibt. Sie waren vom Militärdienst befreit, man sicherte ihnen den Lebensunterhalt, auch im Fall von Krankheit oder Alter, und man durfte sie nicht verkaufen, es sei denn im Falle von drei gehörig nachgewiesenen schweren Vergehen. Das Sklaventum war nicht erblich, und alle Kinder wurden als Freie geboren. Der Status des Sklaven war kein Makel, man brauchte sich seiner nicht zu schämen und er stellte keinen Hinderungsgrund für die Eheschließung dar: die Heirat zwischen einem freien Mann und einer Sklavin oder umgekehrt war üblich. Das Sklaventum war nicht einmal notwendigerweise lebenslänglich: man konnte sich als Sklave auf Zeit anbieten, sich die Freiheit erkaufen oder sie als Belohnung für geleistete Dienste erhalten. All dies erklärt sich durch die Tatsache, daß es zwischen Bürgern und Sklaven keine Rassenunterschiede gab. In Peru dagegen kannte man die Sklaverei nicht: alle Indianer waren Sklaven der Sonne und ihrer Söhne, der Inkas.

3. Die kommunitäre Organisation

Ob Stand oder Kaste, übte die amerikanische Aristokratie nur die unerläßlichsten Befehlsfunktionen auf politischem, militärischem und religiösem Gebiet zur Führung der Gemeinschaft aus. Das Prinzip ihres Handelns war der Dienst und ihre Belohnung die Ehre. Es handelte sich also um eine Schicht von Amtswaltern, in die man in Mittelamerika aufgrund persönlicher oder familiärer Verdienste, in Peru wegen seiner Rasse aufgenommen wurde, niemals jedoch wegen seines Reichtums, der im Gegenteil eine Folge des ausgeübten Amtes war. Obwohl die Kaufmannsgilden in Mexiko eine immer bedeutendere soziale Rolle spielten und für ihre Mitglieder wachsende Privilegien erreichten, gab es nirgends irgend etwas, was mit der kapitalistischen Bourgeoisie hätte verglichen werden können. Die präkolumbianische Gesellschaft Amerikas folgte in allen ihren Aspekten den Normen, die zur gleichen Zeit das Leben der europäischen Welt bestimmten.

Dies trifft insbesondere auf den Grundbesitz zu. Weder in der Alten noch in der Neuen Welt war der Feudalherr Besitzer des von ihm verwalteten Grund und Bodens im heutigen Sinn des Wortes. Er „besaß" ihn zwar, d. h. er wohnte darauf und verwaltete ihn, ausgestattet mit allen Rechten, die die Ausübung seines Amtes erforderlich machte. Aber in diesem Sinne waren auch der Knecht, der Bauer und jedes andere Mitglied einer ländlichen Gemeinschaft „Grundbesitzer", denn sie waren auf dem Grund und Boden, den sie bearbeiteten, mit den Rechten ausgestattet, die ihre Arbeit erheischte. Wessen Eigentum war dann der Boden? Die Frage hatte keine praktische Bedeutung. Aber von einem fast metaphysischen Gesichtspunkt aus könnte man antworten, daß er der Gemeinschaft gehörte. In Europa blieb übrigens ein guter Teil der Ländereien unverteilt zur Verfügung sämtlicher Mitglieder der Gemeinde, und in Amerika wurde ein großer Teil der Landbestellung in Gemeinschaftsarbeit bewältigt.

Die aztekische Kommunität oder Gemeinschaft wurde *calpulli* genannt und setzte sich zunächst aus Angehörigen der gleichen Sippe zusammen. Unter ihren gewählten Selbstverwaltungskörperschaften, die freilich der kaiserlichen Bestätigung bedurften, genoß der *calpulli* völlige innere Autonomie unter der einzigen Bedingung, die ihm auferlegten Steuern zu zahlen und Arbeitsdienst – ein Gegenstück zu dem freilich unter ganz anderen Bedingungen erfolgenden Frondienst im mittelalterlichen Europa – zur Durchführung der großen Gemeinschaftsarbeiten zu leisten. Er verfügte über eine bestimmte Bodenfläche, die unter den Familien aufgeteilt wurde. Der Jüngling, der sich verheiratete, erhielt ein Stück Land, groß genug, um sich und seine Frau zu ernähren, und jedes Kind, das dem Paar geschenkt wurde, trug ihm eine entsprechende Erweiterung seines Landes ein. Wenn er starb, ohne Nachkommen zu hinterlassen, oder wenn er wegen schwerer Vergehen ausgestoßen wurde, fiel sein Land an die Gemeinschaft zurück.

Der familiäre Grundbesitz war, mit Ausnahme der Grundfläche für das Wohnhaus, allerdings mehr administrativ als wirklich. Tatsächlich wurde die Arbeit gemeinsam in Gruppen von etwa 20 Mann verrichtet. Wer viele minderjährige Kinder und dementsprechend eine größere Fläche Land hatte, war deswegen nicht gezwungen, mehr zu arbeiten als die anderen. Er erhielt nur einen größeren Anteil an den Erzeugnissen, den Früchten der gemeinsamen Arbeit. Diese kommunitäre Organisation herrschte, zuweilen mit geringen Abwandlungen, in allen Provinzen des Azteken-Imperiums und im Maya-Land. In diesem scheint die Variante darin bestanden zu haben, daß die Gemeindeländer von den religiösen Behörden verteilt wurden. Aber darüber besteht keine Gewißheit, da wir in dieser Beziehung nicht über genaue Informationen verfügen.

Das in Peru angewandte System war grundsätzlich dasselbe wie in Mittelamerika, aber durch die Zentralgewalt nachhaltig rationalisiert. Auch hier war kollektiver Besitzer des Bodens die ländliche Gemeinschaft – der *ayllu* – und verwaltete ihn durch einen gewählten Führer – den *mallcu* – dem ein Ältestenrat – die *amautas* – zur Seite stand. Das männliche Gemeindemitglied war verpflichtet, zu heiraten und erhielt in diesem Fall vom *ayllu,* dem er durch Geburt angehörte, eine für seine Bedürfnisse genügende Parzelle zugewiesen. Die Verteilung des Landes wurde jedes Jahr neu vorgenommen, wobei die einzelnen Parzellen je nach der gegenwärtigen Mitgliederzahl der jeweiligen Familie vergrößert oder verkleinert wurden.

Nicht alles kultivierbare Land gehörte jedoch den *ayllus.* Tatsächlich wurden in jedem Gebiet die Felder in drei ungleiche Teile aufgeteilt, wobei wir nicht wissen, in welchem Verhältnis. Der erste Teil gehörte der Sonne, d. h. der Kirche, und diente, wie die Kirchengüter im europäischen Mittelalter, dazu, die Tempel, die hohen Schulen und die Geistlichkeit zu unterhalten. Der zweite Teil stand der ländlichen Gemeinschaft selbst und der dritte dem Inka, d. h. dem Staat, zu. In erster Linie wurden – immer gemeinsam – die Felder der Sonne bearbeitet, dann kamen diejenigen der Greise, Witwen, Waisen und diensttuenden Soldaten an die Reihe, danach widmete sich jede Familie ihrem eigenen Stück Land, obwohl im Bedarfsfall die Verpflichtung zur gegenseitigen Hilfe bestand, und schließlich wurden die Ländereien des Inkas gemeinsam bestellt. Mit anderen Worten ausgedrückt, bezahlte man seine Kirchen- und Staatssteuern durch Handarbeit und nicht wie in Mittelamerika in Ware.

Dagegen war der zwangsweise Arbeitsdienst – die *mita* – hier wie da gleich: jede *ayllu* hatte Arbeiter für öffentliche Bauten, Bergleute, Hirten und persönliche Bedienstete für den Inka und sonstige Würdenträger zu stellen. Diese schweren Verpflichtungen brachten natürlich auch Vorteile mit sich: der vom Staat garantierte soziale Beistand machte das Leben praktisch risikolos. Niemand konnte in Müßiggang leben, aber niemand, der, aus welchem Grund auch immer, nicht arbeiten konnte, mußte deswegen Not leiden. In allen Provinzen standen kaiserliche Lagerhäuser, gefüllt mit Getreide und aller Art von Bedarfsgütern, bereit, im Fall einer schlechten Ernte oder einer sonstigen Katastrophe mit Gratisverteilungen an die Bevölkerung helfend einzuspringen.

Theoretisch kann die kommunitäre Organisation, die wir hier kurz geschildert haben, spontan entstanden und, wie der aztekische Feudalismus, aus ähnlichen sozialen Bedingungen wie im europäischen Mittelalter hervorgegangen sein. Ein anderer Gesichtspunkt der inkaischen Sozialordnung zeigt uns jedoch einen unzweifelhaft skandinavischen Einfluß. Tatsächlich stellten die Inkas über die Einteilung des Landes in *ayllus* mit ihrer aufsteigenden Rangordnung eine Verwaltungsstruktur mit absteigender Rangordnung. So bildeten zehn Arbeiter unter dem Befehl eines der Ihren eine Zehnerschaft, den *cancha camayoc*. Fünf Zehnerschaften ergaben eine halbe Hundertschaft mit eigenem Führer, zwei von diesen eine Hundertschaft, fünf

Hundertschaften eine Kompanie, zwei Kompanien ein Dorf (von 1000 Arbeitern) und zehn Dörfer einen Stamm, dessen Chef, der *hunu-curaca*, dem Provinzgouverneur direkt unterstellt war, der seinerseits dem Vizekönig an der Spitze eines der vier Landesteile unterstand.

In diesem pyramidenförmigen Schema sind zwei Punkte bemerkenswert. Das ist einmal der Gebrauch des Dezimalsystems, das, wie wir bereits gesehen haben, während des Hochmittelalters in West- und Mitteleuropa durch das Duodezimalsystem ersetzt worden war. Zum anderen die pyramidale Ordnung, die als Auflage des Kolonialstaates den bereits bestehenden kommunitären Strukturen hinzugefügt wurde. Nun, diesen beiden Besonderheiten begegnen wir im 10. Jh. auch im nordischen Raum, genauer gesagt zwischen den Friesischen Inseln und der Insel Oeland, d. h. in Dänemark und Südschweden. Dort war die Verwaltungseinheit der Kreis, die Hufe oder Bohle auf altdeutsch. Hundert Kreise bildeten einen Bezirk, *Haeret* in Dänemark, *Hundari* in Schweden. Die Inkas beschränkten sich also darauf, das Verwaltungssystem ihrer Vorfahren zu erweitern und noch mehr zu rationalisieren.

4. Die militärische Organisation und die Ritterorden

Die militärische Organisation des inkaischen Imperiums war ein Abklatsch seiner Verwaltungsstruktur aus dem einfachen Grund, weil, von der Leibgarde des Kaisers abgesehen, die Soldaten Bauern waren, die im Falle eines Krieges innerhalb ihres sozialen Status und ihrer gewöhnlichen Einheit zu den Waffen gerufen wurden. So verwandelten sich die Zehnerschaften, halben Hundertschaften und Hundertschaften in militärische Einheiten, indem sie statt ihres alltäglichen Arbeitsgeräts Waffen und Inkas als Kommandeure erhielten. In gleicher Weise hatte jeder dänische *Haeret* Soldaten zu stellen, die in Hundertschaften zusammengefaßt wurden. In Mittelamerika dagegen wurden die Bauern-Soldaten – zu denen im Maya-Land noch Söldner-Verbände hinzukamen – nach *calpulli* oder Dörfern ausgehoben und bildeten Einheiten von sehr verschiedener Struktur, wie das in jedem Feudal- oder Genossenschafts-Regime der Fall ist.

Was Azteken und Inkas – nicht aber Mayas – gemeinsam hatten, war die militärische Institution, die wir – trotz des etymologischen Widersinns – nur mit ihrem europäischen Namen als Rittertum bezeichnen können. Tatsächlich gab es sowohl im Anáhuac als auch auf dem Altiplano von Peru eine Minorität gleicher militärischer und religiöser Ausrichtung, die sich an eine Wertskala hielt, an deren Spitze Heldenmut, Ehre und Dienst standen, und die in der Gesellschaft eine privilegierte Stellung einnahm. Ihre Organisation war indessen in beiden Regionen nicht dieselbe. In Mexiko hatte der Orden der Adler-Ritter und Tiger-Ritter eine Struktur und eine Rolle, wie sie insgesamt etwa auch die gleichzeitig in Europa bestehenden Ritter-Orden charakterisierten. Seine Mitglieder bekleideten hohe Ämter am Hof und im Heer. Aber sie waren Mönch-Soldaten mit eigener Hierarchie und eigenen Regeln, ganz zu schweigen von ihrer besonderen Uniform, und sie stellten einen monolithischen Machtfaktor von großem Einfluß auf die Führung des Reiches dar. Unter den Söhnen der aristokratischen Familien nach Normen ausgewählt, die wir nicht kennen, wurden sie in Kloster-Festungen ausgebildet, die denen der Tempelritter sehr ähnlich waren, und wurden in den Orden mit einer Zeremonie aufgenommen, die der Chronist Muñoz Camargo so beschreibt:

„Sie wurden mit vielen Zeremonien zu Rittern geschlagen, denn zunächst hielt man sie vierzig bis sechzig Tage lang in einem ihrer Götzentempel eingeschlossen, wo sie während dieser Zeit fasteten und mit anderen Leuten keine Berührung hatten als mit denen, die sie bedienten. Danach wurden sie zum Großen Tempel gebracht, und dort gab man ihnen große Lehren über das Leben, das sie zu führen und einzuhalten hatten. Zuvor kränkte man sie mit vielen beleidigenden und satirischen Worten und gab ihnen unter Schimpfworten Faustschläge sogar ins Gesicht . . . Während der ganzen Zeit des Fastens wuschen sie sich nicht, und zuvor waren sie mit Ruß geschwärzt und erniedrigt worden, um so große Gnade und Belohnung zu erlangen, während sie die ganze Fastenzeit lang die Waffen nach den unter ihnen so geheiligten Befehlen, Sitten und Gebräuchen getragen hatten."

Die Hauptaufgabe der Adler- und Tiger-Ritter bestand darin, den „Blühenden Krieg" zu führen, dessen Zweck es war, Gefangene zu machen, um sie als Opfer dem Gott darzubringen. Es handelte sich nicht um Rache oder Eroberungen, sondern um den Teil eines Rituals, das die Achtung vor dem Gegner voraussetzte und Normen hatte, die niemand verletzte. Unseren totalen Krieg hätten die alten Mexikaner einfach für barbarisch gehalten. Ergab sich der *casus belli,* wurden Verhandlungen mit dem Gegner eingeleitet. Botschafter kamen ungehindert über die Grenzen und versuchten, die Unterwerfung des Gegners durch höfliche Gespräche zu erreichen, bei denen Bekundungen gegenseitiger Hochachtung ausgetauscht wurden. Wenn die Verhandlungen gescheitert waren, zogen sich die letzten Botschafter zurück, nicht ohne zuvor ihre Partner mit Schilden, Schwertern und Pfeilen beschenkt zu haben, „damit niemand sagen könne, sie seien durch Hinterlist besiegt worden."

Auch im Krieg selbst wurden die Konventionen strikt eingehalten. So bedeuteten der Tod oder die Gefangennahme des Generals oder der Verlust der Fahne auch den Verlust der Schlacht, und die Inbrandsetzung des Großen Tempels führte die Übergabe der ganzen Stadt herbei. Derselbe ritterliche Geist beherrschte auch das Ende des Konfliktes. Der Besiegte behielt seine Behörden, seine Götter und seine Sitten. Aber sein Fürst verwandelte sich in einen Vasallen des Siegers und zahlte ihm Tribut und seine gefangenen Untertanen wurden von diesem geschlachtet.

Die Inkas gewährten dem Besiegten die gleiche Behandlung. Jedoch gab es in Peru nichts dem Adler- und Tiger-Orden Vergleichbares, was eine Differenzierung innerhalb der Aristokratie vorausgesetzt hätte. Es war die Rasse, die die Söhne der Sonne auszeichnete, und nur diese erhielten die Ausbildung und legten die Proben ab, die dem von ihnen in ihrer Gesamtheit gebildeten Militärorden eigen waren.

Wenn die jungen Inkas das Alter von sechzehn Jahren erreicht hatten, wurden sie zum Ritter geschlagen – Garcilaso gebraucht diesen Ausdruck: *caballeros,* obwohl es damals in Peru noch gar keine *caballos* (Pferde) gab – nachdem sie sechs Tage lang streng gefastet und verschiedene sportliche und kriegerische Prüfungen bestanden hatten, bei denen sie Kraft, Härte und vor allem Mut und Selbstbeherrschung beweisen mußten. Gleichzeitig hielten die Lehrmeister der Novizen diesen Vorlesungen, wie der erwähnte Chronist berichtet, über ihre göttliche Abstammung und die Heldentaten ihrer Vorfahren, über „den Geist und die Anstrengungen, die es im Krieg zur Mehrung des Reiches zu beweisen gelte; Geduld und Opfersinn bei der Arbeit zum Beweis der Gesinnung und Großmut; Barmherzigkeit, Nachsicht und Sanftmut gegenüber den Armen und Untergebenen; Rechtschaffenheit in der Justiz, um nicht zuzulassen, daß irgendjemand Unrecht geschehe; Großmut und Edelsinn gegenüber jedermann als Söhne der Sonne, die sie waren."

Der Thronerbe wurde wie alle seine Standesgenossen behandelt, nur strenger. Der zukünftige Kaiser sollte „mehr wegen seiner guten Eigenschaften denn als Erstgeborener seines Vaters" die Herrschaft verdienen. Nach bestandenen Prüfungen knieten die Jünglinge nieder, um einer nach dem andern aus der Hand des Souveräns selbst „die Zeichen der Ritter von königlichem Geblüt" zu empfangen. Dann kleidete und bewaffnete man sie nach Art der Inkas. Sogar das Zeremoniell war das in Europa gebrauchte.

5. Schlußfolgerungen

Aristokratisch und kommunitär spiegelte die Sozialordnung der zivilisierten Völker des vorkolumbianischen Amerika im wesentlichen die bei der mittelalterlichen Christenheit gültigen Strukturen wider. Sowohl in der feudalen Welt Mittelamerikas als auch im Kolonialimperium Perus ergänzten sich Autorität und Freiheit, während die ritterlichen Tugenden der Treue und Dienstbereitschaft in den Führungsschichten gediehen, unter der adligen Jugend durch eine angemessene Erziehung gefördert. Im Anáhuac vereinte ein wirklicher militärischer Geheimorden eine entsprechend ausgewählte und geformte Elite. In Peru war jeder weiße Herr und jeder Herr Ritter.

Halten wir fest, daß das europäische Rittertum im 10. Jh., als Ullman nach Mexiko kam, sich noch nicht seine äußeren Formen gegeben hatte, die erst aus den Kreuzzügen entstanden. Aber im christlichen Westen – nicht so in den Überresten der heidnischen Welt – herrschte bereits sein Geist, begleitet von einigen seiner Formen. Alles scheint also darauf hinzuweisen, daß seine Einführung in Mittelamerika den Iren und nicht den Skandinaviern zu verdanken ist und daß es sich danach aus eigenem Antrieb weiter entwickelte, wobei es ähnliche Strukturen wie in Europa annahm. In Peru können sich die Dinge anders verhalten haben, und vielleicht muß man das Zeremoniell bei der Verleihung der Gewänder und Waffen an die Novizen mit einem späteren christlichen Beitrag in Zusammenhang bringen.

Zusammenfassung

DIE GROSSE REISE

1. Die Grenzen des Zufalls

Mit Ausnahme der Landkarte von Waldseemüller (Abb. 5), der Mumien aus Peru (Bildtafel 5), deren Alter umstritten ist, und der Statue des „Mönchs" von Tiahuanacu (Bildtafel 12), die die unbestreitbare Kopie einer normannischen Skulptur des 13. Jhs. ist, könnte jedes der von uns in den vorhergehenden neun Kapiteln analysierten Zeugnisse das Ergebnis des Zufalls oder doch zumindest verschiedener von uns festgestellter Gründe sein. Die „weißen Indianer" könnten Nachkommen irgendeines indogermanischen Stammes gewesen sein, der zusammen mit der gelben Wanderungswelle über die Behringstraße nach Amerika gelangte, und das Fortbestehen ihrer ethnischen Merkmale über Jahrtausende hinweg ist keineswegs unvorstellbar, wenn wir an die Juden in der Diaspora und an die Zigeuner denken. Die Überlieferungen der Eingeborenen könnten Phantasien auf dem allgemeinen Hintergrund der universellen Vorgeschichte oder das Produkt der Verständnislosigkeit und sogar einer bestimmten Absicht der Christen gewesen sein, die sie wiedergaben.

Die Ähnlichkeit dieses oder jenes Wortes aus der Quiché-, Maya- oder Quichua-Sprache mit einer dänischen, deutschen oder lateinischen Vokabel könnte auf bloße Zufälligkeit zurückzuführen sein. Die Übereinstimmung zwischen dem religiösen Glauben der präkolumbianischen Völker Amerikas und der germanischen Mythologie einerseits und dem Christentum anderseits könnte in dem einen Fall von dem prähistorischen Zusammenleben weißer und gelber Völker in Asien und im anderen von synkretistischem Eifer nach der Konquista herrühren. Die Benutzung des europäischen Tierkreises durch die Quichuas könnte die Folge einer gleichartigen Auslegung der gleichen astronomischen Phänomene sein. Die Gesichter mit indogermanischen Zügen auf Skulpturen und Fresken Mittelamerikas und Perus könnten der Einbildungskraft der Künstler entsprungen sein, die sie schufen, und die Symbole und Inschriften lediglich Verzierungen ohne jede Bedeutung. Die Gebräuche und Sitten sowie die Sozialstrukturen schließlich könnten gleichzeitig auf zwei verschiedenen Kontinenten durch das Gebot der gleichen Erfordernisse entstanden sein.

Jede dieser Angaben könnte, getrennt betrachtet, trotz allem zufällig sein. Unmöglich aber ist, daß Völker, die vor der Konquista weiße Blutbeimengungen erhielten, wie das die Archäologie und die Anthropologie beweisen, die sich ferner der Ankunft und des Abzugs weißer Menschen von hohem Kulturniveau erinnern, die Hunderte oder Tausende von Wörtern germanischer oder lateinischer Wurzel benutzen, die Götter mit den Namen Thonar, Tiu, Votán, Justus und – in dänischer Sprache – „den Weißen Gott" anbeten und außerdem in ihrem Ritual die Taufe, die Konfirmation, die Beichte und die Kommunion haben, die Statuen des europäischen Mittelalters kopieren, die Hakenkreuze, Christenkreuze und Runen malen, in der Sauna baden und Ritterorden bilden – unmöglich ist, daß diese Völker keinen Kontakt irgendwelcher Art mit Europa gehabt haben sollen. Es ist nicht ohne Grund, daß seit der

Konquista alle Chronisten und Reisenden, die sich mit dem Problem beschäftigten, in dieser Beziehung zu der gleichen Überzeugung gelangten, wenn sie sich auch aus Mangel an vollständigen Daten nicht über den genauen Ursprung und die Zeitfolge der nachgewiesenen Einflüsse einigen konnten.

2. Der neolithische Einwand

Viele der fraglichen Autoren beschäftigten sich eingehend mit einer scheinbar zweitrangigen Tatsache: als die Spanier nach Amerika kamen, gebrauchten weder die Nahuas noch die Mayas noch die Quichuas das Rad. Von hier zu dem Schluß, daß sie es nicht kannten, war nur noch ein Schritt, den fast alle bedenkenlos taten. Sie irrten sich.

Betrachten wir die Abbildung 37, die ein öffentliches Unterhaltungsspiel der Nahuas darstellt. Die Spitze des Mastes dient einem Objekt als Achse, das wir getrost als Rad bezeichnen können, wenn es auch vier Ecken hat. Es genügt, sich vorzustellen, daß dieser Pfahl mit dem sich an seiner Spitze drehenden viereckigen Rad beim Auf- und Abbau notwendigerweise auf die Erde gelegt werden mußte, um den Gedanken auszuschließen, daß die Erfinder dieses Apparates unfähig gewesen wären, die Idee des eigentlichen Rades zu konzipieren und sie auf irgendein Fahrzeug anzuwenden.

Anderseits zeigt uns eine Zeichnung auf dem „Bemalten Stein" vom Amazonas (s. Abb. 38) einen mit zwei „snekkar", wie die Wikinger sie gebrauchten, beladenen Lastkarren. Wir haben früher bereits darauf hingewiesen, wie unwahrscheinlich es gewesen wäre, daß Skandinavier in Peru nicht versucht hätten, den Amazonas stromabwärts zu befahren, um die anliegenden Gebiete zu erforschen. Die Inschriften auf dem „Bemalten Stein" beweisen, daß sie es getan haben, und die Zeichnung des zum Landtransport der Schiffe benutzten Karrens scheint zu bedeuten, daß sie dabei ein unter ihnen übliches Verfahren benutzten, um von einem Fluß zu einem anderen zu gelangen.

Ein anderer Einwand gleicher Art ist der, daß die prä-kolumbianischen Völker Amerikas das Eisen nicht kannten. Thor Heyerdahl[6] geht sogar noch weiter, indem er ver-sichert, daß die Weißen Perus der neolithischen Zivilisation angehörten. Das ist leicht zu widerlegen. Nicht nur, daß Nahuas, Mayas und Quichuas Gold, Silber, Zinn und Kupfer tatsächlich bearbeiteten, auch die Überlieferungen besagen, daß die Technik der Metallurgie durch Quetzal-cóatl, Kukulkán und Huirakocha beigesteuert wurde. Trotzdem ist es richtig, daß keines der genannten Völker das Eisen zu bearbeiten wußte. Bedeutet das, daß sie sein Vorhandensein nicht kannten? Natürlich nicht. Als Beweis genügt die Tatsache, daß das Quichua-Wort *k'kellay* Eisen bedeutet und, da es keinerlei spanische Wurzel hat, nicht erst nach der Konquista in die Quichua-Sprache eingedrun-gen sein kann.

Warum aber benutzten die präkolumbianischen Völker Amerikas nicht das Rad? Warum bearbeiteten sie nicht das Eisen? Die erste Frage ist leicht zu beantworten: weil es ihnen zu nichts nütze gewesen wäre. Es gab Zugtiere weder in Mittelamerika noch in Peru. Dagegen war die mensch-liche Arbeitskraft im Überfluß vorhanden und hatte für die Weißen noch den Vorzug, kostenlos zu sein. Ohne Pferde, Ochsen und Esel hätte das Rad nur für Schubkar-ren verwendet werden können, die – zumal bei dem damals noch bestehenden Mangel an brauchbaren Straßen – voll-

kommen unnütz waren, wenn man über genügend Eingeborene verfügte, die es gewohnt waren, Lasten auf dem
Kopf zu tragen, wie sie es heute noch, mehr als vierhundert Jahre nach der Konquista, tun.

Was die Eisenbearbeitung betrifft, so erfordert sie eine
relativ komplizierte Technik, die die aus Europa gekommenen Krieger und Seeleute, von den Priestern ganz zu
schweigen, sehr wahrscheinlich nicht beherrschten.

3. Der polynesische Einwand

Was dagegen zutrifft, ist, daß Polynesien, auf dessen Inseln die in Tiahuanacu besiegten *atumurunas* gelangten,
nie über die neolithische Zivilisation hinaus kam. Die
Standbilder arischen Typs wie auch die *tiki* der ozeanischen
Archipele wurden mit Steinäxten gehauen. Bedeutet dies,
daß auch die Weißen, die nach Amerika emigrierten, der
Jungsteinzeit angehörten? Nicht notwendigerweise. Halten wir uns doch vor Augen, daß die Flüchtlinge von der
Sonneninsel Mitglieder einer Krieger-Aristokratie waren,
die gewiß keine Lust verspürten, sich in Handwerker zu
verwandeln, selbst wenn sie die Geheimnisse der Metallbearbeitung beherrschten. Wenn heutigen Tages einige hundert Berufsmilitärs mit ihren Frauen an den Gestaden
einer paradiesischen Pazifikinsel landen würden, wäre es
doch höchst unwahrscheinlich, daß sie sich in Schmelzer,
Schmiede, Schlosser oder sonstige Angehörige des metall-
verarbeitenden Gewerbes verwandelten. Ja, wir haben sogar das historische Beispiel einer völligen Rückkehr von
Europäern – einfachen Seeleuten in ihrer Mehrheit – ins
neolitische Zeitalter: die Meuterer von der „Bounty" in
Pitcairn.

Bleibt eine zweite „ozeanische" Einwendung, die sich aus Thor Heyerdahls Untersuchung ergibt: er glaubt, aufgrund von eingeborenen Zeitberechnungen festgestellt zu haben, daß die Ankunft der Weißen auf den polynesischen Inseln um das Jahr 500 unserer Zeitrechnung erfolgte, und nimmt daher dieses Datum auch für die Schlacht vom Titicaca-See an. Nichts ist fragwürdiger als derartige Berechnungen. Trotz des Vorhandenseins eines so wertvollen Hilfsmittels wie der unvergeßlichen Schrift sind die ältesten Dynastien Europas nicht in der Lage, ihren Stammbaum einwandfrei bis in so entlegene Zeiten zurückzuverfolgen, und in Bezug auf Amerika haben wir bereits früher gesehen, wie der Chronist Montesinos aufgrund der von ihm mehr oder weniger verstandenen Berichte von Eingeborenen nicht zögerte, uns eine Liste der präinkaischen Könige bis ins biblische Diluvium zurück zu präsentieren.

Anderseits ist die von Thor Heyerdahl aufgestellte polynesische These als solche weit davon entfernt, zu befriedigen. Sie nimmt an, daß die als Erste (um das Jahr 500) auf die verlassenen Inseln gekommenen Weißen sechshundert Jahre später (um 1100) von einer zweiten, aus nordamerikanischen Indianern bestehenden Einwanderungswelle besiegt wurden. Trotzdem sagt uns der gleiche Heyerdahl, daß die Nachkommen der Weißen, die *arii,* die polynesische Aristokratie darstellten und daß ihre Vorfahren als Götter angebetet wurden.

Darin liegt ein offensichtlicher Widerspruch. Wie wäre es erklärlich, daß die Europäer, die die ozeanischen Archipele im 17. und 18. Jahrhundert entdeckten, dort noch immer Eingeborene mit weißer Haut und rotem Haar antrafen? Sollte sich der nordische Typ tatsächlich, und sei es auch nur in einigen wenigen Familien, über 1100 oder 1200

Jahre hinweg rein erhalten haben, und das auf so kleinen Inseln unter dem Klima der südlichen Meere? Wenn die Überlebenden der Schlacht vom Titicaca-See tatsächlich die Weißen waren, die Polynesien besiedelten, dann können sie jedenfalls dort nicht im Jahr 500 gelandet sein, aus dem einfachen Grund, weil sie zu dieser Zeit noch nicht einmal nach Mexiko gekommen waren. Wenn aber die ozeanische Zeitberechnung Thor Heyerdahls richtig wäre, und man also die Annahme einer nordischen Wanderbewegung zugeben müßte, die der von uns behandelten vorangegangen wäre, so würde sich an unseren Schlußfolgerungen nichts ändern.

4. Wer waren die Söhne der Sonne?

In den vorhergehenden Kapiteln haben wir von den verschiedensten Gesichtspunkten aus eindeutig festgestellt, daß sich in Mittelamerika im 10. Jh. ein doppelter europäischer Einfluß bekundete. Der eine war christlich und kam von den *papas,* irischen Mönchen aus Huitramannaland. Von ihm wissen wir nichts, als daß er stattfand und daß er in den mittelamerikanischen Kulturen unzweifelhafte theologische und linguistische Spuren zurückließ. Der zweite war skandinavisch und ging tiefer. Er hatte indessen nichts mit den isländischen Kolonien in Vinland zu tun, denn er erfolgte fast ein halbes Jahrhundert vor der berühmten Reise des Leif Eiriksson.

Woher kam dann dieser Ullman, der im Jahr 967 mit seinen Männern im Golf von Mexiko landete? Und jener Heimlap oder Heimdallr, der dreißig oder vierzig Jahre später mit seinen Schiffen aus Seehundsfell die Küste

Ekuadors erreichte? Die Sprachkunde gestattet uns, die Frage zu beantworten. Tatsächlich sind nicht nur die germanischen Wurzeln, die sich im Quiché-Maya und im Quichua finden, zum größten Teil dänisch, sondern auch diejenigen, die es nicht sind, stammen aus dem Altdeutschen wie gleichfalls die Namen der Götter Thonar, Tiu und Wotan, die in die Mythologie der Nahuas und Mayas aufgenommen wurden. Es gibt also keinen Zweifel, daß Ullman-Quetzalcóatl aus dem südlichen Dänemark, d. h. aus Schleswig, kam, wo sich Dänen und Deutsche im 10. Jh. berührten und vermischten, wie sie das auch heute noch tun. Das wird weitgehend durch den Namen bestätigt, den die Hochebene von Bogotá trug und trägt: Cundinamarca – Dänische Grenzmark des Königs.

Auf welchem Weg kamen Iren und Dänen nach Mexiko? Die einen wie die anderen hätten von Norden – die *papas* waren seit dem 8. Jh. in Island ansässig – auf dem gleichen Weg kommen können, den Leif Eiriksson etwas später einschlug, um danach an der Küste des Kontinentes entlangzufahren. Es ist ebenso gut möglich, daß die Iren unter Ausnützung der Passatwinde Florida direkt erreichten, und daß die Dänen den St. Lorenz-Strom bis zu den Großen Seen verfolgten, um dann auf dem Mississippi stromabwärts an den Golf von Mexiko zu gelangen. Das ist für unsere Untersuchung von keiner größeren Bedeutung. Die späteren Reisen von Leif Eiriksson und anderen beweisen hinreichend, daß es mit den Schiffen, über die man damals verfügte, möglich war, nach Amerika zu gelangen. Deswegen haben wir von ihnen eingangs berichtet.

5. Der präinkaische christliche Einfluß

Nachdem die Herkunft der präkolumbianischen Weißen der Neuen Welt klargestellt ist, löst sich auch das Problem der christlichen und heidnischen Elemente in der mittelamerikanischen Theologie und das der lateinischen und germanischen Wortwurzeln in der Quiché-Maya-Sprache. Aber es bleibt eine ernsthafte Unbekannte in Bezug auf Peru bestehen, wo Spuren des gleichen doppelten Einflusses erscheinen. Man könnte auch in diesem Fall an zwei aufeinanderfolgende Einwanderungen glauben oder sogar annehmen, daß trotz des traditionellen Gegensatzes zwischen Iren und Skandinaviern, vielleicht aus Solidarität gegenüber den andersrassigen Indianern, einige im Maya-Land isoliert lebende *papas* in die dänische Expedition aufgenommen wurden.

Trotzdem würde eine derartige Vermutung nicht genügen, um das Vorhandensein der Kopie eines unbekannten Apostels aus der Kathedrale von Amiens und die Übertragung der „Anbetung des Lamms" aus dem gleichen Sakralbau in Tiahuanacu zu erklären. Denn die normannischen Modelle für beide Skulpturen stammen aus dem 13. Jh. Selbst wenn wir im Augenblick zugeben würden, daß es sich nicht um eine Nachahmung, sondern nur um eine zufällige Übereinstimmung gehandelt habe, oder daß die irischen Mönche Bilder nach Peru mitbrachten, an denen sich unabhängig voneinander *atumuruna* und Normannen gleichermaßen inspirierten, so würde dieses Zugeständnis an eine reichlich unwahrscheinliche Hypothese immer noch das Problem offenlassen, das von der Landkarte Waldseemüllers und von dem Teppich von Ovrehogdal aufgeworfen wird: Es ist eine Tatsache, daß in Europa noch vor den

Reisen des Magallan und Balboas der Verlauf der westlichen und östlichen Küsten Südamerikas und das Vorhandensein von Tieren, die nur in Peru vorkamen, bekannt waren.

Die Erklärung kann nur die sein: In der zweiten Hälfte des 13. Jh., d. h. also nach der Fertigstellung der Kathedrale von Amiens und beträchtlich vor der Schlacht auf der Sonneninsel, wurde zwischen den Dänen in Peru und ihren Landsleuten in der Alten Welt eine Verbindung hergestellt. Zumindest eine Expedition muß von Tiahuanacu aus nach Europa gelangt sein und vor dort neue europäische Kolonisten, darunter einen Architekten, mitgebracht haben, wahrscheinlich einen jener Mönche, die die Pläne der gotischen Kathedralen in der Normandie entwarfen.

Es darf uns nicht überraschen, daß eine derartige Reise nirgendwo verzeichnet ist. Herrscher und Kaufmannsgilden waren sich stets darin einig, das Geheimnis maritimer Entdeckungen zu wahren. Die Frage, die sich uns stellt, ist anderer Art: Welchen Weg nahmen die *atumuruna,* um von Tiahuanacu nach Europa und zurück zu gelangen?

Waldseemüllers Landkarte liefert uns da einen ersten nützlichen Hinweis. Sie beweist tatsächlich, daß die Wikinger, als sie sich endgültig auf dem Altiplano niederließen, nicht auf ihre Gewohnheiten als große Seefahrer verzichteten, sondern daß sie als solche den kompletten Umriß Südamerikas aufnahmen. Ihre Erforschung der Westküste war logisch, da sie ja über den Pazifik nach Peru gekommen waren. Anderseits konnte ihnen auch der Atlantik nicht unbekannt sein, den sie ja vor ihrer Ankunft in Amerika überquert hatten. Aber wie konnten sie das vom Altiplano aus?

Es trifft zu, daß die Jesuiten in ihren *Cartas Anuas* einen

„Weg des Apostels" erwähnen, der ihnen durch die Überlieferungen der Eingeborenen bekannt war und den zwei Mitglieder des Ordens im 18. Jh. benutzt hatten. Er führte direkt von Tiahuanacu an die Küste des heutigen Brasiliens über eine Entfernung von dreitausend Kilometer Luftlinie. Daß die *atumurunas* einen solchen Weg benutzt haben sollten, ist sehr unwahrscheinlich, da die Wikinger in Peru keine Pferde hatten und Reiten ohnehin nicht zu den starken Seiten der Seeleute gehört. Aber sie besaßen einen natürlichen Verbindungsweg, dessen Benutzung ihren Gewohnheiten und Eigenarten erheblich gemäßer war: den Amazonas. Wir wissen aus den auf dem „Bemalten Stein" zurückgelassenen Inschriften, daß sie ihn benutzten.

Alles gestattet also die Annahme, daß die „Männer vom Titicaca-See" an einem bestimmten Punkt des Stromes einen *„drakkar"* oder einen *„knorr"* bauten und mit ihm den Atlantik erreichten, auf dem sich nach den Sternen zu orientieren ihnen nicht schwerfiel, da sie ja von der Mündung des Amazonas direkt in die nördliche Erdhälfte gelangten. Auch die Rückkehr kann für sie kein Kunststück gewesen sein. Vielleicht erlauben uns systematische Untersuchungen im Gebiet des Amazonas-Stromes, diesen letzten dunklen Punkt aufzuklären.

Bibliographie

[1] *Heine Geldern, R.:* Cultural Connection between Asia and Pre-Columbian America, ANTHROPOS, vol. XLV, Nr. 1 – 5, 1950

[2] *Cronau, Rudolf:* Amerika, span. Übersetzung: América, Barcelona, 1892

[3] Die Angaben, die wir über die Expeditionen der Wikinger nach Nordamerika besitzen, entstammen den beiden isländischen Sagen Groenlendinga Saga und Eiriks Saga Rauda. Die neueste Übersetzung findet sich in dem Werk von *Gwyn Jones:* The Norse Atlantic Saga, Oxford, 1964. Span. Ausgabe: El primer descubrimiento de América, Libros Tau, Barcelona.

[4] Bestätigt in: Grønlands Historiske Mindesmoerker, Kopenhagen, 1838–45

[5] *Poirier, Jean:* L'élément blanc en Polynésie et les migrations nordiques en Océanie et en Amérique, Paris, 1953 (Broschüre)

[6] *Heyerdahl, Thor:* American Indians in the Pacific, Stockholm und London, 1952

[7] Zitiert von *René Levesque*, Präsident der Société d'Archéologie de la Côte Nord, Rapport Préliminaire, Quebec, 1968

[8] Voyage du sieur de Champlain en la Nouvelle France fait en l'année 1615 in Voyage et descouvertures faictes en la Nouvelle France par le sieur Champlain, capitaine ordinaire pour le Roy en la mer du Ponant, Paris, 1619

[9] *Cook, James:* A voyage to the Pacific Ocean in the years 1776–80, vol., Dublin, 1784

[10] *Dixon, G.:* A voyage round the world, but more particularly to the North West Coast of America, performed in 1785–88, London, 1789

[11] *Vancouver, George:* A voyage of discovery to the North Pacific Ocean and round the world in the years 1790–95, vol., London, 1796

[12] *Scouler, J.:* Observations on the indigenous tribes of the N.W. Coast of America, JOURN. ROY. GEOGR. SOC., vol., London, 1841

[13] *Niblack, A. F.:* The coast Indians of southern Alaska and northern British Columbia, REPT. NAT. MUS. BRIT. COLUMBIA, 1888

[14] *Verrill, A. H.:* The American Indians, North, South and Central America, New York, 1927

[15] *Bohan, Eugène:* Catalogue raisonné de la collection de *M. Eugène Goupil*, Paris, 1891

[16] *Coudreau, M.:* Chez nos Indiens, Paris, 1893

[17] *Crevaux, J.:* Voyage dans l'Amérique du Sud, Paris, 1883

[18] Zitiert von *Heyerdahl, Thor* (6)

[19] *Homet, Marcel:* Los hijos del Sol, Barcelona, 1963

[20] *Fawcett, P. H.:* Exploration Fawcett, London, 1953

[21] *Pizarro, Pedro:* Relación del descubrimiento y conquista de los Reinos del Perú, 1571. Colección de documentos inéditos para la historia de España (Sammlung unveröffentlichter Dokumente zur Geschichte Spaniens), vol. 5, Madrid, 1844

[22] *Izaguirre:* Historia de las Misiones Franciscanas ... en el Oriente del Perú, 1619. Lima, 1925

[23] *Frezier, A. F.: A* voyage to the South Sea and along the coasts of Chili and Peru in 1712–1714. London, 1717

[24] *Medina, José Toribio:* Los aborigenes de Chile (1822), Santiago de Chile, 1952

[25] *Skottsberg, C.:* Notes on a visit to the Eastern Island – The natural history of Juan Fernández and Eastern Island, vol., Upsala, 1920

[26] Bestätigt in Historia del descubrimiento de las regiones australes hecho por General Pedro Fernández de Quiros, veröffentlicht von Julio Zaragoza, Madrid, 1676

[27] *Murga, Antonio de:* Sucesos de las Islas Filipinas, Mexiko, 1609

[28] *Hakluyt Society,* ser. 2, vol. 18, London, 1906

[29] *Behrens, C. F.:* Histoire de l'expédition de trois vaisseaux envoyés par la Compagnie des Indes Occidentales des Provinces Unies aux terres australes, Den Haag, 1793

[30] Bestätigt in: Montémont, M. A.: Bibliothèque universelle des voyages effectués par mer ou par terre, Paris, 1834

[31] *Orbigny, Alcide d':* L'homme américain, Paris, 1830. Span. Übersetzung: El hombre americano, Buenos Aires, 1944

[32] Bestätigt besonders in: Vellard, Jean: Une civilisation du miel, Paris, 1939; Colleville, Maxence de, y Cadogan, Léon: Les Indiens Guayakis de l'Yñaró in Travaux de l'Institut d'Etudes Latino-Américaines de l'Université de Strasbourg, Bulletin de la Faculté de Lettres de Strasbourg (Arbeiten des Institutes für Lateinamerikanische Studien der Universität Straßburg, Bulletin der Philosophischen Fakultät Straßburg), Mai – Juni 1963; *Clastres, Pierre:* El arco y el cesto, Asunción (Paraguay), 1965; *Tomasini, Alfredo:* Contribución al estudio de los indios guayakis, in „Revista del Museo Americanista, Lomas de Zamora" (Zeitschrift des Amerikanistischen Museums Lomas de Zamora), Prov. Buenos Aires, Argentinien, 1969

[33] *López de Gómara, Francisco:* Conquista de México (1553), Madrid, 1887

[34] *Garcilaso de Vega,* Inca: Comentarios reales, Madrid, 1722

[35] *Popol Vuh,* span. Übersetzg. von *Adrián Recinos,* Mexiko, 1947

[36] *Sahagún, Bernardino de:* Historia de las cosas de Nueva España, Madrid, 1829

[37] *Brasseur de Bourbourg, Etienne: Popol Vuh,* le livre sacré et les mythes de l'antiquité américaine, Einführg., Paris, 1857

[38] *López, Vicente Fidel:* Les races aryennes du Pérou, Paris, 1871

[39] *Prescott, William:* The history of the conquest of Mexico, London, 1844

[40] *Lassen:* Indisch, Altert. T. 1

[41] *Völuspá*, 3. in Codex Regius

[42] *Leicht, Hermann:* Indianische Kunst und Kultur, Zürich, 1962 Span. Übersetzg.: Arte y cultura preincaicas, Barcelona, 1963

[43] *Carrera, Fernando de la:* Arte de la lengua yunga de los valles del obispado de Truxillo del Perú, Lima (Peru), 1644

[44] *Brasseur de Bourbourg, Etienne:* Grammaire de la langue quichée, Paris, 1862

[45] *Poma de Ayala, Guamán Felipe:* Nueva crónica y buen gobierno, La Paz (Bolivien), 1944

[46] *Ramos, Bernardo da Silva:* Inscriçoes e traduçoes na América pre-histórica, Rio de Janeiro (Brasilien), 1930

[47] *Honoré Pierre:* L'énigme du dieu blanc précolombien, Paris, 1962

[48] Zugunsten der Authentizität des Steines von Kensington bestätigt Holland, *Hjalmar R.:* A Pre-columbian Crusade to America, New York, 1962; dagegen bestätigt *Blegen, Theodore C.:* The Kensington Rune Stone, New Light on an Old Riddle, St. Paul, 1968

[49] *Posnansky, Arthur:* Tihuanaco, the craddle of American man (Tihuanaco, la cuna del hombre americano), zweisprachige Ausgabe, engl.-span., New York, 1932

[50] *Greslebin, Héctor:* Evolución ciclica de la representación del Triunfo de la Iglesia y del Juicio Final en el arte escultórico del Medievo, in „Anales de Historia Antigua y Medieval" (Annalen Alter und Mittelalterlicher Geschichte) der Universität Buenos Aires (Argentinien), 1957–58 = Kap. 2 des unveröffentlichten Werkes El Apocalipsis en América precolombiana

[51] *Imbelloni, José:* La nueva Esfinge indiana, Buenos Aires, 1950

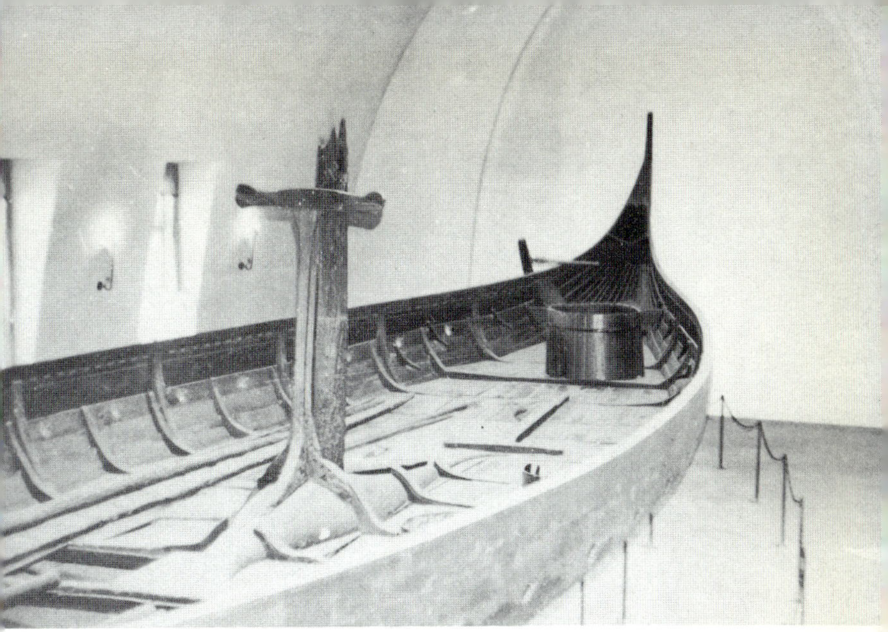

Oben: Wikingerschiff in Öseberg (Norwegen).
Unten: Kriegskanu der Haida an der Nordwestküste Nordamerikas.

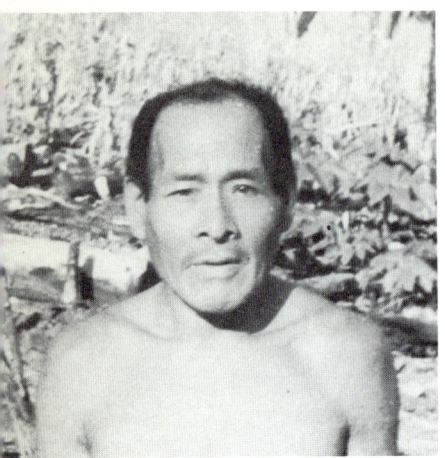 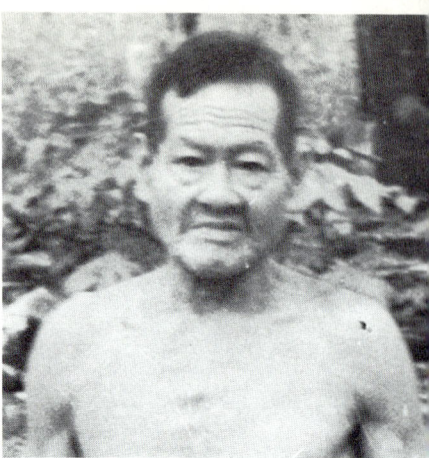

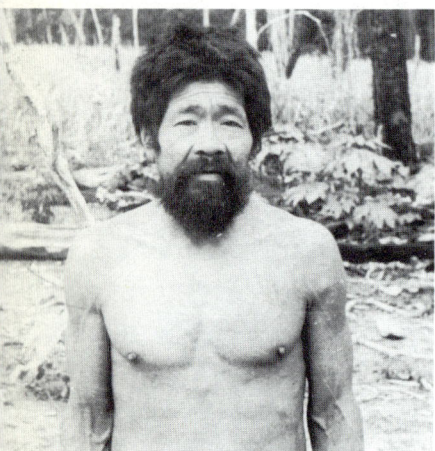 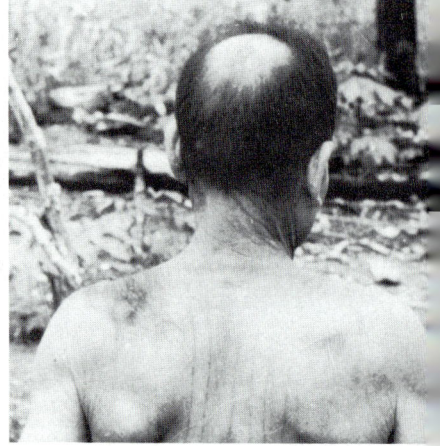

Oben: Europäische Typen weißer Guayakis.
Unten: Links ein brauner Guayaki mit Vollbart;
rechts ein weißer Guayaki mit Glatze.

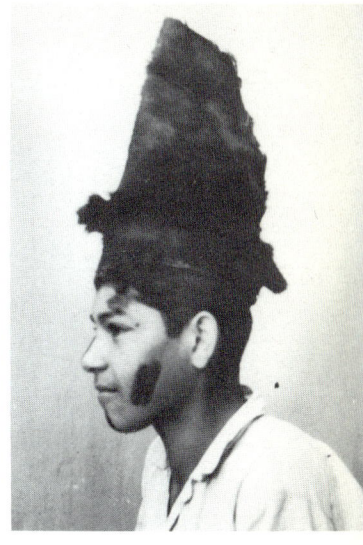
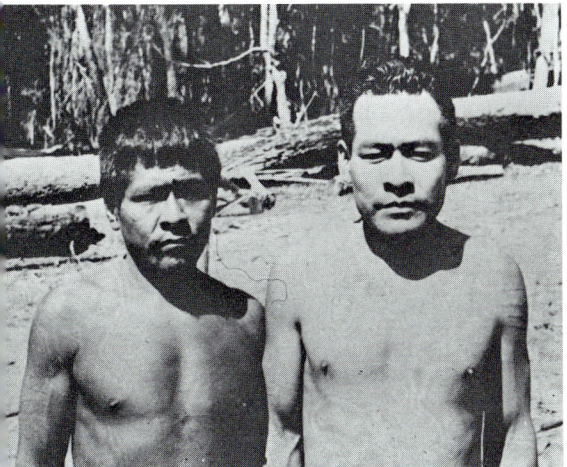
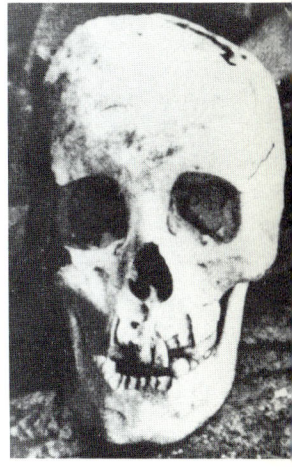

Oben: links ein weißer Guayaki, mit dem Teleobjektiv aufgenommen;
Spitzmütze des Guayaki-Kaziken (das „Modell" ist kein Guayaki).
Unten: links ein brauner und ein weißer Guayaki;
rechts ein indogermanisch-nordischer Schädel aus einer Grabstätte im
Amazonas-Gebiet.

Oben: Ein Jaguarkopf von Tiahuanacu;
Unten: Kopf eines unbekannten Tiers am Schiff von Öseberg.

Oben: Darstellung von Thor und dem Riesen beim Versuch, die Weltschlange zu fangen, auf dem Wikingerkreuz von Gosforth (Cumber-
land).
Unten: Doppelruderboot, Nordküste Perus;

Straßenkampf zwischen Indianern und Weißen auf einem Fresko des Krieger-Tempels von Chichen-Itzá (Yucatan). Man beachte den erigierten Penis der weißen Gefangenen.

Kopf einer Mumie indogermanisch-nordischen Typs (Paracas, Peru).
Man beachte die naturblonden Haarsträhnen.

Oben: Eine Gruppe weißer Guayakis mit Jagdausrüstung.
Unten: links ein Musikinstrument der Guayakis, mit Runenzeichen verziert;
rechts Tonscherbe vom Moroti-Berg mit Runen-Inschrift.

Oben: links Kampf zwischen Weißen und Indianern auf einem Teller
von Chimbote an der peruanischen Nordküste;
rechts Ritter vom Adler-Orden, aztekische Plastik.
Unten: links Skulptur von der Arapa-Insel im Titicaca-See;
rechts Skulptur von der Isle of White (Irland).

Oben: Bärtiger Kopf vom Rio Balsas, Guerrero, Mexiko.
Unten: Bärtiger Wikingerkopf am Bug des Schiffes von Öseberg.

Oben: Seegefecht zwischen Indianern und Weißen (Fresko am Krieger-Tempel von Chichen-Itzá, Yucatan).
Unten: Opfertod eines von den Indianern gefangen genommenen Weißen auf dem Fresko des Kriegertempels von Chichen-Itzá, Yucatan.

Links: Unbekannter Apostel in der Kathedrale von Amiens.
Rechts: „Der Mönch" von Tiahuanacu.

Oben: Sonnentor von Tiahuanacu vor seiner Restaurierung.
Unten: links „Der Mönch" (Teilansicht);
rechts Detail vom Fries über dem Sonnentor.

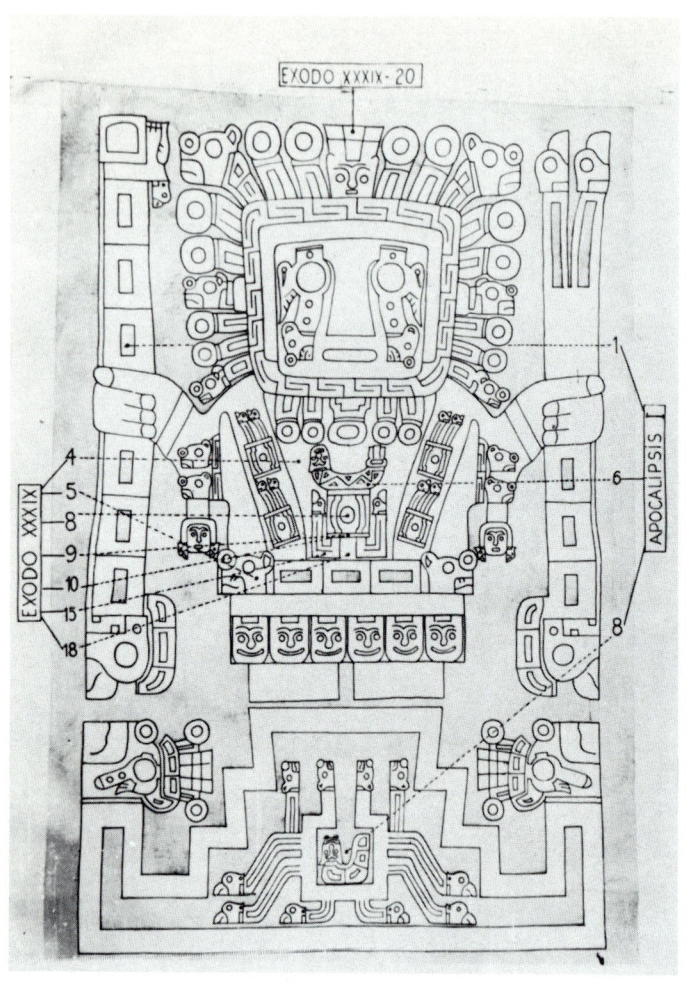

Lineare Wiedergabe des zentralen Motivs vom Fries des Sonnentores
mit den apokalyptischen Bezugspunkten nach Prof. Greslebin.

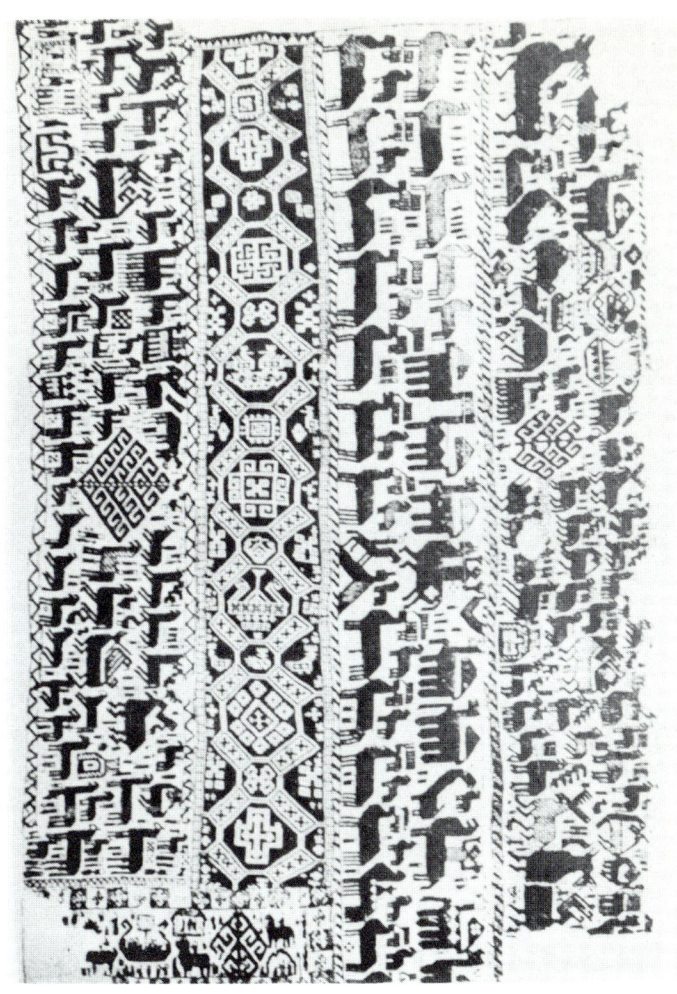

Der skandinavische Teppich von Ovrehogdal mit der Darstellung von
Hirschen, Lamas usw.

Netzaualcoyotzin, König von Texcoco, Mexiko, 15. Jh., als Wikinger
verkleidet.

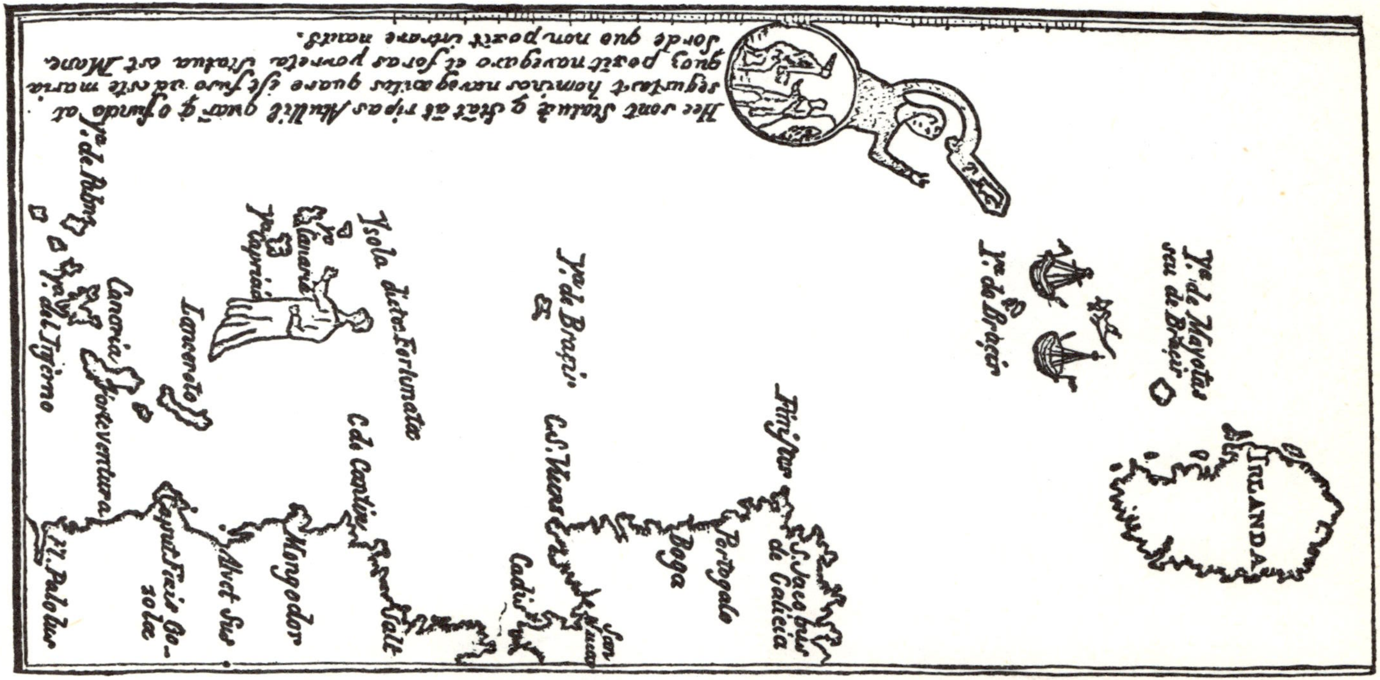

Abbildung Nr. 1
Landkarte von Pizigano (1367)

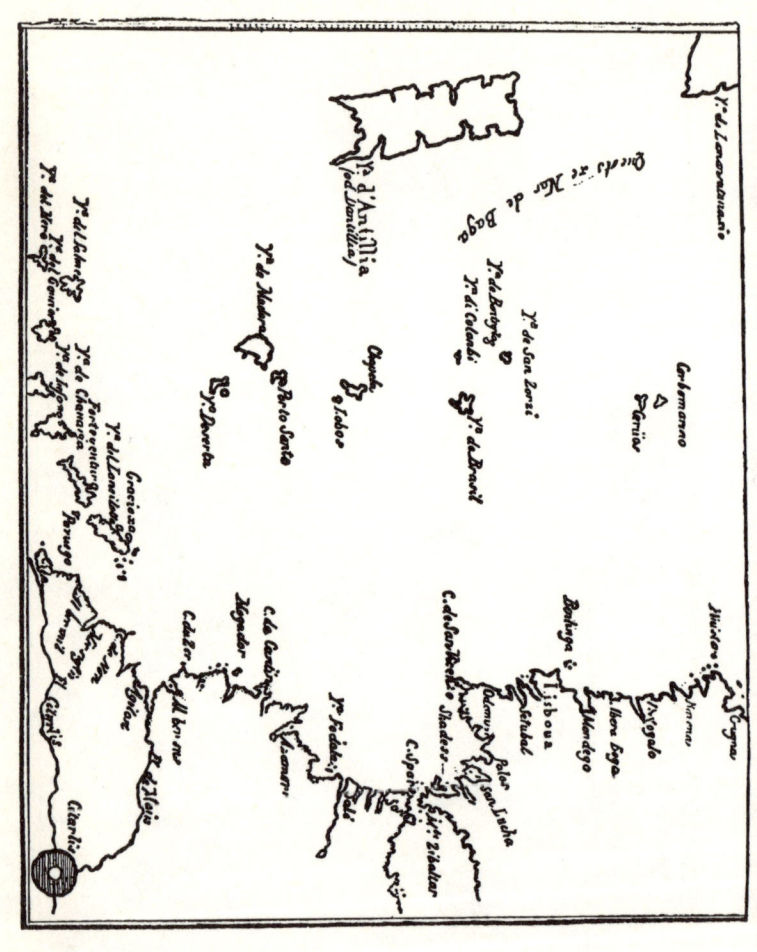

Abbildung Nr. 2
Landkarte des Venezianers Andrea Bianco (1436)

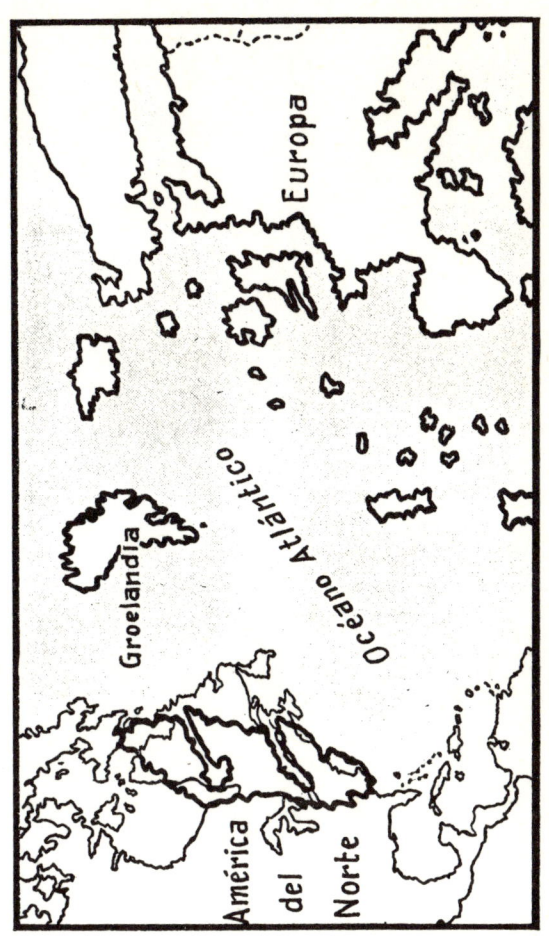

Abbildung Nr. 3
Landkarte eines unbekannten Verfassers aus dem Jahr 1440, auf die genauen Umrisse Nordamerikas projiziert.

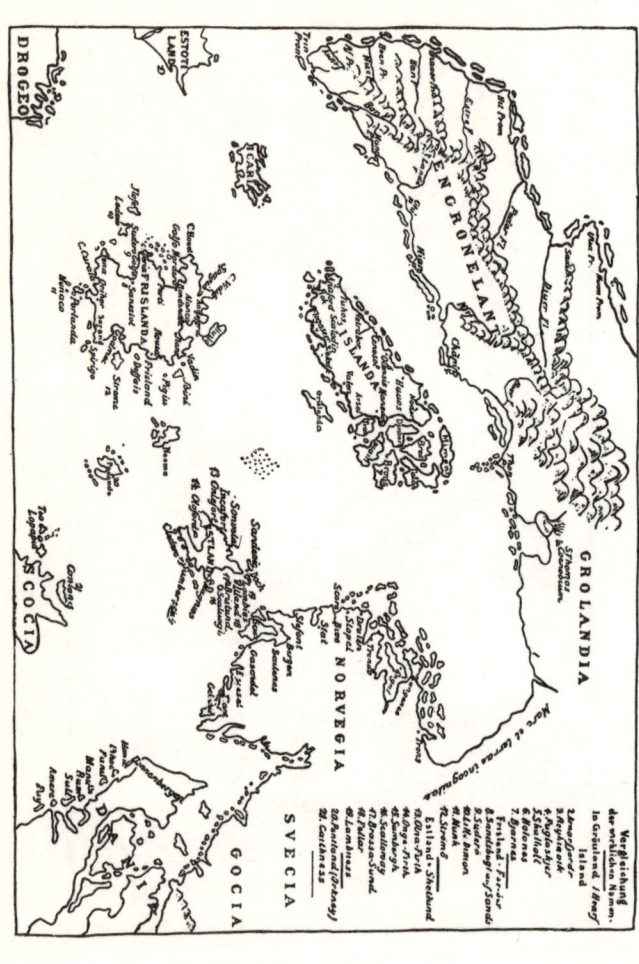

Abbildung Nr. 4
Landkarte von den Reisen der Gebrüder Zeno (1558)

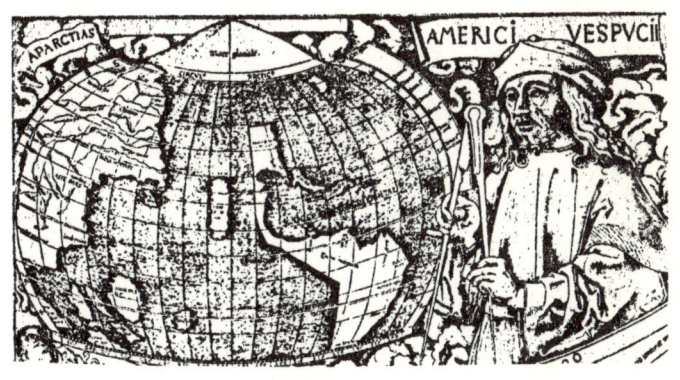

Abbildung Nr. 5
Landkarte von Martin Waldseemüller (1507)

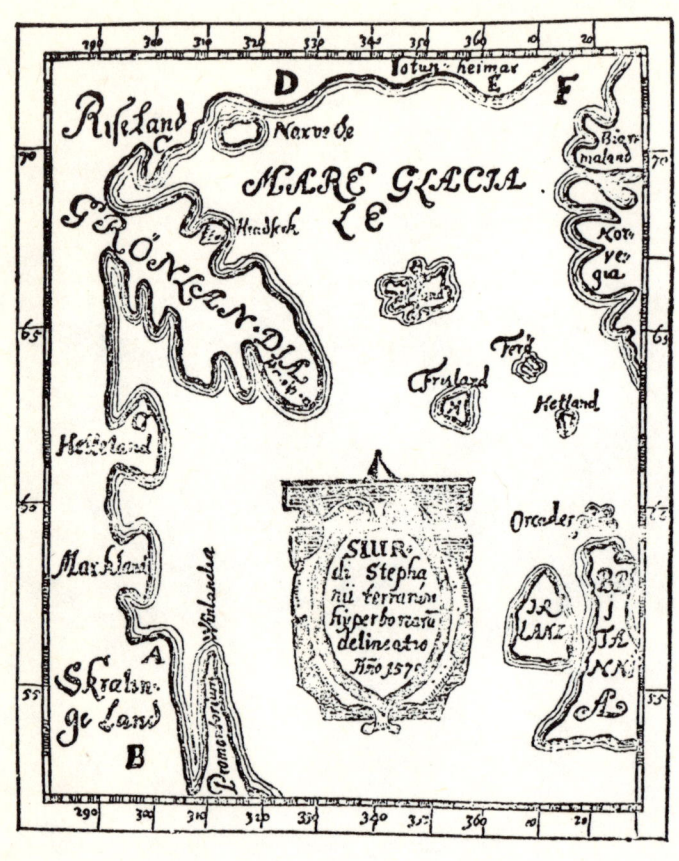

Abbildung Nr. 6
Landkarte von Sigurdur Stefansson (1590)

Abbildung Nr. 7
Oben: Runen-Inschrift von der Insel Kingiktorsoak (Grönland). Das vorletzte Zeichen steht für die Zahl 10. Das gleiche Zeichen finden wir in der
Mitte: Runenzeichen auf einem Musikinstrument der Guayaki.
Unten: Inschrift der Guayaki mit Runenzeichen.

Abbildung Nr. 8
Die beiden Quetzalcóatl: oben der Krieger, unten der Asket.

Abbildung Nr. 11
Links: Quetzalcóatl (der Krieger);
rechts: Gott Odin

Abbildung Nr. 9
Der Lebensbaum der Azteken.

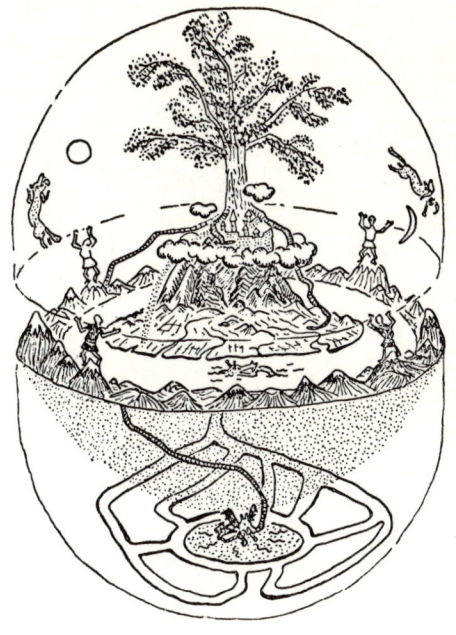

Abbildung Nr. 10
Die Weltesche Yggdrasil der Skandinavier.

Abbildung Nr. 12
Oben: Kreuze der Wikinger
Mitte: Kreuze des Quetzalcóatl
Unten: Kreuze von Tiahuanacu.

Abbildung Nr. 13
Itzamná, der bärtige, weiße Gott der Mayas, mit Kelch und Hostie.

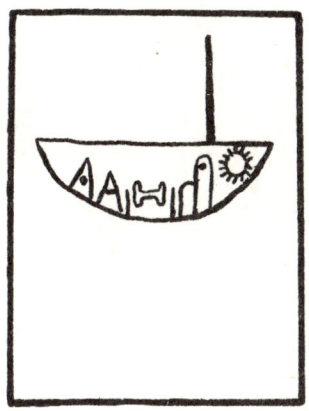

Abbildung Nr. 14
Inschrift vom „Chinkana", dem Kloster der Sonnenjungfrauen auf der
Sonneninsel im Titicaca-See.

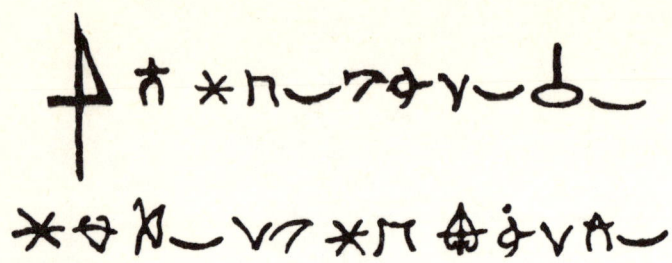

Abbildung Nr. 15
Inschrift auf einem behauenen Stein in Sahhuayacu (Peru).

Abbildung Nr. 16
Buchstaben als Verzierung auf der Tunika des bärtigen und weißen Inkas (nach Guaman Poma de Ayala).

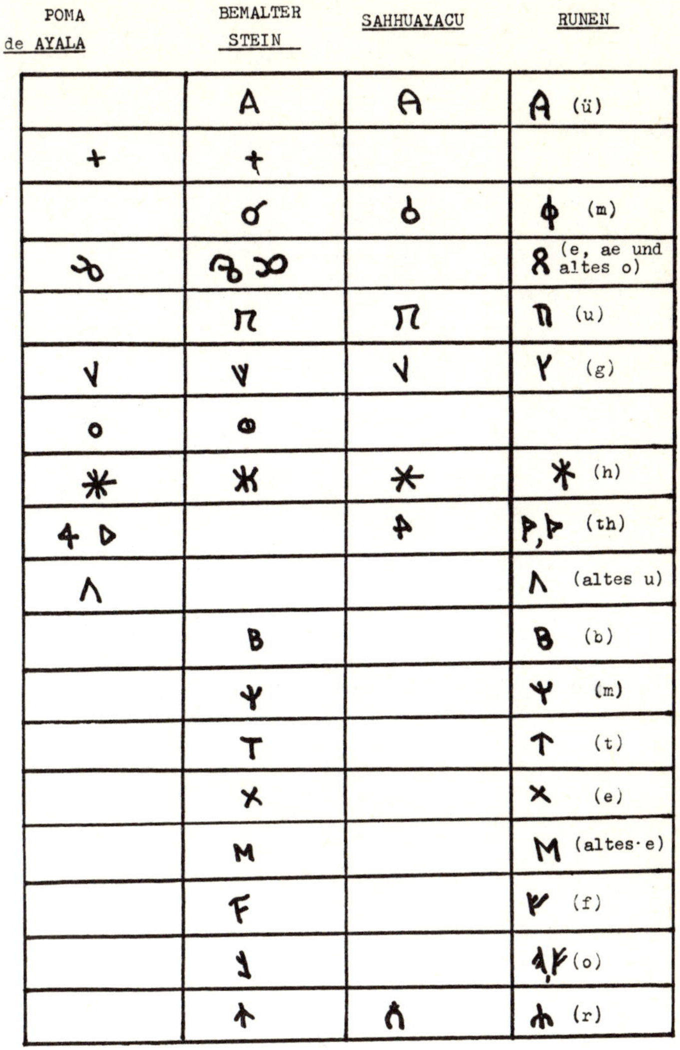

POMA de AYALA	BEMALTER STEIN	SAHHUAYACU	RUNEN
	A	A	A (ü)
+	+		
	σ	b	φ (m)
⅋	⅋ ∞		8 (e, ae und altes o)
	π	π	π (u)
√	√	√	Υ (g)
o	◉		
✳	✳	✳	✳ (h)
4 ▷		4	Þ,Þ (th)
Λ			Λ (altes u)
	B		B (b)
	Ψ		Ψ (m)
	T		↑ (t)
	✗		✗ (e)
	M		M (altes·e)
	F		Ψ (f)
	J		↑Ψ (o)
	↑	ᐱ	↑ (r)

Abbildung Nr. 17
Vergleichstafel: Südamerikanische Schriftzeichen und Runen.

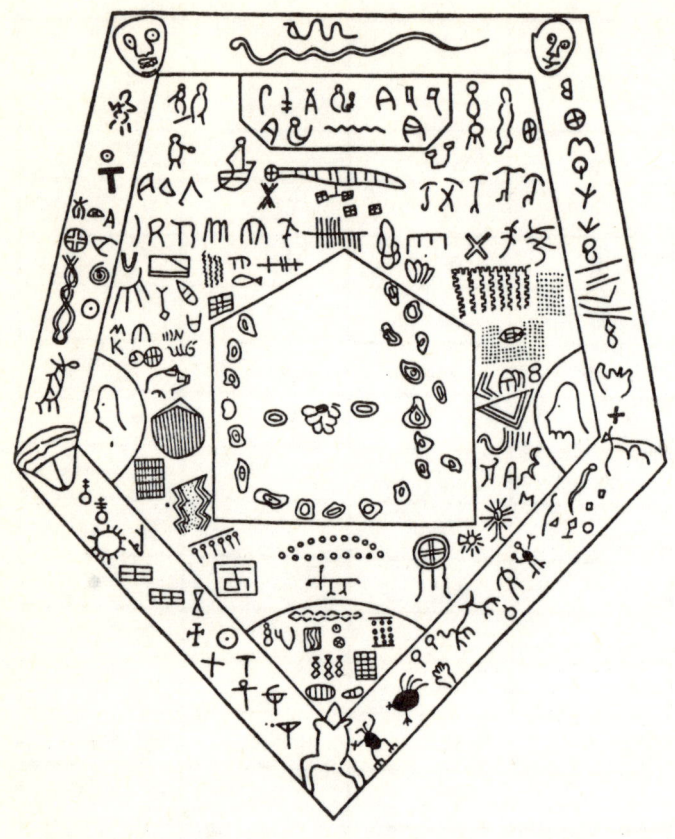

Abbildung Nr. 18
Zeichnungen und Schriftzeichen auf dem „Bemalten Stein" im Amazonas-Gebiet.

Abbildung Nr. 19
Zeichnungen, Ornamente und Schriftzeichen auf dem „Bemalten Stein"
im Amazonas-Gebiet.

 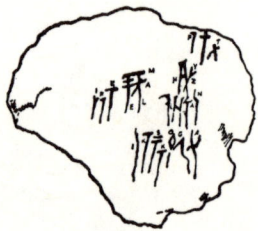

Abbildung Nr. 20
Zeichnungen und Runen-Inschriften vom Amazonas.
Oben links: Männerkopf mit gehörntem Helm.
Oben rechts: Eine Kuh.
Unten: Zwei Runen-Inschriften (die lateinischen Buchstaben wurden von Ramos hinzugefügt).

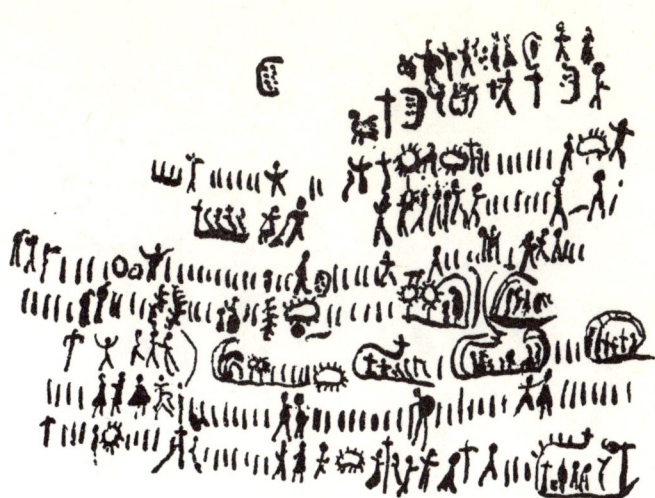

Abbildung Nr. 21
Oben: Ein kellka „rezapaliche" vom Titicaca-See.
Unten: Ein *rongo-rongo* von der Osterinsel.

Abbildung Nr. 22
Oben: Ein kellka „rezapaliche" vom Titicaca-See.
Unten: Eine der Inschriften aus Kivik (Schweden).

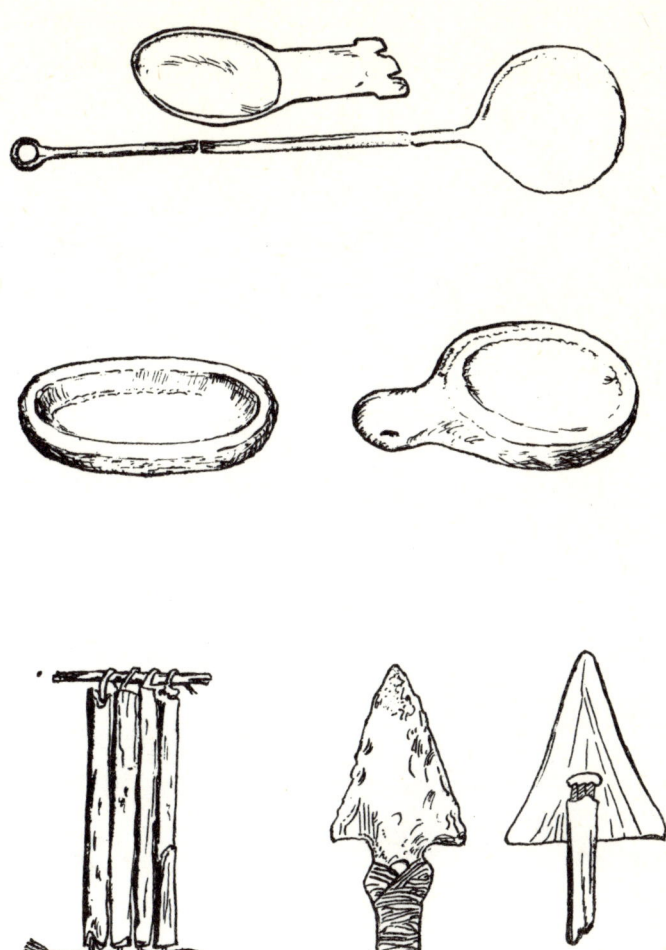

Abbildung Nr. 23
Gegenstände skandinavischer Herkunft, die in vorkolumbianischen
Indianer-Grabstätten (*mounds*) in Massachussetts gefunden wurden.
Oben: Kupferne Löffel.
Mitte: Schüsseln aus Bronze.
Unten: Teil eines Gürtels, eine Pfeilspitze, rechts davon (zum Ver-
gleich) eine solche indianischer Herstellung.

Abbildung Nr. 24
Der Turm von Newport in der Nähe von Boston (Massachussetts).

Abbildung Nr. 25
Präkolumbianische Menschen weißer Rasse.
Oben: In Chichen Itzá.
Unten: In Tiahuanacu.

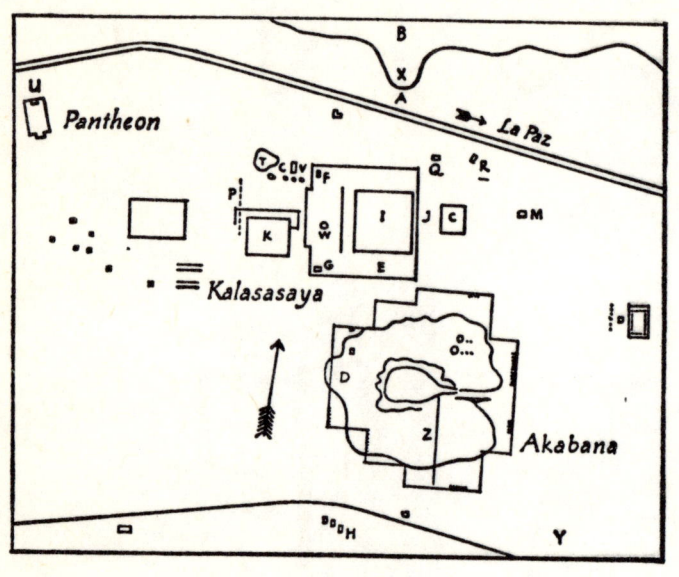

Abbildung Nr. 26
Lageskizze der Ruinen von Tiahuanacu nach Arthur Posnansky.

Abbildung Nr. 27
Posaunenblasender Engel auf dem Sonnentor von Tiahuanacu.

Abbildung Nr. 28
Indogermanisches Profil, wie es alle menschlichen Gestalten auf dem Sonnentor zeigen.

Abbildung Nr. 29
Lama nach einer inkaischen Goldschmiedearbeit. Man vergleiche mit der Darstellung auf dem Teppich von Ovrehogdal (Bildtafel).

Abbildung Nr. 30
Quetzalcóatl mit Hirtenstab.

Abbildung Nr. 31
Wappenschilde.
Oben und *Mitte:* Aus Mexiko.
Unten: Aus Peru.

Abbildung Nr. 32
Uniformen und Bogen.
Von links nach rechts: Normannischer Bogenschütze aus dem 11. Jh.;
Azteken-Krieger; mexikanischer Bogenschütze.

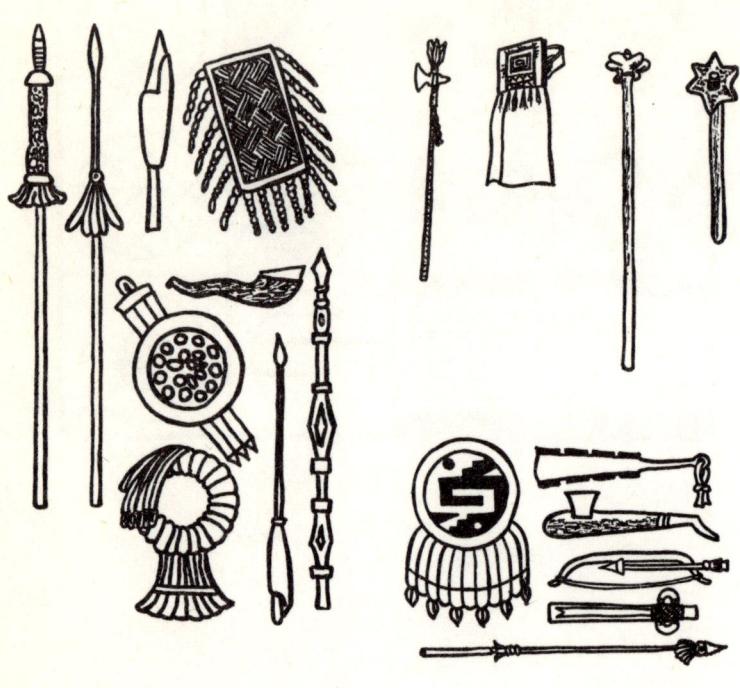

Abbildung Nr. 33
Präkolumbianische Waffen.
Oben rechts: Azteken
Mitte links: Mayas.
Unten rechts: Inkas.

Abbildung Nr. 34
Oben von links nach rechts: Wikinger-Mütze, Azteken-Mütze, Mütze
aus Tiahuanacu.
Unten: Mütze des Germanen-Gottes Frey, Mütze des Quetzalcóatl.

Abbildung Nr. 35
Der *temascal*, die Sauna der Azteken.

Abbildung Nr. 36
Wikingerschiff als Motiv auf einer goldenen Krone, die in einem präkolumbianischen Grab in Lambayeque (Peru) gefunden wurde.

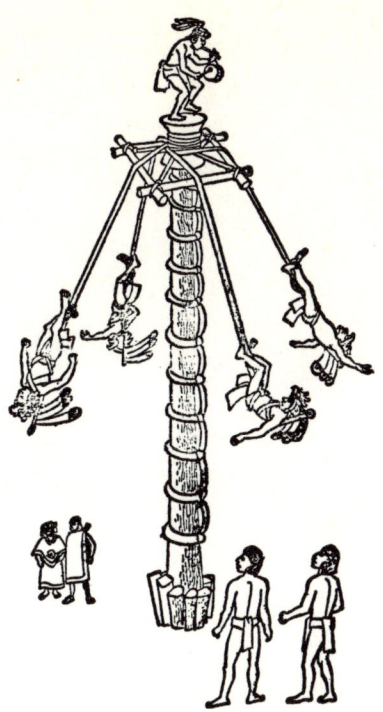

Abbildung Nr. 37
Rundlauf als Volksbelustigung bei den Nahuas. Der Oberteil des Gerätes ist eine Art Rad.

Abbildung Nr. 38
Zweirädriger Karren, auf den zwei „snekkar" verladen sind. Zeichnung auf dem „Bemalten Stein" im Amazonas-Gebiet (Detail aus der Abbildung Nr. 19).

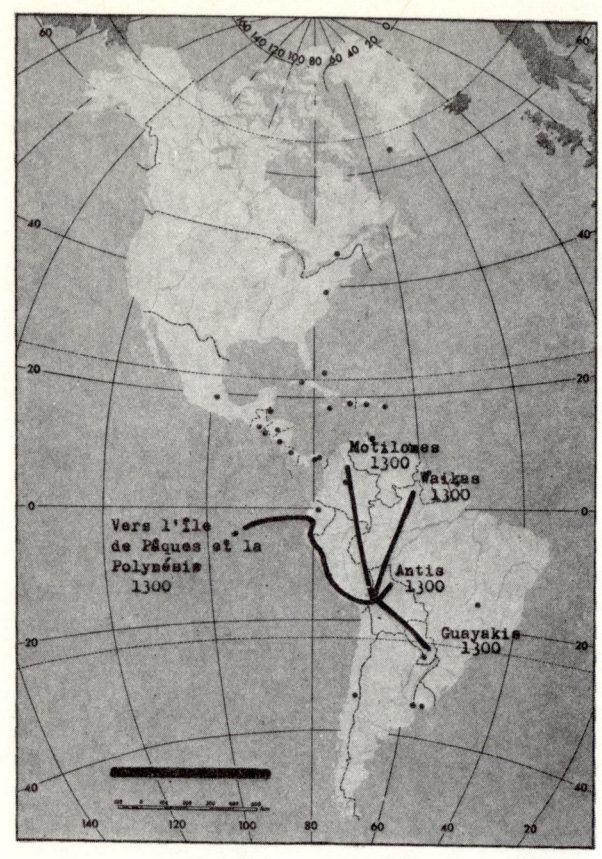

Vers l'île
de Pâques et la
Polynésie
1300

Motilones
1300

Waikas
1300

Antis
1300

Guayakis
1300

Abbildung Nr. 40
Übersichtskarte: die Zerstreuung der Dänen von Tiahuanacu.